课程思政
生活中的刑法学

赵 波 王敏敏◎编著

中国广播影视出版社

图书在版编目（CIP）数据

课程思政：生活中的刑法学／赵波，王敏敏编著．
北京：中国广播影视出版社，2024.9. —— ISBN 978 - 7
- 5043 - 9251 - 0

Ⅰ．G641；D924.04

中国国家版本馆 CIP 数据核字第 2024H7V265 号

课程思政：生活中的刑法学

赵　波　王敏敏　编著

责任编辑	毛冬梅	
责任校对	张　哲	
封面设计	人文在线	

出版发行	中国广播影视出版社	
电　　话	010 - 86093580　010 - 86093583	
社　　址	北京市西城区真武庙二条 9 号	
邮　　编	100045	
网　　址	www. crtp. com. cn	
电子信箱	crtp8@ sina. com	

经　　销	全国各地新华书店
印　　刷	三河市龙大印装有限公司

开　　本	710 毫米×1000 毫米　1/16
字　　数	309（千）字
印　　张	17. 75
版　　次	2024 年 9 月第 1 版　　2024 年 9 月第 1 次印刷

书　　号	ISBN 978 - 7 - 5043 - 9251 - 0
定　　价	88. 00 元

湖北省教育厅 2023 年湖北本科高校省级教学改革研究项目"研究生导师立德树人职责的落实进路与机制创新研究"（编号：2023203）。

中南民族大学 2022 年研究生教育与培养质量提升项目之研究生课程思政示范课程项目"刑法学"（编号：YJS22022）。

中南民族大学 2021 年课程思政示范课程"刑法分论"（编号：2021－36）。

目　录

第一章　课程思政的基础理论

一、课程思政的内涵

课程思政理念源自上海在教育教学改革中打破思政理论课孤岛困境的尝试，构建思想政治理论课、综合素养课、专业教育课三位一体的大思政教育体系，开启了从"思政课程"到"课程思政"的改革探索。

随着专业分工的日益细化，各类课程之间的融通性似乎在逐渐降低，思想政治教育仿佛只是思想政治理论课和思想政治理论课教师的事情，其他课程和课程教师则与之无关，从而导致学校思想政治教育在其他课程中出现关注不充分和不自觉的现象，个别甚至起到了反作用。习近平总书记在2016年12月的全国高校思想政治工作会议中明确提出，"要用好课堂教学这个主渠道，思想政治理论课要坚持在改进中加强，提升思想政治教育亲和力和针对性，满足学生成长发展需求和期待，其他各门课都要守好一段渠、种好责任田，使各类课程与思想政治理论课同向同行，形成协同效应"，[①] 从而"要坚持把立德树人作为中心环节，把思想政治工作贯穿教育教学全过程，实现全程育人、全方位育人，努力开创我国高等教育事业发展新局面"。[②] 习近平总书记的指示为课程思政的进一步发展提供了有力的支持。课程思政是新时代思想政治教育发展的重要方向。

课程思政，即将思想政治教育元素，包括思想政治教育的理论知识、价值理念以及精神追求等融入各门课程，潜移默化地对学生的思想意识、行为

[①] 参见《习近平在全国高校思想政治工作会议上强调 把思想政治工作贯穿教育教学全过程 开创我国高等教育事业发展新局面》，载《人民日报》2016年12月9日第1版。

[②] 参见《习近平在全国高校思想政治工作会议上强调 把思想政治工作贯穿教育教学全过程 开创我国高等教育事业发展新局面》，载《人民日报》2016年12月9日第1版。

举止产生影响。[①] 课程思政的要义是挖掘课程所蕴含的思想政治教育元素和所承载的思想政治教育功能，通过发挥课堂教学的主渠道作用，把价值引导融入知识传授和能力培养，其本质是锚定人才培养中心任务和落实立德树人根本任务，基于课程知识体系，把思政元素的"盐"融入其中，而不是要"另起炉灶"，再构建一个独立于课程知识体系之外的课程思政体系。[②]

（一）课程思政的本质是立德树人

课程思政在本质上是一种教育，目的是实现立德树人。"育人"先"育德"，注重传道授业解惑、育人育才的有机统一，一直是我国教育的优良传统。"思想政治教育是做人的工作，解决的是'培养什么样的人''如何培养人'的问题，是我们党和国家的优良传统和各项工作的生命线。"[③] 我们党历来高度重视学校德育工作和思想政治工作，探索形成了一系列教育方针、原则，为培养什么样的人、如何培养人以及为谁培养人提供了基本的工作遵循。课程思政是要将思想政治教育融入其他课程教育，不管是作为具体的思想政治教育还是作为宏观的教育而言，它都是为了实现立德树人。课程思政始终坚持以德立身、以德立学、以德施教，注重加强对学生的世界观、人生观和价值观的教育，传承和创新中华优秀传统文化，积极引导当代学生树立正确的国家观、民族观、历史观、文化观，从而为社会培养更多德智体美劳全面发展的人才，为中国特色社会主义事业培养合格的建设者和可靠的接班人。

（二）课程思政的理念是协同育人

课程思政的目的是实现各类课程与思想政治理论课的同向同行，实现学校家庭社会协同育人。不论是"三全"育人还是"十全"育人，体现的都是协同育人的理念。"我国高等教育肩负着培养德智体美全面发展的社会主义事业建设者和接班人的重大任务，必须坚持正确政治方向。高校立身之本在于立德树人。只有培养出一流人才的高校，才能够成为世界一流大学。办好我国高校，办出世界一流大学，必须牢牢抓住全面提高人才培养能力这个

---

① 王学俭、石岩：《新时代课程思政的内涵、特点、难点及应对策略》，载《新疆师范大学学报（哲学社会科学版）》2020 年第 2 期。

② 韩宪洲：《专业思政：深化课程思政的逻辑遵循与实践要求》，载《中国高等教育》2023 年第 5 期。

③ 王学俭：《现代思想政治教育前沿问题研究》，人民出版社，2008，第 124 页。

核心点，并以此来带动高校其他工作。"① 作为我们党的教育方针和我国各级各类学校的共同使命，能不能为中国特色社会主义事业源源不断培养合格建设者和可靠接班人，能不能为实现中华民族伟大复兴中国梦凝聚人才、培育人才、输送人才，是衡量一所学校教育水平最为重要的指标。中国特色社会主义教育本身就是知识体系教育和思想政治教育的结合与综合，不能让思想政治工作和人才培养变成彼此孤立的"两张皮"。课程思政所践行的正是将两者辩证统一起来，把教书育人规律、学生成长规律和思想政治工作规律紧密结合起来，② 把立德树人内化到学校建设和管理各领域、各方面和各环节，用一流的思想政治教育体系建设引领一流的人才培养体系，使思想政治教育至柔至刚、滋润万物的精神力量融通教师的每一个课堂、贯穿学生的每一步成长，真正在"三全"育人的大思政工作格局中，引人以大道、启人以大智，使学生成长为栋梁之材。

（三）课程思政的结构是立体多元

课程思政本身就意味着教育结构的变化，即实现知识传授、价值塑造和能力培养的多元统一。现实的课程教学中往往由于各种原因导致这三者被割裂，课程思政从某种意义上来说正是对这三者重新统一的一种回归。课程思政要求教师要在教育中积极探索实质性介入学生个人日常生活的方式，将教学与学生当前的人生遭际和心灵困惑相结合，有意识地回应学生在学习、生活、社会交往和实践中所遇到的真实问题和困惑，真正触及他们默会知识的深处，即他们认知和实践的隐性根源，从而对之产生积极的影响。同时，在理性化的社会中，感性必须和理性、感性体验必须和知性认识结合起来，才有可能真正使某种价值观念得到深入、稳定、持久的理解和认同。因此，课程思政也要求向学生传授普遍的、客观的知识，进一步提高他们的理性认知能力和水平，以促进其默会知识的提升和转化。而言传知识与默会知识，或者说知识传授与心灵成长、价值塑造和能力提升之间的互动，恰恰是课程思政所要达到的目的。③

---

① 参见《习近平在全国高校思想政治工作会议上强调 把思想政治工作贯穿教育教学全过程 开创我国高等教育事业发展新局面》，载《人民日报》2016 年 12 月 9 日第 1 版。

② 参见《习近平在全国高校思想政治工作会议上强调 把思想政治工作贯穿教育教学全过程 开创我国高等教育事业发展新局面》，载《人民日报》2016 年 12 月 9 日第 1 版。

③ 王学俭、石岩：《新时代课程思政的内涵、特点、难点及应对策略》，载《新疆师范大学学报（哲学社会科学版）》2020 年第 2 期。

（四） 课程思政的方法是显隐结合

"培养什么样的人""怎样培养人"以及"为谁培养人"是人才培养的根本问题。人才培养体系涉及教学体系、教材体系、学科体系、管理体系等，贯通其中的是思想政治工作体系。课程思政正是要立足于构绘一个育人蓝图，通过深化课程目标、内容、结构、模式、方法等方面的改革，把政治认同、国家意识、文化自信、人格养成等思想政治教育导向与各类课程固有的知识、技能传授有机融合，实现显性与隐性教育的有机结合，促进学生的自由全面发展，充分发挥教育教书育人的作用。聚焦课程建设和教学活动，改变了课程教学以知识传授为主要目的的原有路向，使思想政治教育融入教育教学的各个要素之中，就像盐溶于水，无形无色却又无处不在，填补了专业课程教学在育人环节上的空白，打通了学校思想政治教育的"最后一公里"，从而使全面协同育人落实到细微之处。

（五） 课程思政的思维是科学创新

在社会大变革、文化大繁荣的时代，既要树立科学的思维，也要树立创新的思维。在 2016 年 12 月全国高校思想政治工作会议上，习近平总书记提出了提高学生思想政治素质的明确要求，即"四个正确认识"[1]，其要义就在于要学会用正确的立场、观点和方法分析问题，把学习、观察、实践同思考紧密结合起来，善于把握历史和时代的发展方向、把握社会的主流和支流、现象和本质，养成历史思维、辩证思维、系统思维和创新思维。而课程思政的思维就是科学创新。首先，课程思政展现的是一种科学思维，它强调要用辩证唯物主义和历史唯物主义的思维方式去看待事物，不能陷入唯心主义和机械唯物主义的泥沼，将理论导向神秘主义。尤其是在当前国际社会意识形态领域风云变幻、各种社会思潮观念激烈交锋的背景下，我们的教育要想顶住压力、抵住侵蚀就需要进一步加强在各门课程中的思想政治教育，用马克思主义的立场、观点和方法去教书育人，为学生构筑起牢固的思想防线，抵制各种错误思潮、错误言论对学生的危害。其次，课程思政展现的是一种创新思维，它强调在思想政治理论课以外的课程中融入思想政治教育，这是以前的思想政治教育未曾关注的。而且在课程思政建设的具体过程中，

---

[1] 参见《习近平在全国高校思想政治工作会议上强调 把思想政治工作贯穿教育教学全过程 开创我国高等教育事业发展新局面》，载《人民日报》2016 年 12 月 9 日第 1 版。

也更需要创新思维，以新思维催生新思路、以新思路谋求新发展、以新发展推动新方法、以新方法解决新问题，实现课程思政的创新发展。

二、课程思政的价值

（一）解决的是高等教育的方向性问题

高举什么旗帜、坚持什么方向，是高等教育发展的根本性、方向性问题。坚持好社会主义办学方向，培养德才兼备、全面发展的拥护中国共产党领导和我国社会主义制度、立志为中国特色社会主义奋斗终身的有用人才，离不开课堂主渠道作用的发挥。而课程思政作为高校思想政治工作的重要组成部分，与思想政治课程、主题教育活动互为补充，全员投入、深挖元素、明确导向，促进了立德树人根本目标的落实，实现教书育人。

（二）解决的是人才培养的价值观问题

"高校思想政治工作关系高校培养什么样的人、如何培养人以及为谁培养人这个根本问题。"[①] 高等教育人才培养事关民族命运、国家发展，是检验人才培养质量的根本性、原则性问题。如果不拧紧理想信念"总开关"，就容易导致学生在纷繁复杂的国际形势和层出不穷的挑战诱惑面前，在走上一定的岗位或职务后，分不清是非、找不准方向。因此要在我们教育和培养的方方面面，引导学生与民族同呼吸共命运、与国家同发展共前行，铭记自身由谁培养、为谁付出，做好中国特色社会主义事业的合格建设者和可靠接班人。

（三）解决的是思想教育的连贯性问题

当前的思想政治教育工作，教育主体、教育对象、教育内容和教育方法出现了新变化，单纯依靠"孤岛式"思政课很难适应思想政治工作现实发展需要和立德树人的目标实现。在一些学科中，专业课程教学与思政课程教学的分离、分化甚至对立、冲突时有发生。为解决思政教育和专业教育"两张皮"现象，就要推动课程思政建设，实现学科间育人价值的勾连，实现课堂内外的联动，实现多学科教师与行政管理者的相互配合，让各门课程教师都能守好一段渠、种好责任田，与思想政治理论课同向同行，形成协同

---

① 参见《习近平在全国高校思想政治工作会议上强调 把思想政治工作贯穿教育教学全过程 开创我国高等教育事业发展新局面》，载《人民日报》2016 年 12 月 9 日第 1 版。

效应，让学生在学习专业知识的过程中，能够自觉加强思想道德修养，提升政治觉悟，使思想政治课程与专业课由"两张皮"向"一盘棋"转化。

三、课程思政的发展

（一）课程思政发展的历史演变

1. 上海课程改革历程

2004 年以来，中央先后出台关于进一步加强和改进未成年人思想道德建设和大学生思想政治教育工作的文件，上海也由此开启了学校思想政治教育（德育）课程改革的探索之路。上海课程改革经历了三个阶段，[①] 改革重心由中小学德育课程建设转变为注重大中小学德育课程一体化建设，在此进程中，构建全员、全课程育人格局的理念也越来越清晰。

第一阶段：2005 年起，启动实施"两纲教育"，推进以"学科德育"为核心理念的课程改革。为贯彻落实中央文件精神，上海于 2005 年先后出台了《上海市学生民族精神教育指导纲要》和《上海市中小学生生命教育指导纲要》（以下简称"两纲教育"），整体构建大中小学德育体系。"两纲教育"贯穿一个核心理念，即"学科德育"理念，就是把德育的核心内容有机分解到每一门课程，充分体现每一门课程的育人功能、每一位教师的育人责任。根据各门学科的知识特点及其所蕴含的德育资源，上海编制了学科德育"实施意见"，逐步修订中小学各学科"课程标准"和"教材内容"，促进知识与技能、过程与方法、情感态度价值观的三维统一，为小学、初中、高中各个学段的所有课程实施学科德育提供了理论支撑和操作建议。这个阶段上海德育课程改革最重要的经验是要提升德育实效性，必须将社会主义核心价值观作为核心内容整体、科学、有序地融合进各学段、各学科。

第二阶段：2010 年起，承担国家教育体制改革试点项目"整体规划大中小学德育课程"，聚焦大中小学德育课程一体化建设。2010 年，上海承担国家教育体制改革试点项目"整体规划大中小学德育课程"。以此为契机，在"两纲教育"基础上，探索形成了以社会主义核心价值观为核心教育指向，以政治认同、国家意识、文化自信和公民人格为重点的顶层内容体系构

---

① 高德毅、宗爱东：《课程思政：有效发挥课堂育人主渠道作用的必然选择》，载《思想理论教育导刊》2017 年第 1 期。

架，并根据不同学段学生特点，开展德育课程一体化设计。一体化主要包括三层含义：一是着眼纵向衔接。紧密结合中小学课程改革和高校思想政治理论课建设，依托各学段德育工作基础，坚持把有效衔接、分层实施、循序渐进、整体推进作为根本要求，重点在学段的纵向衔接上下功夫。二是"横向贯通"。就是要把第一课堂、第二课堂和第三课堂（网络空间）之间打通。要充分发挥第一课堂的主渠道作用，不断加强第二课堂的文化育人、实践育人作用，着力提升第三课堂的网络教育内涵。三个课堂相互联系、相互影响、相互补充。三是"三位一体"。就是要使学校、家庭和社会形成育人合力，充分发挥学校教育的主导优势，加强家庭教育的基础作用，挖掘社会教育的育人功能，发挥育人的综合效应。这个阶段的探索，大中小德育课程衔接主要聚焦高校思想政治理论课与中学阶段政治课程的衔接，重点解决大中小学德育课程知识简单重复、层次递进不明、与学生身心发展匹配度不够等问题，切实提升大中小学德育实施的有机整体性。

第三阶段：2014 年起，将德育纳入教育综合改革重要项目，逐步探索从思政课程到课程思政的转变。2014 年上海市委、市政府印发《上海市教育综合改革方案（2014—2020 年）》，上海教育综合改革的基本目标，就是构建三个制度体系：一是以遵循教育规律，回归育人为本为重点，形成促进学生德智体美诸育全面发展和终身发展的育人制度；二是以加强顶层设计，转变政府职能为重点，形成科学分离而又有机统一的"管办评"制度体系；三是以加强资源共享，促进融合互补为重点，形成教育与经济社会发展合作共赢的协同联动制度体系。在三个目标体系中，从教育系统内部来说，核心就是坚持"育人为本、德育为先"，把"立德树人"作为教育的根本任务，也就是把培育和践行社会主义核心价值观有机地融入整个教育体系，全面渗透到学校教育教学全过程，充分体现在学校日常管理之中，在落小、落细、落实上下功夫。这个阶段探索，上海逐步形成"课程思政"理念，推出了《大国方略》等一批"中国系列"课程，选取部分高校进行试点，发掘专业课程思想政治教育资源。认识到加强高校思想政治教育工作，必须从高等教育"育人"本质要求出发，从国家意识形态战略高度出发，不能就"思政课"谈"思政课"建设，而应抓住课程改革核心环节，充分发挥课堂教学在育人中的主渠道作用，着力将思想政治教育贯穿于学校教育教学的全过程，着力将教书育人落实于课堂教学的主渠道之中，深入发掘各类课程的思想政治理论教育资源，发挥所有课程育人功能，落实所有教师育人职责。

2. 课程思政建设指导纲要

2020 年 5 月教育部印发了《高等学校课程思政建设指导纲要》，其具体内容①如下：

第一，全面推进课程思政建设是落实立德树人根本任务的战略举措。培养什么人、怎样培养人、为谁培养人是教育的根本问题，立德树人成效是检验高校一切工作的根本标准。落实立德树人根本任务，必须将价值塑造、知识传授和能力培养三者融为一体、不可割裂。全面推进课程思政建设，就是要寓价值观引导于知识传授和能力培养之中，帮助学生塑造正确的世界观、人生观、价值观，这是人才培养的应有之义，更是必备内容。这一战略举措，影响甚至决定着接班人问题，影响甚至决定着国家长治久安，影响甚至决定着民族复兴和国家崛起。要紧紧抓住教师队伍"主力军"、课程建设"主战场"、课堂教学"主渠道"，让所有高校、所有教师、所有课程都承担好育人责任，守好一段渠、种好责任田，使各类课程与思政课程同向同行，将显性教育和隐性教育相统一，形成协同效应，构建全员全程全方位的育人大格局。

第二，课程思政建设是全面提高人才培养质量的重要任务。高等学校人才培养是育人和育才相统一的过程。建设高水平人才培养体系，必须将思想政治工作体系贯通其中，必须抓好课程思政建设，解决好专业教育和思政教育"两张皮"问题。要牢固确立人才培养的中心地位，围绕构建高水平人才培养体系，不断完善课程思政工作体系、教学体系和内容体系。高校主要负责人要直接抓人才培养工作，统筹做好各学科专业、各类课程的课程思政建设。要紧紧围绕国家和区域发展需求，结合学校发展定位和人才培养目标，构建全面覆盖、类型丰富、层次递进、相互支撑的课程思政体系。要切实把教育教学作为最基础最根本的工作，深入挖掘各类课程和教学方式中蕴含的思想政治教育资源，让学生通过学习，掌握事物发展规律，通晓天下道理、丰富学识、增长见识、塑造品格，努力成为德智体美劳全面发展的社会主义建设者和接班人。

第三，明确课程思政建设目标要求和内容重点。课程思政建设工作要围绕全面提高人才培养能力这个核心点，在全国所有高校、所有学科专业全面推进，促使课程思政的理念形成广泛共识，广大教师开展课程思政建设的意

---

① 教育部：《教育部关于印发〈高等学校课程思政建设指导纲要〉的通知》（教高〔2020〕3 号），http://www.moe.gov.cn/srcsite/A08/s7056/202006/t20200603_ 462437. html。

识和能力全面提升，协同推进课程思政建设的体制机制基本健全，使高校立德树人成效进一步提高。课程思政建设内容要紧紧围绕坚定学生理想信念，以爱党、爱国、爱社会主义、爱人民、爱集体为主线，围绕政治认同、家国情怀、文化素养、宪法法治意识、道德修养等重点优化课程思政内容供给，系统进行中国特色社会主义和中国梦教育、社会主义核心价值观教育、法治教育、劳动教育、心理健康教育、中华优秀传统文化教育。

第四，科学设计课程思政教学体系。高校要有针对性地修订人才培养方案，切实落实高等职业学校专业教学标准、本科专业类教学质量国家标准和一级学科、专业学位类别（领域）博士硕士学位基本要求，构建科学合理的课程思政教学体系。要坚持学生中心、产出导向、持续改进，不断提升学生的课程学习体验、学习效果，坚决防止"贴标签""两张皮"。

第五，结合专业特点分类推进课程思政建设。专业课程是课程思政建设的基本载体。要深入梳理专业课教学内容，结合不同课程特点、思维方法和价值理念，深入挖掘课程思政元素，有机融入课程教学，达到润物无声的育人效果。

第六，将课程思政融入课堂教学建设全过程。高校课程思政要融入课堂教学建设，作为课程设置、教学大纲核准和教案评价的重要内容，落实到课程目标设计、教学大纲修订、教材编审选用、教案课件编写各方面，贯穿于课堂授课、教学研讨、实验实训、作业论文各环节。要讲好用好马工程重点教材，推进教材内容进人才培养方案、进教案课件、进考试。要创新课堂教学模式，推进现代信息技术在课程思政教学中的应用，激发学生学习兴趣，引导学生深入思考。要健全高校课堂教学管理体系，改进课堂教学过程管理，提高课程思政内涵融入课堂教学的水平。要综合运用第一课堂和第二课堂，组织开展系列讲堂，深入开展社会实践、志愿服务、实习实训活动，不断拓展课程思政建设方法和途径。

第七，提升教师课程思政建设的意识和能力。全面推进课程思政建设，教师是关键。要推动广大教师进一步强化育人意识，找准育人角度，提升育人能力，确保课程思政建设落地落实、见功见效。加强课程思政建设重点、难点、前瞻性问题的研究，构建多层次课程思政建设研究体系。

第八，建立健全课程思政建设质量评价体系和激励机制。人才培养效果是课程思政建设评价的首要标准。建立健全多维度的课程思政建设成效考核评价体系和监督检查机制，研究制定科学多元的课程思政评价标准。把课程思政建设成效作为"双一流"建设监测与成效评价、学科评估、本科教学评估、一流专业和一流课程建设、专业认证、"双高计划"评价、高校或院系教学绩效考核等的重要内容。把教师参与课程思政建设情况和教学效果作为教师考核评价、岗位聘用、评优奖励、选拔培训的重要内容。

第九，加强课程思政建设组织实施和条件保障。课程思政建设是一项系统工程，各地各高校要高度重视，加强顶层设计、全面规划、循序渐进、以点带面，不断提高教学效果。要尊重教育教学规律和人才培养规律，适应不同高校、不同专业、不同课程的特点，强化分类指导，确定统一性和差异性要求。要充分发挥教师的主体作用，切实提高每一位教师参与课程思政建设的积极性和主动性。加强组织领导、支持保障和示范引领。

（二）课程思政发展的未来趋势

当前，课程思政建设已经进入一个新的发展阶段，必须遵从人才培养的内在逻辑，在专业思政框架下深化课程思政建设。2018 年 9 月，教育部发布《关于加快建设高水平本科教育全面提高人才培养能力的意见》，明确要求：强化课程思政和专业思政。在构建全员、全过程、全方位"三全育人"大格局过程中，着力推动高校全面加强课程思政建设，做好整体设计，根据不同专业人才培养特点和专业能力素质要求，科学合理设计思想政治教育内容。[①] 专业思政是深化课程思政建设的基石和平台，是课程思政的拓展化与进阶化。从课程思政到专业思政，是立德树人的理论升维过程，从"点"（某一课程思政）到"线"（课程思政群）再到"面"（专业思政），实现了课程思政整体化、纵深化和立体化发展。[②] 从高等教育人才培养规律来看，专业是人才培养的基本单元，课程是人才培养的最小单元。专业思政和课程思政作为对高等教育人才培养规律的新认识，是新时代高校构建高水平人才培养体系的重要实践，是学校对专业内涵的丰富和拓展，为专业建设提供了重要遵循。专业思政是对专业人才培养功能的新认识，强调所有专业都要在学校办学总体目标定位的基础上明确本专业的育人目标和规格，把育人要求细化到本专业的人才培养方案中，落实到人才培养全过程，在课程体系（包含实践教学）、教学规范、师资队伍、教学条件、质量保障等各环节有

---

① 教育部：《教育部关于加快建设高水平本科教育全面提高人才培养能力的意见》（教高〔2018〕2 号），中华人民共和国教育部，http://www.moe.gov.cn/srcsite/A08/s7056/201810/t20181017_351887.html。

② 楚国清、王勇：《"课程思政"到"专业思政"的四重逻辑》，载《北京联合大学学报（人文社会科学版）》2022 年第 1 期。

机融入本专业所蕴含的思想政治教育元素，实现思想政治教育与知识体系教育的有机统一。①

专业思政的内涵是以专业为载体，根据不同专业人才培养特点和专业能力素质要求，提炼专业所要求的核心价值，将之融通到专业人才培养全过程的专业建设中。通过专业内各门课的课程思政协同化，体现思政教育有机融入专业教育的体系化、规范化的系统设计，成为指导专业内各门课程思政、各个教学环节的育人逻辑主线，具有系统性、专业化和有机融合性的特点。专业是高校人才培养的基本单元，是建设高水平本科教育、培养高素质人才的"四梁八柱"。通过专业思政的系统化设计、一体化推进，思政教育能更好地融入专业培养各环节、各方面，让学生在专业培养全过程中接受主流价值观念的熏陶，树立正确的世界观、人生观、价值观，为培养德智体美劳全面发展的社会主义建设者和接班人打好坚实基础。专业思政因其聚焦专业这一主线、从专业整体出发实施体系化、全要素的思政教育，是新时代高校高质量推进课程思政的必然要求，也是深度加强专业教育与思政教育有机融合的本质需求，对整体提升课程育人质量、形成协同效应具有现实价值，对保证专业人才培养的政治方向、回答好"培养什么人、怎样培养人、为谁培养人"的根本问题具有重要意义。②

① 韩宪洲：《在专业思政框架下深化课程思政建设》，载《中国教育报》2022年10月31日第6版。

② 虞晓芬：《专业思政与课程思政如何相辅相成》，载《中国教育报》2022年3月21日第6版。

第二章 刑法学课程思政的教学逻辑、总体设计与教学方法

一、刑法学课程思政的教学逻辑

"立德树人""德才兼备""德法兼修"是社会主义法学教育的根本任务，也是课程思政的根本出发点。[①] 2020 年 5 月，教育部印发的《高等学校课程思政建设指导纲要》指出："培养什么人、怎样培养人、为谁培养人是教育的根本问题，立德树人成效是检验高校一切工作的根本标准。落实立德树人根本任务，必须将价值塑造、知识传授和能力培养三者融为一体、不可割裂。"可见，在高校价值塑造、知识传授、能力培养"三位一体"的人才培养目标中，价值塑造是第一要务。2018 年 10 月，教育部、中央政法委颁布《关于坚持德法兼修实施卓越法治人才教育培养计划 2.0 的意见》强调法学教育要"主动适应法治国家、法治政府、法治社会建设新任务新要求……为全面推进新时代法治中国建设提供有力的人才智力保障"。教育部制定的《法学类本科专业教学质量国家标准》（2021 年版）也明确要求，法学类专业人才培养要坚持立德树人、德法兼修，适应建设中国特色社会主义法治体系，建设社会主义法治国家的实际需要。培养德才兼备，具有扎实的专业理论基础和熟练的职业技能、合理的知识结构，具备依法执政、科学立法、依法行政、公正司法、高效高质量法律服务能力与创新创业能力，熟悉和坚持中国特色社会主义法治体系的复合型、应用型、创新型法治人才及后备力量。国务院学位委员会《法律硕士专业学位研究生指导性培养方案》（学位办〔2017〕19 号）对法律硕士专业学位研究生的培养目标为主要培养立法、司法、行政执法和法律服务以及各行业领域德才兼备的高层次的复

[①] 冀洋、刘艳红：《全面推进"课程思政"时代刑法学的教学逻辑》，载《法学教育研究》2021 年第 3 期。

12

合型、应用型法治人才，要求"把知识教育同价值观教育、能力教育结合起来，把思想引导和价值观塑造融入每一门课程教学"。

刑法学课程作为教育部指定的法学专业本科以及法律硕士专业学位研究生教学核心课程之一，与其他部门法相比，有着更为鲜明的阶级性质，因此，在刑法学的教学过程中，也必须紧紧抓住"立德树人、德才兼备、德法兼修"的核心要义，大力推进"课程思政"，寓价值观引导于知识传授和能力培养之中，实现知识传授与价值引领同频共振、协同育人。

（一）刑法学课程的育人目标

1. 刑法学课程的专业目标

通过学习刑法及其所规定的犯罪、刑事责任与刑罚，使学生能熟悉和理解我国刑法学的基本概念、基本理论和刑法所规定的具体内容，掌握刑法学原理和刑法学专业知识，深化对刑法基本问题的认识，了解刑法理论和刑事司法实践的发展动态，培养学生灵活运用刑法学知识处理具体刑事案件的能力。

2. 刑法学课程的思政目标

（1）根本目标是培养新时代德法兼修高素质法治人才。刑法学课程以马克思主义世界观和方法论为指导，以唯物辩证主义的三大基本规律为依托，潜移默化地对学生的思想意识、行为举止产生影响，从而达到立德树人、德法兼修，为社会主义培养合格的建设者和接班人。同时，该课程坚持本土化的教育立场，即立足中国实际、坚持中国自信、形成中国信念；坚持理论体系、学科体系、话语体系的中国特色。通过课程思政建设，使学生明确刑法的法治使命和刑法学的研究对象、理论体系、思政理念，能够运用刑法理论和规定分析解决实际案件的理论和实务问题，具有自主学习、创新思辨、疑难探究等能力，成为适应新时代法治需要的法治人才。

（2）培养学生树立"五大思维"，提升其对中国刑事法治的认同感和信念感。第一，树立历史思维，从历史视野和发展规律中思考分析问题、把握前进方向。该课程通过对具体法条的立法、修改历史进行学习，师生共同探寻立法目的；通过对中外刑法理论的提出背景、发展历程的梳理，使学生掌握理论的历史局限。第二，树立辩证思维，用联系、发展、全面的眼光看问题，具体问题具体分析。涉及外国理论或研究时，需注意其立足的法律体系与我国有根本不同，在对其进行介绍时需进行甄别与分析，辩证地看待问题。第三，树立系统思维，把握事物的根本属性，"既要坚持全面系统，又要抓住关键"，以重要领域和关键环节的突破带动全局。从犯罪治理来看，刑法和刑法学不可能独立地发挥作用，必须将它们放在刑事法体系等相关体系中，才能找到它们的合理位置与作用发挥路径。揭示、尊重和运用这些关系，实现它们之间的相互贯通，对正确理解和合理适用刑法和刑法学至关重要。第四，树立创新思维，要根据实践变化分析问题、解决问题，实现思维创新。该课程通过课前"学生带着问题自学，并进一步提出问题"、课中"教师回答问题，师生讨论问题"、课后"学生消化问题，并继续提出问题"的方式，训练了学生的创新思维；并通过案例辅助教学手段，使学生能学以致用，不断发现和提出问题。第五，树立战略思维，了解新时代国家法治体系建设的战略目标。坚持党的领导，使学生了解本门课程在国家治理体系和治理能力现代化中的地位，提升同学们对中国法治的认同感和信念感，进一步将立德树人贯彻到课程建设的全过程。

（3）培养学生的正义感、使命感和责任感，使其成为有厚度有温度的人。刑法学课程的主要目标包括法律信仰的塑造、法律基础的夯实、法律职业信念的培养、法律职业能力的提升。该课程思政坚持建设中国特色社会主义法治体系，贯彻落实习近平总书记关于"坚持依法治国，坚持法治国家、法治政府、法治社会一体建设"的重要精神，贯彻落实习近平法治思想，在教学中引导学生铸牢中华民族共同体意识，树立社会主义核心价值观，坚持"四个自信"，全面践行国家总体安全观，厚植爱国主义情怀，培养学生的正义感、使命感和责任感。同时，刑法知识是关于如何认识犯罪、处理犯罪的学问，刑法学人应保持必要的"锐度"，但在理解刑法知识时不应完全屏蔽人之情感而应保持对社会大众（包括被害人、犯罪人等）的"温度"，在具体案例中指导学生树立良善的做人准则，将专业知识融入"人民对美好生活的向往"。

（二）刑法学课程思政的核心要素

1. 课程思政建设目标要求和内容重点

《高等学校课程思政建设指导纲要》明确了课程思政建设内容要紧紧围绕坚定学生理想信念，以爱党、爱国、爱社会主义、爱人民、爱集体为主线，围绕政治认同、家国情怀、文化素养、宪法法治意识、道德修养等重点优化课程思政内容供给，系统进行中国特色社会主义和中国梦教育、社会主义核心价值观教育、法治教育、劳动教育、心理健康教育、中华优秀传统文化教育。其内容重点为：第一，推进习近平新时代中国特色社会主义思想进教材、进课堂、进头脑。坚持不懈用习近平新时代中国特色社会主义思想铸魂育人，引导学生了解世情国情党情民情，增强对党的创新理论的政治认同、思想认同、情感认同，坚定中国特色社会主义道路自信、理论自信、制度自信、文化自信。第二，培育和践行社会主义核心价值观。教育引导学生把国家、社会、公民的价值要求融为一体，提高个人的爱国、敬业、诚信、友善修养，自觉把小我融入大我，不断追求国家的富强、民主、文明、和谐和社会的自由、平等、公正、法治，将社会主义核心价值观内化为精神追求、外化为自觉行动。第三，加强中华优秀传统文化教育。大力弘扬以爱国主义为核心的民族精神和以改革创新为核心的时代精神，教育引导学生深刻理解中华优秀传统文化中讲仁爱、重民本、守诚信、崇正义、尚和合、求大同的思想精华和时代价值，教育引导学生传承中华文脉，富有中国心、饱含中国情、充满中国味。第四，深入开展宪法法治教育。教育引导学生学思践悟习近平全面依法治国新理念、新思想、新战略，牢固树立法治观念，坚定走中国特色社会主义法治道路的理想和信念，深化对法治理念、法治原则、重要法律概念的认知，提高运用法治思维和法治方式维护自身权利、参与社会公共事务、化解矛盾纠纷的意识和能力。第五，深化职业理想和职业道德教育。教育引导学生深刻理解并自觉实践各行业的职业精神和职业规范，增强职业责任感，培养遵纪守法、爱岗敬业、无私奉献、诚实守信、公道办事、开拓创新的职业品格和行为习惯。

2. 刑法学课程思政的内容重点

刑法学课程思政的教学切入点是中国特色社会主义刑事法治道路中的"理想信念"和"核心价值观"，归结为一点即中国特色社会主义刑事法治理论。① 具体可体现为以下三个方面：

（1）社会主义法治理念与法治道路。社会主义法治理念可以概括为如下五个方面：依法治国、执政为民、公平正义、服务大局、党的领导。它浓缩了我国多年来在法治实践中总结出的对法治本质全新理解，系统回答了"建设什么样的法治国家、怎样建设社会主义法治国家"的重要问题。法学专业要将社会主义法治理念教育贯彻到教育过程的方方面面，引导学生树立社会主义法治观，促使其自觉维护法律权威，增强对社会主义法治的信仰。"中国特色社会主义法治道路的一个鲜明特点，就是坚持依法治国和以德治国相结合，强调法治和德治两手抓、两手都要硬。法学教育要坚持立德树

---

① 冀洋、刘艳红：《全面推进"课程思政"时代刑法学的教学逻辑》，载《法学教育研究》2021年第3期。

人，不仅要提高学生的法学知识水平，而且要培养学生的思想道德素养。"①

刑法的发展与社会主义法治的进步，与我国政治、经济、文化、社会的发展一路同行，包含着人民对美好社会和生活的向往与追求，也体现了社会主流价值观的变迁过程。可以说，刑法文化与思政教育存在天然的契合性。在刑法教学过程中，融入思政理念与思政元素，能够突出我国社会主义法治的特色和优势，有助于学生坚定社会主义法治信仰，成为德法兼修人才，坚定不移地成为中国特色社会主义法治道路的建设者、践行者和维护者。

（2）社会主义核心价值观。培育和践行社会主义核心价值观，并将其内化为学生的精神追求、外化为自觉行动，是课程思政的重要内容。社会主义核心价值观是社会主义法治建设的灵魂，把社会主义核心价值观融入法治建设，是加强社会主义核心价值观建设的重要途径。把社会主义核心价值观融入法治建设，是坚持依法治国和以德治国的必然要求。

（3）职业道德。深化职业理想和职业道德教育，加强法律职业伦理教育，是培养法治人才队伍对法治的内心拥护和真诚信仰的需求。

二、刑法学课程思政的总体设计

（一）以"德法兼修"为导向进行整体设计

"德法兼修"的法治人才培养是全面推进依法治国系统工程的重要组成部分。② 法为德之资，德为法之帅。德与法，如同法律人的两根支柱，互为依托、缺一不可，但相比而言，法不够，可以学，若德不行，则很难补。③只有把法治精神的培养和道德品行的养成紧密结合起来并融入法学类专业教育中，才能培养德才兼备的高素质法治人才。2017年5月，习近平在中国政法大学考察时强调法治人才培养要"立德树人、德法兼修"。2018年1月，"德法兼修"被教育部纳入《普通高等学校本科专业类教学质量国家标准——法学类教学质量国家标准》。"德法兼修"的基本含义就是法学类专业教育不仅要重视专业知识、技能培养，还要提高思想道德素养，打造德才

---

① 参见《习近平在中国政法大学考察时强调 立德树人德法兼修抓好法治人才培养 励志勤学刻苦磨炼促进青年成长进步》，载《人民日报》2017年5月4日第1版。

② 黄进：《坚持立德树人、德法兼修培养高素质法治人才》，载《中国高等教育》2017年第10期。

③ 李玉基：《"德法兼修"高素质法治人才培养体系的构建和创新》，载《法学教育研究》2017年第4期。

兼备的社会主义法治人才。我们应当认识到，一方面，"德法兼修"是新时期法学教育和法治人才培养的方向与标准，是"立德树人"这一高等教育基本使命在法学类专业教育中的具体要求；另一方面，"德法兼修"更应成为法学类专业教学队伍开展教育教学的理念与信守。"为谁培养人"在全国高校思想政治工作会议上第一次被提及。不可否认，我们过去只注重"培养什么样的人""怎样培养人"。将思想政治工作会议精神贯彻在法学教育中，就是从政治信仰、道德情操、专业素养等方面把"德法兼修"的要求落到实处，而课程思政则正是践行"德法兼修"的关键抓手，是将"德法兼修"贯彻于法学类专业教育教学全过程的主要措施。

法学教育作为实现社会法治的基础，培育着法治文化，塑造着法治人格。依法治国战略的稳步推进，最可依赖的是德法兼修的高素质法治人才，这就为法学教育改革发展指明了方向。可以预期，在"立德树人，德法兼修"的总基调下，法学高等教育将在改革中激发内在动力和活力。因此，努力将法治精神的培养和道德品行的养成紧密结合起来并融入法学教育中，努力营造尊法重德的教育氛围。全面深化法学教育改革与创新，培养德法兼修的高素质法治人才势在必行。[①] "德法兼修"法治人才培养要充分考虑到法治人才应当具备坚定的法律信仰、合乎要求的法律职业伦理、完善的知识结构、严密的思维能力、深厚的人文素养及娴熟的实务操作能力。

（二）刑法学思政元素的总体挖掘

教学知识点	思政元素连接点	价值引导
刑法的功能	行为规制功能、社会保护功能、人权保障功能与"自由、平等、公正、法治"	社会主义核心价值观教育
刑法的基本原则	罪刑法定原则、适用刑法人人平等原则、罪责刑相适应原则与"自由、平等、公正、法治"	社会主义核心价值观、法治理念与中国特色社会主义法治道路教育
刑法的空间效力	属地管辖、属人管辖、保护管辖、普遍管辖与国家主权	爱国主义教育、民族团结与国家认同意识教育、培养家国情怀
犯罪概念、犯罪构成、犯罪主体	犯罪的社会危害性与刑事违法性、中国犯罪构成四要件说与大陆法系犯罪构成三阶层说之争	守法意识与依法办事教育、中国特色社会主义刑事法治教育、理论自信教育

---

① 李玉基：《"德法兼修"高素质法治人才培养体系的构建和创新》，载《法学教育研究》2017年第4期。

续表

教学知识点	思政元素连接点	价值引导
共同犯罪	"部分行为，全体责任"刑事责任原则与"整体""部分"的辩证关系	辩证思维和方法教育
正当行为	正当防卫与"法不能向不法让步"	社会责任教育、社会主义核心价值观教育
刑罚的体系与制度	死刑、我国死缓制度的创新	中国特色社会主义刑事法治教育、制度自信教育
国家安全的刑法保护	总体国家安全观与国家安全（危害国家安全典型实务案例）	国家安全、爱国主义、家国情怀教育
人身安全的刑法保护	侵犯人身权利犯罪典型案例	人权保障、生命观、人格尊严教育
财产安全的刑法保护	财产权、财产犯罪、企业合规典型案例	财产安全教育、职业道德与伦理教育、反电诈教育、廉政建设教育
经济安全的刑法保护	食（品）药（品）安全、金融安全	食（品）药（品）安全教育、企业合规教育、总体国家安全观教育
交通安全的刑法保护	交通安全	交通安全教育
网络安全的刑法保护	电信诈骗与反诈、网络言论规制、信息网络犯罪及其典型案例	网络安全教育、社会主义核心价值观教育、总体国家安全观教育

三、刑法学课程思政的教学方法

（一）刑法学课程的传统教学方法

传统的刑法学课程教学方法一般是以课堂讲授式教学为主，辅以模拟法庭、案例教学等方式，个别院校还开设了刑事法律诊所，进行诊所教学，作为刑法学教学的必要补足。刑法学课程一般广泛采用的教学方法是讲授式教学法、案例教学法、模拟教学法、讨论式教学法。

1. 讲授式教学法

讲授式教学是最传统的刑法学课程教学方式。顾名思义，该种教学方式以教师的课堂讲授为主。我国《刑法》是完备的成文法典的形式，立法的指导思想长期以来都是宜粗不宜细，以适应千变万化的社会生活的需要。因此，刑法典中法律条文的规定较为抽象。对普通高校的刑法学课程教学来说，是以解释刑法学为主，即注重对刑法条文本身的解释。不可否认的是，作为传统教学模式的讲授式教学仍然具有实践式教学方法所不具备的优越性。任课教师可以在课堂上完整、系统、按部就班地讲解刑法学知识体系中的具体内容，可以让学生在短时间内掌握刑法学的基本概念、一般理论、原则、制度、具体罪名的认定等，即是先有理论，再将理论应用于实践。这样的教学方式是符合认知规律的。因而，不能忽视传统的讲授式教学方式的优势。但是，讲授式教学法的弊端也是显而易见的，讲授式教学以课堂面对面的讲授为主，是一种被动的学习方式，学生是否真正获取了教师在课堂上所传授的知识，除了考试和考核外无从得知，很难调动学生学习的主动性和积极性，对于教学质量的提高非常不利，同时也存在着重理论轻实践、重讲授知识轻能力培养的不足。因而，各大高校都在不断提倡对讲授式教学法进行改革，以提高学生的学习兴趣和学习效果。

2. 案例教学法

长期以来，学界一直提倡在刑法学课程的教学方法中要加入案例教学，并且案例教学也逐渐成为刑法学课程教学的一种常规方法。一方面，案例教学可使刻板的法律条文变得生动起来，学生可以通过案例深入浅出地理解相关法律的规定；另一方面，案例教学法确实能够有效地调节课堂气氛，提高课堂教学的效果。在加强刑法学的应用性方面，案例教学法功不可没。然而，案例教学法在实践中表现出来的缺陷也是显而易见的：教师选取的刑事案例大多是两种，要么重大，要么疑难。联系到司法实践，课堂上选取的案例总是体现出以偏概全的特征，不能反映刑事司法实践中形形色色的刑事案件的全貌。法学是一门实践性很强的学科，刑法学的实践性特征体现得尤为突出。司法实践中的刑事案件形形色色，不可能形成某种固定的模式而加以表现，因此，对法科的学生进行素质教育，使其掌握实践技能尤为重要。此外，当前在刑法学教学中所采用的案例教学法，通常也是夹杂在讲授式教学法当中，仍然是通过教师讲授的方式来向学生介绍案件的整个过程。因此，案例教学法在刑法学教学中的地位近乎不言自明，是对讲授式教学法的某种补充。

3. 模拟教学法

模拟教学法，也称为模拟法庭教学法，是各法学院校普遍采用的一种教学方法。其特点是，选择典型案例，将学生置于仿真环境之中，由学生来扮演控、辩、审三方的不同角色，身临其境地学习刑法学的有关理论知识和实践技能。模拟教学法的优势显而易见：能够在组织模拟法庭活动的过程中培养学生独立解决疑难问题的能力，在这个过程中也能够有效地培养学生的组织能力和创造力，使书本上呆板的理论知识活化起来，在模拟庭审的过程中对刑法学知识活学活用。作为一门实践性很强的学科，在刑法学的教学中采用模拟教学法能够收到事半功倍的效果。其劣势在于，刑法学课程的教学周期一般都长达一学年，本科以及法律硕士的刑法学课程教学主要涉及的是刑法解释学，内容纷繁复杂，单纯采用模拟教学法显然不能满足教学的实际需要。一次有效的模拟教学法占用的教学时数较多，一般做法都是一学期举办一两次模拟法庭而已，涉及的理论内容不会太多，因此，模拟教学法不可能成为刑法学课程教学的主要方法。

4. 讨论式教学法

讨论式教学法采用的步骤一般是，教师先行布置一个或者几个论题，学生在上课之前先行准备，主要是准备发言的内容。之后在课堂上，由教师主持，学生依次发言，最后教师总结学生们的发言内容。简单地说，是以学生为主、教师为辅的教学方法。讨论式教学法特别适应刑法学理论纷争较多的现状，对同一种理论，不同的学者可能有不同的观点。学生对各种学说也有可能支持或反对。因而，采用讨论式教学非常符合刑法学科的特点。并且在此过程中，可以使学生锻炼法律人才必备的两种素养：思辨的能力与雄辩的口才。还可以培养学生自主学习的意识和能力，调动学习积极性。但是讨论式教学法存在的问题也十分突出：学生毕竟仍处于学的阶段，对刑法学整个的知识体系不可能十分了解，发言的内容难免有所偏颇，如果教师不能对学生发言的内容进行有效引导，导致的结果往往就是离题太远、不知所云。因此，在运用讨论式教学法时，虽然教师只是处于辅助的位置，但其作用是不可取代且非常重要的。讨论式教学法同样也只能作为刑法学课程教学的辅助方法，课堂教学不可能主要以讨论的形式展开，只能针对某些有争议的问题进行讨论，且必须强调在讨论式教学中教师的重要地位。

（二）刑法学课程思政的教学方法创新

刑法学是法学核心课程之一，是法学学科最重要的基础课程之一，在法律硕士专业学位培养中亦是如此。《法律硕士专业学位研究生指导性培养方案》规定，《刑法与刑事诉讼法原理与实务》是法律硕士（法学）研究生的6门必修课之一，总计4个学分；《刑法学》是法律硕士（非法学）研究生的13门必修课之一，总计也是4个学分。由此可见，刑法学课程在法律硕士生培养方案中的重要地位。同时，刑法学具有很强的实践性，这就要求在刑法学的教学中，要突破以往以讲授式教学为主的格局，引入新的教学方法和手段，借助网络平台，综合多元教学方法，创新课程思政方式。其中，"经验之塔"以及案例教学是不可或缺的部分，可以从中构筑整个刑法学的课程思政系统。[①]

1. "经验之塔"理论教学法的镜鉴

."经验之塔"（cone of experience）[②]理论来源于美国视听教育家戴尔1946年所写的《视听教学法》。"经验之塔"理论将人类学习经验分为具体和抽象，由直观经验向抽象思维的学习扶级而上，形成3类11层的金字塔模型。第一类：做的经验，具体包括三个层级：第1个层级是直接的、有目的的经验（是指直接与真实事物本身接触取得的经验，是通过对真实事物的看、听、尝、摸和嗅，即通过直接感知获得的具体经验）；第2个层级是设计的经验（是指通过模型、标本等学习间接材料获得的经验。模型、标本等是通过人工设计、仿造的事物，都与真实事物的大小和复杂程度有所不同，但在教学上应用比真实事物易于领会）；第3个层级是参与活动（演戏）的经验（是指把一些事情编成戏剧，让学生在戏中扮演一个角色，使他们在尽可能接近真实的情景中获得经验。参加演戏与看戏不同，演戏可以使人们参与重复的经验，而看戏是获得观察的经验）。第二类：观察的经验，具体包括六个层级：第4个层级是观摩示范（看别人怎么做，通过这种方式可以知道一件事是怎么做的，以后可以自己动手去做）；第5个层级是野外旅行（可以看到真实事物的各种景象）；第6个层级是参观展览（通过展览观察获得经验）；第7个层级是观看电视、电影（银屏上的事物是真实事物的替代，通过看电视或电影，可以获得一种替代的经验）；第8个层级是看静态画面、图片（提供视觉经验，与电影、电视提供的视听经验相比，抽象层次更高一些）；第9个层级是听广播和录音（提供听觉经验，与电影、电视提供的视听经验相比，抽象层次更高一些）。第三类：抽象的经验，具体包括两个层级：第10个层级是视觉符号（主要是指图表、地图等，它们已看不到事物的实在形态，是一种抽象的代表，如地图上的曲线代表河流，线条代表铁路等）；第11个层级是言语符号（包括口头语言与书面语言的符号。言语符号是一种抽象化了的代表事物或观念的符号）。在"经验之塔"中，我们看到，学习者开始是在实际经验中作为一名参与者，

---

① 陆敏：《刑法案例课程思政教学的规范化问题》，载《社会科学家》2021年第7期。
② 张剑平：《现代教育技术（第5版）》，高等教育出版社，2021，第29页。

然后是作为一名真实事件的观察者，接着是作为一名间接事物的观察者，观察到的是真实事物的替代者，最后，学习者观察到的是一个事件的抽象符号。"经验之塔"理论认为，有效的学习应该始终与具体经验相关联，教育教学应从具体经验开始入手，逐步深入、提炼，发展至普遍和抽象，形成概念，将概念用作推理，还可以再反哺于具体，从而使学习具备延展性。

表1　戴尔"经验之塔"示例表

学习经验的程度	戴尔"经验之塔"的学习 经验获取途径及层次	学习经验的特点
抽象的经验	言语符号（11）	抽象的经验 （符号性）
	视觉符号（10）	
观察的经验	听广播和录音（9）	间接的经验/替代的经验 （形象性）
	看静态画面、图片（8）	
	观看电视、电影（7）	
	参观展览（6）	直接的经验 （活动性）
	野外旅行（5）	
	观摩示范（4）	
做的经验	参与活动的经验（演戏）（3）	
	设计的经验（2）	
	直接的、有目的的经验（1）	

刑法学课程教学中也可通过"经验之塔"理论分析学生专业知识获得的途径，创新刑法学课程思政方法，从实现课程思政育人目标出发，让学生获得最大经验值。[①]

表2　刑法学教学中的"经验之塔"示例表

学习经验 的程度	戴尔"经验之塔"的学 习经验获取途径及层次	刑法学"经验之塔"的 学习经验获得途径	刑法学主要 教学方法	课程思政 目标
抽象的经验	言语符号（11）	研读刑法学教材、专著	讲授式教学法	法治理念教育、 培养法治思维、 塑造公正价值观
	视觉符号（10）	研读经典案例、 裁判文书	讨论式教学法 问题式教学法	

---

① 赵雪军：《"互联网＋课程思政"下"刑法学"教学改革探索》，载《喀什大学学报》2021年第2期。

续表

学习经验的程度	戴尔"经验之塔"的学习经验获取途径及层次	刑法学"经验之塔"的学习经验获得途径	刑法学主要教学方法	课程思政目标
观察的经验	听广播和录音（9）	展示典型案例多媒体音视频	讨论式教学法 案例教学法 启发式教学法 问题式教学法	结合教学内容和社会热点问题，培养价值认同、道路自信、理论自信、制度自信与文化自信
	看静态画面、图片（8）	展示典型案例画面、图片		
	观看电视、电影（7）	欣赏经典法律影片、观看法治节目		
	参观展览（6）	国家安全日、宪法宣传日、国际禁毒日等组织学生参观展览		
	野外旅行（5）	公、检、法、律所见习		
	观摩示范（4）	法庭旁听、观看线上庭审直播		
做的经验	参与活动的经验（演戏）（3）	模拟法庭	模拟教学法 互动式教学法	通过实践，学生对刑法知识和社会问题具有更为清晰的思考和理解，强化社会责任感
	设计的经验（2）	法律诊所		
	直接的、有目的的经验（1）	专业实习		

2. 案例教学法的创新

刑法学课程案例教学一般采用案例研习的方法，这种方法主要是任课教师根据刑法总论的重要知识点和刑法分论的主要罪名，选取一些典型案例供学生思考，由学生归纳案件的争议焦点，再从刑法理论和刑法规范两方面进行阐述，形成自己的观点。学生之间可以相互讨论，最后由任课教师做点评，并就相关问题进行理论阐释和规范分析。这种刑法学案例教学方法有其可取之处，如可以激发学生的求知欲望，增加学生之间的互相交流，明确案件的争议焦点。然而，这种传统的案例教学方法主要是学生根据自己的直觉进行判断，缺乏系统性观念，导致其对案例的分析容易出现以下问题：第一，顾此失彼，遗漏要点。案例分析的第一个原则是考察的全面性，即要求分析者首先能够将案件所涉及的问题涓滴不漏地挖掘出来。面对复杂的案情，学生要有整体思维去把握案情，搜寻和归纳案件中具有定罪和量刑意义的全部事实。第二，叠床架屋，浪费精力。案例分析的第二个原则是思维的经济性，即要求分析者在全面搜寻问题的基础上，应当使分析的过程尽量简洁、高效。面对复杂的案情，学生要以一定方法论为指导，按顺序、分步骤地解决案件中的各个要点问题。① 而鉴定式案例分析方法是内容全面、逻辑严密、符合人们认识规律和犯罪构成的刑法适用方法，可以作为刑法学课程教学的有效方法。所谓的鉴定式案例分析方法，是指对法律上的与案件裁判相关的各个方面进行全面权衡，最后汇总为一个司法决定的方法。在整个鉴定式分析过程中，应贯彻普遍的思维法则以及实体法和法教义学作出的结构性预设，精当地展开分析论证，冗余即为错。②

鉴定式案例分析方法一般分为"事实划分""人员分工""罪名检验""竞合处理"以及"最终结论"五个步骤。

（1）事实划分。犯罪的本质是行为，行为是区分罪与非罪、此罪与彼罪和犯罪形态的根据，只有全面掌握案件事实并对具有刑法意义的事实进行分类，然后依次评价、各个击破，才能全面和系统地掌握案件所涉罪名等定性问题。因此，在有多种犯罪行为的场合，犯罪行为是第一顺位分类标准。按照时间顺序确定不同行为，明确具有刑法意义的行为，将不具有刑法意义的行为排除出去。保留具有刑法意义的行为作为后续判断的对象，再从刑法规范层面进行定性分析。

（2）人员分工。在多人参与犯罪的情况下，涉及共同犯罪及共犯人形态的认定。在上述行为划分的基础上，将每个行为中参与的行为人列出，首先明确实行行为人，将此拟定为正犯，再考察其他参与人的行为表现及与正犯之间的关系，明确他们的共犯人形态。

（3）罪名检验。确定了前述行为和行为人之后，从主客观两方面判断涉嫌犯罪是否成立。在客观层面，对具有刑法意义的行为进行分析，判断其是否符合涉嫌罪名的客观构成要件。在主观层面，对实行行为人进行分析，判断其是否符合涉嫌罪名的主体要件和主观要件。如果两个层面条件均满足，则构成涉嫌的罪名。在此基础上，再考察其他参与人的行为和心理，判断他们是否构成共同犯罪，进而明确他们的共犯人形态。

（4）竞合处理。"在每一事实单元内，如果经过分析认定某一行为人同时成立两个以上的犯罪，那就需要专门考察其究竟成立真正的竞合（即数罪），还是想象竞合，抑或是法条竞合，进而决定对其最终适用的罪名。"③

---

① 陈璇：《刑法鉴定式案例分析方法导论》，载《燕大法学教室》2021 年第 1 期。
② ［德］特勒夫雷讷：《鉴定式案例分析法的基础与技术》，黄卉译，载《法律适用》2021 年第 6 期。
③ 陈璇：《刑法鉴定式案例分析方法导论》，载《燕大法学教室》2021 年第 1 期。

（5）最终结论。通过前述分析，对全案所涉人员构成的犯罪及共犯人形态进行逐一总结。

"法律专业人士的中心任务和能力在于对日常生活中的案情事实进行法律分析以及作出相应评价。"[①] 即法律专业人士就是要有能力对案件的案情事实进行法律评价，然后告知人们这种行为的法律后果。而通过讲授并训练运用上述鉴定式案例分析方法，可以培养学生严密的刑事案件多视角分析思维和对刑事案件的理论解释能力。

3. 法律职业共同体多方参与研讨法的提倡

当前刑事司法实践中疑难案件越来越多，刑法学课程教学中无法回避对刑事疑难案件的分析。而刑事疑难案件的分析思路和处断结论，与分析者的立场有密切关系。刑事疑难案件在事实认定、条文解释、法律适用等方面往往存在较多争议点，在许多刑事疑难案件中，刑法定性并不是非黑即白那样的泾渭分明，而是存在一些模糊地带。解释者立场不同，影响刑法解释的尺度，进而可能决定案件的刑法定性。基于不同立场、不同角色、不同专业背景、不同价值观念、不同解释方法等，都可能导致对这些问题的判断得出不同结论。习近平总书记在中国政法大学考察时强调："法学学科是实践性很强的学科，法学教育要处理好知识教学和实践教学的关系。要打破高校和社会之间的体制壁垒，将实际工作部门的优质实践教学资源引进高校，加强法学教育、法学研究工作者和法治实际工作者之间的交流。"[②] 充分了解各方意见，掌握各种观点背后的逻辑，有利于培养学生全方面、多角度解读案件和适用刑法的理性思维，对于提高学生刑法适用能力非常重要。因此，为了培养学生全面评估案件事实的宏观视野和多维度分析法律问题的微观视角，刑事疑难案件的"监、公、检、法、律、司、学"等法律职业共同体多方参与研讨的方法值得提倡。即监察、公安人员代表的监察、侦查方，检察官代表的控诉方，律师代表的辩护方，法官代表的审判方，司法行政人员代表执行方，学者代表的中立方，各方人员先分别从各自的立场出发，提取案件事实、分析法律规范、得出各自结论、提出相应困惑，再进行交叉询问、应答，最大限度地对案件的争议问题达成共识，最后形成相应结论。"法律论证的关键在于，对给定案例进行分析从而得出法律上的解决方案，分析过程

---

① ［德］埃里克·希尔根多夫：《德国大学刑法案例辅导（新生卷·第三版）》，黄笑岩译，北京大学出版社，2019，第3页。

② 参见《习近平在中国政法大学考察时强调 立德树人德法兼修抓好法治人才培养 励志勤学刻苦磨炼促进青年成长进步》，载《人民日报》2017年5月4日第1版。

必须与制定法及法律论证规则，特别是与四个规范解释规则即文义解释、体系解释、历史解释以及目的解释保持一致。往往从制定法中会推导出不止一种解决方案，可以支持多种不同的解决方案，因此，观点的有理有据以及说服力就成为区分哪里分析优劣的标准。哪一种解决方案最具有说服力，人们通常可以用很好的理由得出不同的观点。"① 同时，学生也可以与各方互相提问、互相回答、互相辩论、共同提高。通过这种研讨方式，可以有效地拓宽学生的学术视野，提高其思辨能力，训练其专业实践能力。

---

① ［德］埃里克·希尔根多夫：《德国大学刑法案例辅导（新生卷·第三版）》，黄笑岩译，北京大学出版社，2019，第14页。

第三章　刑法学的基础理论

教学要点	思政元素	思政板块	教学方法
刑法的功能	社会主义核心价值观之"自由、平等、公正、法治、文明、诚信、敬业、友善",社会主义法治理念与法治思维,中国特色社会主义法治道路,道路自信	政治认同 法治意识	讲授式教学法 讨论式教学法 问题式教学法 案例教学法
刑法的基本原则			
刑法的空间效力 刑法的溯及力	社会主义核心价值观之"爱国",国家认同,国家主权意识和人权保障理念,文化自信	家国情怀 法治意识	

一、刑法的概念、特征与功能

(一) 刑法的概念和特征

刑法是规定犯罪及其法律后果的法律规范的总和。因为犯罪的主要法律后果是刑罚,所以刑法在国外又被称为"犯罪法"(criminal law)或"刑罚法"(penal law)。在中国,刑法是由全国人民代表大会及其常务委员会代表人民的意志制定的、规定犯罪及其法律后果的法律。

刑法的特征是指刑法同其他法律如民法、行政法相比的特点,所以也称为刑法的法律性质。刑法具有下列特征:

1. 调整范围的广泛性

刑法在保护的利益与调整的对象上比较广泛,从《中华人民共和国刑法》(以下简称《刑法》)第 2 条规定的任务和第 13 条规定的犯罪的定义中就可以看出,刑法保护一切对我们社会生活至关重要的利益,从国家安全、公共安全、经济秩序到公民个人的人身权利、财产权利,而其他法律如民法、行政法可能仅涉及社会生活的某一方面或某一层面的利益与关系。严重违反其他法律的行为，就有可能进入刑法的调整范围，刑法为其他法律提供了强有力的支持和保障。

2. 调整对象的专门性

刑法的任务以及实现任务的方法不同于其他法律部门。刑法主要规定犯罪，以及运用刑罚的方法同犯罪作斗争，追究犯罪人的刑事责任，而其他法律则各有自己的任务和实现的方法。

3. 刑罚制裁的严厉性

刑法的强制力度较其他法律的强制力度严厉得多。刑法的特点集中体现在其对犯罪行为的法律后果上，这种法律后果的严厉性是其他法律如民法、行政法所不能比拟的。违反刑法的后果主要是刑罚制裁，包括剥夺生命、自由、财产、资格等重要的权益。

4. 刑法发动的补充性和保障性

正因为刑罚制裁的严厉性，决定了刑法需要遵循明确性和谦抑性原则、罪刑法定原则，要求适用刑罚的前提具体化、明确化，尽量限制刑罚的适用。作为保护社会的"最后手段"，只有当其他部门法不能充分保护某种社会关系时，才由刑法调整。所以，刑法是其他法律的保障法。

（二）刑法的功能

刑法的功能，是指刑法运用能产生的积极作用。刑法之所以成为治国重器，是因为其在社会生活中能够产生积极作用。刑法的机能主要包括三个方面，即行为规制功能、社会保护功能和人权保障功能。

1. 行为规制功能（评价规范和意思决定规范）——宣示刑罚

即通过对犯罪行为的规范评价，对人们的行为进行规范、制约的功能。刑法将某种行为规定为犯罪并宣布给予刑罚，表明该种行为在刑法上是无价值的（评价功能），并命令人们不要作出实施该种行为的意思决定（意思决定功能），从而达到规制人们行为的功能。该功能是由刑法规范既是评价规范，又是意思决定规范相对应的，它是刑法最基本的功能。

2. 社会保护功能——适用刑罚

又称刑法的秩序维持功能，简称为保护功能。即通过对犯罪行为的制裁而保护法益，维持正常的社会秩序。首先，刑法的法益保护功能表现为对法益的保护，又可以分为对个人、社会、国家利益的保护，以维持秩序；其次，刑法保护法益的功能表现为对犯罪的制止和预防，这里的预防包括一般预防和特殊预防，前者是指通过司法过程中反复适用刑法，使社会上的一般人远离犯罪，以维持秩序，后者是指通过对犯罪人适用刑罚使其将来不至于再次犯罪，以维持秩序。对法益的保护和对秩序的维持正是通过对犯罪的制止和预防实现的。

3. 人权保障功能（裁判规范）——限制刑罚

又称刑法的自由保障功能，简称为保障功能。刑罚是一把"双刃剑"，用之不当，便会两败俱伤。因此，刑法在实现法益保护功能时，必须考虑使刑法不至于侵犯人们的个人自由，不至于侵犯人们的人权。这就是刑法的自由保障功能。保障功能包括两方面的含义：（1）刑法保障善良公民不受国家的随意侵害；（2）司法机关不得违反刑法的规定对犯罪人科处刑罚，犯罪人有不受刑法规定以外的制裁的权利。

保障功能和保护功能虽然是由刑法的规制功能派生出的功能，二者之间存在着一定的冲突之处，但却具有十分重要的意义。保护功能涉及整体利益，保障功能涉及个体利益，整体与个体之间应当达到平衡、协调。所以，保护功能和保障功能，整体利益和个体利益，正义与自由，秩序与人权，这两者之间互相联系又互相矛盾，这也是任何国家刑法都必须认真面对的一个永恒问题，而一个良好的、理想的刑法制度总是力求在两者之间达到一种恰当的平衡。

二、刑法的渊源

刑法的渊源是刑法的表现形式，我国刑法的渊源主要有以下几种：

（一）刑法典

刑法典是国家以刑法名称颁布的，系统、全面规定犯罪、刑事责任与刑罚的法律。刑法典是刑法的主要表现形式，也是刑事法治是否健全的主要标志。我国刑法典是 1979 年颁布实施、1997 年修订的《刑法》。其中，《中华人民共和国刑法修正案》是对刑法典本身的修改、补充和完善，也是刑法典的组成部分。

（二）单行刑法

单行刑法是立法机关为了弥补刑法典的不足或为了修订刑法典条款，针对特定人、事、时、地所规定的某一类犯罪的刑事责任与刑法的法律。单行刑法可以单独引用适用，故而被称为"单行刑法"。

新刑法典颁布后，全国人大常委会于 1998 年 12 月 29 日颁布的《关于惩治骗购外汇、逃汇和非法买卖外汇犯罪的决定》，是现行有效的单行刑法。

（三）附属刑法

附属刑法是附带规定于民法、经济法、行政法等非刑事法律中的罪刑规范。与国外的附属刑法不同，我国以往的附属刑法都没有直接规定犯罪的构成要件与法定刑，只是形式上概括性地重申了刑法的相关内容（往往表述为"构成犯罪的，依照刑法追究刑事责任"），而没有对刑法做出解释、补充、修改等实质性规定。因此，我国没有实质意义上的附属刑法。

（四）变通规定

民族自治地方的省级人民代表大会，根据当地民族的政治、经济、文化的特点和刑法典的基本原则制定的涉及犯罪与刑罚的变通或补充规定，也可谓刑法的渊源。但这种规定只在特定地域适用，没有普遍效力。

三、刑法的基本原则

刑法的基本原则，是指刑法明文规定的贯穿全部刑法规范、对全部刑事立法和刑事司法具有指导和制约意义，并体现我国刑事法治基本精神的准则。

刑法规定了三个原则，即第 3 条的罪刑法定原则，第 4 条的平等适用刑法原则，第 5 条的罪责刑相适应原则。

（一）罪刑法定原则

1. 概念

罪刑法定原则，是指"法无明文规定不为罪，法无明文规定不处罚"。即犯罪行为的界定、种类、构成条件和刑罚处罚的种类、幅度，均事先由法律加以规定，对于刑法分则没有明文规定为犯罪的行为，不得定罪处罚。《刑法》第 3 条规定："法律明文规定为犯罪行为的，依照法律定罪处罚；法律没有明文规定为犯罪行为的，不得定罪处罚。"该条文就是对罪刑法定原则的规定。

2. 思想基础

（1）沿革渊源

第一，"三权分立"。"三权分立"由孟德斯鸠提出。孟德斯鸠把国家的权力分为立法权、行政权和司法权，这三种权力由三个不同的机关行使，并且互相制约，是为了实现权力制衡，防止权力过于集中和膨胀。

第二，心理强制说。德国著名刑法学家费尔巴哈是心理强制说的首倡者。他认为，国家光靠道德教育不足以制止犯罪，因此必须建立以消除违法精神动向为目的的第二道防线，即求助于心理强制。如果使违法行为中蕴含着某种痛苦，已具有违法精神动向的人就不得不在进行违法行为可能给其带来的"苦"与"乐"之间进行细致的比较与权衡，使其避苦求乐。如何实现心理强制呢？就是市民对痛苦与犯罪两者不可分割的确信，即使所有的人都相信一定的违法行为必将招致一定的刑罚制裁。法律明文规定各种犯罪应受的惩罚，使有犯罪意念的人面临着刑罚的威吓，因此，刑法建立了一个"罪刑价目表"，使有违法精神动向的人不敢犯罪，从而达到对有犯罪意念的人的精神强制，有效地预防犯罪。

（2）现代思想基础

第一，民主主义。民主主义要求国家的重大事务应由人民自己决定，各种法律应由人民自己制定。刑法的处罚范围与程度关系着每一个人的生命、身体、自由、财产与名誉，属于特别重大事项。所以，应当由人民决定什么行为是犯罪，对犯罪科处什么刑罚。但现实表明，人民不可能直接决定犯罪与刑罚。妥当的做法是由人民选举其代表组成立法机关，由立法机关来制定刑法，而立法机关必须体现人民的意志，司法的过程就是人民意志实现的过程。由立法机关制定刑法就体现了罪刑法定中的法律主义（狭义的法律），也决定了禁止立法机关制定处罚不当罚的行为和禁止制定残酷的刑罚。

第二，尊重人权主义（预测可能性）。尊重人权主义是现代法治的核心，也是罪刑法定原则奠定坚实的基础。尊重人权的思想发源于英国《自由大宪章》第 39 条的规定，后来又由启蒙思想家发扬光大。认为在国家的政治生活中，应当以权利为本位而不能以权力为本位，一切国家活动都应当保障公民的权利而不是相反。在社会生活中，公民的权利可能受到来自两个方面的侵犯，一方面是犯罪行为对公民权利的侵犯，另一方面是国家权力对公民权利的侵犯。如果任由国家无限制地行使刑罚权，将使公民权利时刻都处于国家权力的压迫之下。如果不对国家权力进行有效限制，必然使国家刑罚权的行使以牺牲人权保障为代价。而限制国家刑罚权的方式，便是罪刑法定原则的确立。

3. 基本内容

（1）法律主义（成文的罪刑法定）。立法机关不能将制定犯罪和刑罚的权力交给其他机关，司法机关定罪量刑只能以立法机关制定的成文刑法为标准，应当排除习惯法、判例及行政法规与规章的适用。

（2）禁止重法溯及既往（事前的罪刑法定）。刑法原则上不能适用于其生效之前的行为，即禁止事后法。禁止事后法只是禁止不利于被告人的溯及既往，如果新法有利于被告人，则可以溯及既往适用新法。注意：下列做法违反禁止事后法的原则：①对行为时并未禁止的行为科处刑罚；②对行为时虽有法律禁止但并未以刑罚禁止（未规定法定刑）的行为科处刑罚；③事后减少犯罪构成要件而增加犯罪可能性；④事后提高法定刑；⑤改变刑事证据规则，事后允许以较少或较简单的证据作为定罪根据。

（3）禁止不利于被告人的类推解释（严格的罪刑法定）。

（4）刑罚法规的适当（确定的罪刑法定）。第一，刑法明确性。规定犯罪的法律条文必须清楚明确，使人能确切了解犯罪行为的内容，准确地界定犯罪行为与非犯罪行为的范围，以保障该规范没有明文规定的行为不会成为该规范适用的对象。而刑法是否明确，应当根据具有通常判断能力的一般人的理解，以及在具体场合根据该行为人的判断可能性、预测可能性予以判断。① 第二，禁止处罚不当罚的行为。刑法是规制行为的最后手段，应该有合理的犯罪圈，禁止适用不均衡、残虐的刑罚。第三，禁止绝对不确定刑。现代各国的刑法都规定了相对确定的法定刑。

案例：2016 年 4 月 22 日，河南卢氏人秦运换采挖兰草 1 丛 3 株，后被卢氏县森林公安局民警查获。经鉴定，秦运换非法采挖的兰草系兰属中的蕙兰。卢氏县法院审理后，以非法采伐国家重点保护植物罪判处秦运换有期徒刑 3 年，宣告缓刑 3 年，并处罚金人民币 3000 元。宣判后，秦运换在法定期限内未上诉、抗诉，判决生效。此前，另 3 名原审被告人秦帅、黄海峰、肖金山也因类似的事实、同样的罪名被卢氏法院判处刑罚。后来，秦运换、秦帅、黄海峰、肖金山 4 人以不构成犯罪为由，向卢氏县法院提出申诉。2018 年 5 月 23 日，卢氏县法院作出再审决定书。经再审查明，现行《国家重点保护野生植物名录（第一批)》未将蕙兰列入其中，即蕙兰不属于国家重点保护植物。《刑法》规定，只有非法采伐国家重点保护植物的行为才构成非法采伐国家重点保护植物罪，原审判决适用法律错误，卢氏县法院再审该 4 起案件，后作出无罪判决。罪刑法定原则是我国刑法最重要的原则。按照这一原则，法律明文规定为犯罪行为的，依照法律规定定罪处罚；法律没

---

① 周光权：《刑法总论》（第四版），中国人民大学出版社，2021，第 47 页。

有明文规定为犯罪行为的，不得定罪处罚。这一原则为各个文明、法治国家的刑法所采用，其主要是在强调刑法打击犯罪、维护社会稳定的同时，注重对公民权利和自由的保护。只有坚持"法无明文规定不为罪、法无明文规定不处罚"，才能让人们清楚地了解什么是犯罪行为，什么是合法行为，进而对自己行为有准确的预判，不至于总是战战兢兢，担心因某个行为而获罪。采伐蕙兰无罪案，让非法采伐国家重点保护植物罪为人熟知，该犯罪主要是指违反国家规定，非法采伐珍贵树木或者国家重点保护的其他植物。根据相关司法解释的规定，重点保护植物以《国家重点保护野生植物名录》为准。蕙兰虽然属于我国加入的《濒危野生动植物种国际贸易公约》附录二中所列植物物种，但并不在国家林业局和农业部发布实施的《国家重点保护野生植物名录（第一批）》之中。由此可见，认定采伐蕙兰的行为构成非法采伐国家重点保护植物罪，本身就缺乏法律依据。此次改判认定其不构成该罪，方符合罪刑法定原则。也就是说，即便蕙兰确实属于《濒危野生动植物种国际贸易公约》所列物种，哪怕其濒危程度、珍稀程度、市场价值比列入《国家重点保护野生植物名录》中的物种高很多，在罪刑法定原则下，也不能作出扩大解释或类推解释，将采伐行为认定为构成非法采伐国家重点保护植物罪。据报道，秦运换等人在原审中如实供述，认罪悔罪，且对原审判决未抗诉、上诉，导致其生效。但在罪刑法定原则下，被告人"认罪"，并不代表必须给其定罪；判决因未抗诉、上诉而生效，不代表有错可以不纠。即便被告人"认罪"，即便判决已生效，作为公平正义最后一道防线的人民法院，也应秉持罪刑法定原则，并实事求是地定罪量刑，做到"有罪定罪，无罪开释"，这样可以让法律更有尊严，司法更有权威，公众更有安全感。[①]

（二）平等适用刑法原则

平等适用刑法原则，即刑法面前人人平等原则，就犯罪人而言，任何人犯罪，都应当受到法律的追究；任何人不得享有超越法律规定的特权；对于一切犯罪行为，不论行为人的家庭出身、社会地位、职业性质、财产状况、政治面貌、才能业绩如何，都一律平等地适用刑法，依法定罪、量刑和行刑，不允许任何人有超越法律的特权。就被害人而言，任何人受到犯罪侵害，都应当依法追究犯罪、保护被害人的权益；被害人同样的权益，应当受

---

① 参见《"兰草案"改判无罪，罪刑法定让公众更有安全感》，澎湃新闻网，https://www.thepaper.cn/newsDetail_forward_2614636。

到刑法同样的保护，不能因为被害人的身份、地位、财产状况等情况的不同而对犯罪和犯罪人予以不同的刑法适用。《刑法》第 4 条规定："对任何人犯罪，在适用法律上一律平等，不允许任何人有超越法律的特权。"

（三）罪责刑相适应原则

罪责刑相适应原则，是指刑罚的轻重应当与客观的罪行、主观的责任相适应。即犯多重的罪，就应承担多重的刑事责任，法院也应判处其相应轻重的刑罚，做到重罪重罚、轻罪轻罚，罚当其罪，罪刑相称，所以又称之为罪刑均衡、罪刑相称原则。《刑法》第 5 条规定："刑罚的轻重，应当与犯罪分子所犯罪行和承担的刑事责任相适应。"

案例：2016 年 5 月，被告人王鹏因售卖 6 只家养鹦鹉（其中 2 只为小太阳鹦鹉，属濒危野生动物）被刑事拘留。随后，公安机关在其宿舍查获该种鹦鹉 35 只，和尚鹦鹉 9 只，非洲鹦鹉 1 只，共计 45 只。2017 年 4 月，深圳市宝安区人民法院一审以非法出售珍贵、濒危野生动物罪判处被告人王鹏有期徒刑 5 年，并处罚金人民币 3000 元。2018 年 3 月 30 日，深圳市中级人民法院二审以犯非法收购、出售珍贵、濒危野生动物罪判处上诉人王鹏有期徒刑 2 年，并处罚金人民币 3000 元。2018 年 4 月 28 日，最高人民法院核准了深圳市中级人民法院对"鹦鹉案"被告人王鹏非法收购、出售珍贵、濒危野生动物罪判处 2 年有期徒刑并处罚金 3000 元的刑事判决。最高人民法院复核认为，被告人工鹏承认知道涉案鹦鹉为法律禁止买卖的国家重点保护的珍贵、濒危野生动物，但仍非法收购、出售，已构成非法收购、出售珍贵、濒危野生动物罪。王鹏为了牟利而非法收购、出售 47 只国家重点保护的珍贵、濒危的鹦鹉，情节特别严重，应依法惩处。综合考量王鹏能自愿认罪，出售的是自己驯养繁殖而非野外捕捉的鹦鹉，社会危害性相对较小，且有 45 只鹦鹉尚未售出等情节，可在法定刑以下判处刑罚。第一、二审认定的事实清楚，证据确实、充分，审判程序合法；第二审定罪准确，量刑适当。① 罪责刑相适应原则要求定罪和量刑放在同等重要的地位。如果只重视定罪，达到了定罪准确，而忽视了量刑，使刑罚偏轻偏重，就会使法律的威严受到质疑，达不到预防犯罪的效果。在此罪与彼罪的区分上，不仅应当对犯罪构成进行辨析，也需要将危害行为与各罪所配置刑罚的匹配性进行比

---

① 参见《最高法核准深圳"鹦鹉案"被告人被判处有期徒刑 2 年》，最高人民法院网，https://www.court.gov.cn/zixun/xiangqing/93752.html。

较，如使用轻微暴力强行索取财物的，就要权衡被告人的主观恶性、行为危害性和危害后果的程度，进而确定是认定为抢劫罪还是寻衅滋事罪，也更符合罪责刑相适应原则，更接近于公众对裁判结果的合理预期。许霆案①中民众关注的核心是量刑，并不关心定性为盗窃罪准确与否，而是感觉刑事责任太重。当刑事法官面对罪刑失衡时，应考虑激活情理性条款的司法适用，进而实现裁判结论的社会公众认同。刑法的情理性条款是民众认同的基本价值在刑法中的体现，指导和制约着刑法适用的过程。而民众认同的基本价值具有较大的不确定性，主要是通过刑法的基本原则，尤其是罪责刑相适应原则，指导司法者理解、解释和适用刑法。详言之，通过第 13 条 "但书" 对个案进行出罪，通过第 37 条对个案进行免予处罚，通过第 63 条第 2 款对个案在法定刑以下判处刑罚等。深圳 "王鹏鹦鹉案" 一审判决 5 年，二审层报最高人民法院核准，法定刑以下判处 2 年有期徒刑。该案发生之后，舆论和司法判决发生了不小的冲突，终审改判，再一次体现客观良善的司法判决不应远离民众。②

四、刑法的效力范围

刑法的效力范围，即刑法的适用范围，是指刑法在什么地方、对什么人以及在什么时间内具有效力，包括刑法的空间效力和刑法的时间效力两个问题。

---

① 许霆案案情：2006 年 4 月 21 日晚 10 时，许霆到天河区黄埔大道某银行的 ATM 取款机取款。结果取出 1000 元后，只被扣了 1 元，狂喜之下，许霆连续取款 5.4 万元。当晚，许霆回到住处，将此事告诉了同伴郭某（另案处理）。两人随即再次前往提款，之后反复操作多次。后经警方查实，许霆先后取款 171 笔，合计 17.5 万元，携赃款潜逃，并挥霍一空。2007 年 5 月在陕西宝鸡火车站被警方抓获。2007 年 11 月 20 日，广州市中院审理后认为，被告许霆以非法侵占为目的，伙同同案人采用秘密手段，盗窃金融机构，数额特别巨大，行为已构成盗窃罪。判处无期徒刑，剥夺政治权利终身，并处没收个人全部财产。许霆不服一审判决，上诉至广东省高级人民法院。2008 年 1 月 14 日，广东高级人民法院将该案发回重审。2008 年 1 月 22 日开庭重审，吸引了来自全国各地及港澳地区的百余名新闻记者前来采访报道，开庭前一个小时，法院门口就排起了长队。广东省广州市人民检察院仍以盗窃罪指控许霆，最后广东省广州市中级人民法院依照《刑法》第 264 条、第 63 条第 2 款、第 64 条和《最高人民法院关于审理盗窃案件具体应用法律若干问题的解释》第 3 条、第 8 条的规定判决。判决被告人许霆犯盗窃罪，判处有期徒刑 5 年，并处罚金 2 万元。本判决，依法报请最高人民法院核准后生效。许霆再次上诉到广东省高级人民法院，广东省高级人民法院维持重审一审判决。
② 黄伯青：《天理国法人情一体化的刑事裁判方法》，载《人民法院报》2023 年 2 月 23 日第 5 版。

（一）刑法的空间效力

刑法的空间效力，即刑法的空间适用范围，解决的是一国刑法在什么地域、对什么人适用的问题。

1. 国内犯

所谓国内犯，就是发生在我国境内的犯罪。

（1）原则：属地管辖

对于国内犯，我国刑法采取了属地管辖原则。一般情况下，只要发生在我国领域内的犯罪，就适用我国刑法。"我国领域内"，是指我国国境以内的全部空间区域，包括领陆、领水和领空。注意：第一，旗国主义没有问题。作为属地管辖原则的补充原则是旗国主义，即挂有本国国旗的船舶或者航空器，不管其航行或停放在何处，对在船舶与航空器内的犯罪，都适用旗国的刑法。挂有我国国旗的船舶与航空器，属于我国领土，即不管其航行或者停放在何处，对在船舶和航空器内发生的犯罪行为，一律适用我国刑法。第二，我驻外使领馆属于我国领土，对在我驻外使领馆内发生的犯罪行为，一律适用我国刑法。

（2）犯罪地的认定

只要犯罪行为或犯罪结果有一项发生在我国领域内，就应当适用我国刑法。

未遂犯场合，行为地与行为人希望结果发生之地、可能发生结果地，都是犯罪地。

就共犯来说，只要共同犯罪行为有一部分（包括共同实行、教唆和帮助）发生在我国领域或者共同犯罪结果有一部分发生在我国领域内，就认为是在我国领域内犯罪。

（3）属地管辖原则的例外

即使在我国领域内犯罪，也不适用我国刑法，具体情形包括：

一是享有外交特权和豁免权的外国人。通过外交途径解决其在我国领域内的犯罪问题。

二是民族自治地区的变通或者补充规定。民族自治地方不能全部适用本法规定的，可以由自治区或者省的人民代表大会根据当地民族的政治、经济、文化的特点和本法规定的基本原则，制定变通或者补充的规定，报请全国人民代表大会常务委员会批准施行。

三是我国港澳台地区的例外规定。

2. 国外犯

所谓国外犯，就是发生在我国领域之外的犯罪，这类犯罪实际上包括三类：

（1）中国公民在国外实施的犯罪（属人管辖）

一是中国国家工作人员和军人在国外犯罪的，无条件适用我国刑法。

二是除了中国国家工作人员和军人之外的其他中国公民在国外犯罪的，原则上也要适用我国刑法，但是，如果按照我国刑法规定，所犯罪的最高法定刑为 3 年有期徒刑以下的，可以不予追究。

（2）外国人在国外实施的危害中国国家和公民利益的犯罪（保护管辖）

第一，危害中国国家和公民利益。

第二，所犯之罪按我国刑法规定最低刑为 3 年有期徒刑之上。

第三，所犯之罪在犯罪地也认为是犯罪。

（3）外国人在国外实施的危害各国共同利益的国际犯罪（如贩毒、洗钱）（普遍管辖）

第一，必须是危害人类共同利益的犯罪。

第二，我国缔结或参加了公约，声明保留的除外。

第三，我国刑法将这种行为也规定为犯罪。

第四，犯罪人出现在我国境内。

（二）刑法的时间效力

刑法的时间效力所解决的问题是刑法从何时起至何时止具有适用效力，其内容包括生效时间、失效时间、溯及力。其中，生效包括立法时生效和立法后过一段时间生效；失效包括明示失效和默示失效。

1. 刑法的溯及力的概念

刑法的溯及力，也称溯及既往的效力，是指刑法生效后，对它生效前未经审判或判决未确定的行为是否具有追溯适用效力，如果具有适用效力，则有溯及力，否则无溯及力。

2. 我国采取的原则：从旧兼从轻原则

我国《刑法》第 12 条关于溯及力的规定采取的是从旧兼从轻原则。从 1949 年 10 月 1 日至 1997 年 9 月 30 日这段时间所发生的行为，如果未经法院审判或判决未确定，就按不同情况分别处理：

（1）行为时的法律不认为是犯罪，而刑法认为是犯罪的，适用行为时的法律，即不追究刑事责任，刑法没有溯及力。

（2）行为时的法律认为是犯罪，而刑法不认为是犯罪的，适用刑法，即不追究刑事责任，刑法具有溯及力。

（3）行为时的法律与刑法都认为是犯罪，并且按刑法总则第四章第八节的规定应当追诉的，按照行为时的法律追究刑事责任，即刑法没有溯及力（刑法关于追诉时效的规定具有溯及力）；但是，如果刑法的处刑比行为时的法律处刑轻，则应适用刑法，即刑法具有溯及力。

（4）刑法施行以前，依照当时的法律已经作出的生效判决，继续有效。

（5）按照审判监督程序重新审判的案件，适用行为时的法律。

案例：2011年9月底至10月初，糯康犯罪集团的首要分子糯康、桑康·乍萨、依莱等策划劫持中国船只、杀害中国船员，并在船上放置毒品栽赃陷害船员。2011年10月5日晨，糯康犯罪集团成员在湄公河持枪劫持中国船只"玉兴8号""华平号"，捆绑控制13名船员，并将事先准备的8万余克甲基苯丙胺（冰毒）放置在船上，又押运两船继续前行停靠。糯康犯罪集团成员扎西卡、扎波、扎拖波参与武装劫船，扎西卡等人向船员开枪后驾乘快艇逃离。按照事先约定，在岸边等候的泰国不法军人向两艘中国船只开枪射击，并将中国船员尸体抛入湄公河。此前，糯康犯罪集团还先后劫持数艘中国货船并绑架中国船员索要赎金。2011年4月2日，糯康犯罪集团成员桑康·乍萨、扎西卡、扎波等人受糯康指使，在湄公河挡石栏滩头将中国货船"渝西3号"船长冉某及老挝金木棉公司的客船"金木棉3号"船长罗某劫持为人质。2011年4月3日，又在"孟巴里奥"附近水域将中国货船"正鑫1号""中油1号""渝西3号"劫持，将15名中国船员扣押为人质。罗某、冉某在被关押期间，遭到捆绑、殴打，被迫与老挝金木棉公司和"正鑫1号"出资人于某联系交钱赎人。4月6日，依莱收到赎金2500万泰铢后，罗某、冉某等人获释。案件发生后，中国政府向老挝、缅甸和泰国三国派出警务工作组展开跨国调查，2011年12月，案情基本查清。2012年4月，糯康及多名团伙成员被老挝警方擒获，并于同年5月移交给我国。2012年9月20日，糯康等6名被告人故意杀人、运输毒品、绑架、劫持船只一案在云南省昆明市中级人民法院进行公开开庭审理。在庭审当中，根据我国与泰国、老挝有关司法协助条约的规定，昆明中院依法传唤了泰国、老挝13名证人出庭作证，证实了糯康犯罪集团的相关犯罪事实。2012年11月6日，昆明中院依法对湄公河中国船员遇害案，即糯康等被告人故意杀人、运输毒品、绑架、劫持船只案进行一审公开宣判，判处被告人糯康、桑康·乍萨、依莱、扎西卡死刑，判处被告人扎波死缓，判处被告人扎拖波有期徒刑 8 年。同时，判决 6 被告人连带赔偿各附带民事诉讼原告人共计人民币 600 万元。一审判决后，糯康等 6 名被告人提出上诉。2012 年 12 月 26 日，云南高院对湄公河中国船员遇害案进行二审宣判，裁定：驳回上诉，维持对糯康、桑康·乍萨、依莱、扎西卡的死刑判决，维持并核准对扎波死刑、缓期 2 年执行的判决，维持对扎拖波有期徒刑 8 年的判决。2013 年 2 月 27 日，最高人民法院依法核准了死刑。2013 年 3 月 1 日糯康等 4 名罪犯在云南昆明被依法执行了死刑。典型意义：本案之前，我国法院几乎没有公开审理的外国人在我国领域外对中国公民实施犯罪的案件，在众多法律适用问题上，一无理论研究成果可供利用、二无相关判例可资借鉴。对湄公河中国船员遇害案的审判，是中、老、泰等国国际司法合作的成功范例，表明了中国与周边国家力求探索和构建一种基于平等互利的国际司法合作新机制。云南省、市两级法院对此案在审理程序和实体内容处理上的一系列探索、研究以及形成的最终解决方案，对我国法院审理外国人在外国针对我国或我国公民实施的犯罪案件起到可贵的借鉴和参考作用。此案堪称我国涉外审判的一个司法范本。该案的审判在国内和国际上所产生的影响巨大而深远，是在向世人宣告我国政府保护国民合法权益的决心与能力，表明了我国政府尊重和保障人权的一贯立场，提振了中国人民的爱国热情，对鼓励中国企业和公民积极开展国际贸易和友好往来起到了难以替代的作用。该案的审判，也表明了中国政府捍卫国家主权和利益的坚强决心和综合国力，表明了中国政府坚定不移致力于维护世界和平、促进共同发展，表明了中国法治在不断走向文明和进步，从而树立起我国责任政府、法治国家的良好形象。①

---

① 安健：《中国船员湄公河遇害案》，载《人民法院报》2019 年 8 月 28 日第 3 版。

第四章 犯罪成立的基本原理

教学要点	思政元素	思政板块	教学方法
犯罪概念 犯罪构成	守法意识，社会主义法治理念，人权保障理念，中国特色社会主义刑事法治道路，理论自信、制度自信、文化自信	政治认同 法治意识 道德修养 文化素养	讲授式教学法 讨论式教学法 启发式教学法 问题式教学法
不作为 因果关系	社会主义核心价值观之"爱岗、敬业"，社会主义法治理念，社会责任	法治意识 道德修养	案例教学法 启发式教学法
刑事责任能力 刑事法定年龄 特殊身份 单位犯罪	社会主义法治理念，人权保障理念，当代中国人权观，理论自信	法治意识 道德修养 文化素养	讨论式教学法 案例教学法
犯罪故意 犯罪过失 认识错误	社会主义核心价值观之"文明、和谐、友善、爱岗、敬业"，社会责任，文化自信	法治意识 道德修养 文化素养	案例教学法 问题式教学法 讨论式教学法

一、犯罪概念

（一）犯罪的概念

《刑法》第 13 条明确规定了犯罪的概念："一切危害国家主权、领土完整和安全，分裂国家、颠覆人民民主专政的政权和推翻社会主义制度，破坏社会秩序和经济秩序，侵犯国有财产或者劳动群众集体所有的财产，侵犯公民私人所有的财产，侵犯公民的人身权利、民主权利和其他权利，以及其他危害社会的行为，依照法律应当受刑罚处罚的，都是犯罪，但是情节显著轻微危害不大的，不认为是犯罪。"这一定义既从本质上揭示出犯罪的实质特征，即严重危害社会，同时又揭示出犯罪的法律特征，即依照法律应当受到刑罚处罚的行为，是实质定义和形式定义有机的结合。总之，犯罪是具有严重社会危害性、刑事违法性和刑罚当罚性的行为。

（二）犯罪的特征

1. 犯罪是严重危害社会的行为，具有严重社会危害性

严重的社会危害性是犯罪最本质的特征。犯罪行为之所以为社会所不容，为国家所惩罚，其根本原因就在于这种行为给合法利益已经造成或者能够造成损害，从而危害了社会，而且达到比较严重的程度。如果一个行为没有社会危害性，甚至对社会有益，刑法当然不会将其规定为犯罪。正是行为的严重社会危害性，决定了它的可罚性。它不仅是立法机关在制定刑法时划定犯罪圈和规定犯罪构成要件的主要依据，而且也是司法机关在办理具体案件时，确定应否将某一行为认定为犯罪的重要根据。对于一些形式上似乎符合某一犯罪构成要件，但实质上根本不具有社会危害性，甚至对社会有益的行为，就不能认定为犯罪。例如，对于符合刑法中明文规定的正当防卫、紧急避险要件的正当行为，当然不能定罪；对于刑法中没有明文规定的其他正当行为，如执行法律、执行职务、执行命令、义务冲突、正当竞技、被害人承诺、推定被害人承诺等，司法机关也不能定罪。行为的严重社会危害性，是指行为已经对于我国刑法所保护的合法利益造成了损害，或者形成了严重的威胁。犯罪社会危害性的主要内容体现在《刑法》第13条所列举的危害国家安全、破坏社会秩序、经济秩序、侵犯财产所有权、侵犯公民人身权利、民主权利和其他权利等方面。无论是已经对合法利益造成的现实的损害结果，还是形成了造成损害的危险，只要达到一定的严重程度，都有可能受到刑罚制裁。例如，对放火焚烧他人房屋的行为，即使刚刚把火点燃，火势已起，哪怕很快被人扑灭，没有造成任何损失，根据《刑法》第114条的规定，也构成放火罪既遂，依法应当判处3年以上10年以下有期徒刑。从犯罪构成来说，放火罪属于危险犯，并不要求实际造成损害结果；如果造成了重大损失，则要依照《刑法》第115条的规定，判处10年以上有期徒刑、无期徒刑或者死刑。

2. 犯罪是违反刑法规范的行为，具有刑事违法性

犯罪是危害社会的行为，但危害社会的行为不一定都是犯罪，也可能只是违反了其他法律的违法行为。只有既严重危害社会，同时又为刑法规范所明文禁止的行为，才是犯罪。因此，犯罪行为必须具有刑事违法性特征，这是罪刑法定原则的必然要求。所谓犯罪违反刑法规范，指的是行为符合刑法规定的犯罪构成。所谓刑法规范，就是隐藏在刑法条文字面后面的禁止或者命令人们实施某一行为的法律规则。刑法条文通常是以刑罚制裁的方式体现对某一行为规范的维护。例如，《刑法》第114条规定，犯放火、爆炸、决水、投放危险物质等犯罪，处3年以上10年以下有期徒刑，它所表达的刑法规范内容就是禁止实施放火、爆炸、决水、投放危险物质这样的危害行为。因为刑法的主要任务是为司法机关定罪量刑提供法律标准，所以刑法条文就需要以制裁的方式来表达。如此，犯罪的刑事违法性也就表现为符合了刑法分则对某种犯罪构成要件的规定。

3. 犯罪是应当受到刑罚处罚的行为，具有刑罚当罚性

刑罚当罚性，是从犯罪与刑罚的关系上揭示犯罪特征。从哲学上讲，犯罪与刑罚既相互矛盾，也相互依存，谁也离不开谁。犯罪是应当受到刑罚处罚的行为，不需要受刑罚处罚的就不是犯罪；而刑罚也只能适用于犯罪人，而不能适用于其他违法者。应受刑罚处罚，表达行为的社会危害性已经达到了相当的严重程度，国家使用其他法律制裁手段都不足以平衡其社会危害性，而需要运用刑罚手段来解决；国家一旦动用刑罚制裁，行为就由一般违法质变为犯罪。如果行为社会危害性比较轻微，还不需要国家用刑罚制裁，那么它就不是犯罪。《刑法》第13条"但书"规定，行为"情节显著轻微危害不大的，不认为是犯罪"，其实就是指不需要刑罚处罚。"但书"规定在司法实践中起着指导出罪的作用。由此可以看出，我国刑法中的犯罪既有质的要求，即要危害社会，也有量的要求。在刑法分则中，很多条文还将这一量的要求具体化为数额较大、后果严重、情节严重等定罪起点标准，以此将同一性质的行为区分为违法和犯罪两种不同的类型。这和其他一些国家刑法中立法定性、司法定量的犯罪规定方法有明显区别。我国司法机关在办理案件、认定犯罪时，不但要判断某一行为是否属于刑法分则某一条文所规定的犯罪行为类型，而且要判断行为的社会危害性是否达到应受刑罚处罚的程度。不过，犯罪应当受到刑罚处罚，并不意味着对所有构成犯罪的人，法院最后都要实际判刑。根据《刑法》第37条的规定，如果犯罪情节轻微不需要判处刑罚的，可以免予刑事处罚，也就是只给予有罪宣告，而不实际判刑。免予刑事处罚是以行为应当受到刑罚处罚，已经构成犯罪为前提，被法院判决免予刑事处罚，仍然意味着被告人犯了罪，并不是无罪释放；如果法院认为行为根本不应受刑罚处罚，那就不能免予刑事处罚，而是应宣告无罪。不过，如果人民检察院审查起诉时认定案件符合免予刑事处罚条件的，有权作出不起诉决定，而不起诉的结论则是无罪的。

总之，犯罪就是严重危害社会，违反刑法规范，应当受到刑罚处罚的行为。犯罪的概念和特征，是司法机关认定罪与非罪的总标准。根据这个标准，司法机关就可以在总体上把握某一案件是否应该定罪。

案例1：内蒙古自治区巴彦淖尔市临河区人民法院一审认定，2014年11月13日至2015年1月20日，被告人王力军未办理粮食收购许可证，未经工商行政管理机关核准登记并颁发营业执照，违法收购玉米卖给粮库，非法经营数额218288.6元，非法获利6000元。一审法院认为，被告人王力军违反国家法律和行政法规规定，未经粮食主管部门许可及工商行政管理机关核准登记并颁发营业执照，非法收购玉米，非法经营数额218288.6元，数额较大，其行为构成非法经营罪。鉴于王力军案发后主动到公安机关投案自首，主动退缴全部违法所得，有悔罪表现，对其适用缓刑确实不致再危害社会，决定对王力军依法从轻处罚并适用缓刑。该院于2016年4月15日作出（2016）内0802刑初54号刑事判决，以王力军犯非法经营罪，判处其有期徒刑一年，缓刑二年，并处罚金人民币二万元。宣判后，王力军未上诉，检察机关未抗诉，判决发生法律效力。王力军收购玉米被以非法经营罪判刑后，引起了舆论争议。最高人民法院主动对本案进行了复查，并依照《中华人民共和国刑事诉讼法》第243条第2款之规定作出再审决定，指令内蒙古自治区巴彦淖尔市中级人民法院对本案进行再审。内蒙古自治区巴彦淖尔市中级人民法院再审认为，原判决认定的原审被告人王力军于2014年11月至2015年1月，没有办理粮食收购许可证及工商营业执照买卖玉米的事实清楚，其行为违反了当时的国家粮食流通管理有关规定，但尚未达到严重扰乱市场秩序的危害程度，不具备与《刑法》第225条规定的非法经营罪相当的社会危害性和刑事处罚必要性，不构成非法经营罪。原审判决认定王力军构成非法经营罪适用法律错误。该院于2017年2月14日作出再审判决，撤销内蒙古自治区巴彦淖尔市临河区人民法院（2016）内0802刑初54号刑事判决，改判王力军无罪。典型意义：本案由最高人民法院依职权主动指令再审，表明人民法院对公民权利的积极保护，并通过案件审理推动了相关法规的修订，2016年9月14日国家粮食局印发《粮食收购资格审核管理办法》，规定农民、粮食经纪人、农贸市场粮食交易者等从事粮食收购活动，无须办理粮食收购资格。本案对破解地方粮食流通体制障碍，鼓励农民等多元市场主体入市收购粮食，推动解决一些地方粮食连年增产背景下农民"卖粮难"问题，切实保障农民利益和市场稳定，依法服务农业供给侧结构性改革都具有重要意义。① 本案改判无罪的理由是王力军没有办理粮食收购许可证及工商营业执照买卖玉米的事实清楚，违反了当时的国家粮食流通管理有关规定，但尚未达到严重扰乱市场秩序的危害程度，不具备与非法经营罪相当的社会危害性和刑事处罚的必要性，不构成犯罪。②

案例 2：被告人蒋启智是威远公司的法定代表人。2011 年 5 月和 6 月，蒋启智以威远公司名义使用没有实际交易的供销协议、买卖合同和虚假增值税专用发票分两次向桂林银行股份有限公司申请 3200 万元银行承兑汇票，并提供了超出承兑汇票价值的荣安搬运公司、帝都酒店的土地使用权作为抵押担保，还足额缴纳了约定的保证金 1600 万元。蒋启智将汇票贴现后用于公司经营。在汇票到期日，威远公司将上述银行承兑汇票全部予以兑付核销。一审法院以骗取票据承兑罪判处被告人蒋启智有期徒刑三年，缓刑三年，并处罚金。蒋启智提出上诉，二审法院裁定驳回上诉，维持原判。根据当事人的申诉，广西壮族自治区高级人民法院决定再审并提审。广西壮族自治区高级人民法院再审认为，虽然蒋启智在申请银行承兑汇票过程中提供了虚假的申请材料，但同时提供了超额抵押担保并缴纳约定的保证金，且按时兑付核销，未给银行造成实际损失，亦未利用上述款项进行非法活动，未给金融管理秩序造成重大危害，不具备刑事处罚的必要性。广西壮族自治区高级人民法院于 2023 年 5 月 18 日作出再审判决，宣告蒋启智无罪。③ 典型意义：社会主义市场经济是法治经济。市场主体无论是生产经营还是筹集资金，都应当合法合规、诚实守信。实践中，由于种种原因，"融资难"成为长期困扰民营企业经营发展的一大顽疾，民营企业在融资过程中使用不规范手段的现象时有发生。本案被告人在融资过程中确实存在提供虚假证明材料的不诚信行为，应当予以否定性评价，但其提供了足额的抵押担保，尚未达到危害金融机构资金安全、给银行造成实际损失、构成犯罪的程度，故依法改判其无罪。④

---

① 参见《王力军非法经营再审改判无罪案》，中国法院网，https：//www.chinacourt.org/article/detail/2022/07/id/6809895.shtml。

② 黄伯青：《天理国法人情一体化的刑事裁判方法》，载《人民法院报》2023 年 2 月 23 日第 5 版。

③ 参见广西壮族自治区高级人民法院（2022）桂刑再 4 号刑事判决书。

④ 参见《最高法发布涉民营企业产权和企业家合法权益保护再审典型案例》，最高人民法院网，https：//www.court.gov.cn/zixun/xiangqing/413952.html。

二、犯罪构成

（一）犯罪构成的概念和特征

1. 犯罪构成的概念

犯罪构成是刑法规定的，决定某一行为的社会危害性及其程度，而为该行为成立犯罪所必须具备的一切客观要件与主观要件的有机整体。

2. 犯罪构成的特征

（1）犯罪构成是主客观要件的有机整体。在犯罪构成的诸要件中，既包括主观要件，也包括客观要件，是主客观相一致原则的具体体现。既反对主观归罪，也反对客观归罪。

（2）犯罪构成是犯罪的社会危害性的法律标志。能够成为犯罪构成要件的是对行为的社会危害性及其程度具有决定意义，并为该行为构成犯罪所必须具备的那些事实特征。

（3）犯罪构成是认定犯罪的法律标准。犯罪构成的各个要件是由我国刑法具体规定的，这是罪刑法定原则的要求。

（二）犯罪概念和犯罪构成的关系

犯罪概念和犯罪构成既有联系又有区别：

（1）犯罪概念说明犯罪是什么，犯罪构成则在此基础上进一步说明犯罪是如何构成的，成立犯罪应该具备什么样的条件。

（2）犯罪概念是犯罪的总标准，犯罪构成是成立犯罪的具体标准。

（3）犯罪概念将犯罪作为一个整体，从宏观上揭示一切犯罪的共同特征、基本特征，犯罪构成则深入犯罪内部，从微观上分析各个犯罪的内部结构、成立条件。犯罪概念是犯罪构成的基础，犯罪构成是犯罪概念的具体化。

三、犯罪客观要件

（一）危害行为

1. 危害行为的概念和特征

危害行为，指行为人在其意识和意志的支配下实施的具有社会危害性与刑事违法性的身体动静。其特征是：

（1）危害行为是表现于外部的行为人的身体动静，这是危害行为的客观外在特征，称为"体素"。

（2）行为人的身体的动静是由行为人的心理态度支配的。这是危害行为的主观内在特征，称为"心素"。

（3）由行为人的心理态度支配的身体动静，必须对社会具有危害性。这是危害行为的法律特征，称为"介素"。单纯的思想不能影响社会关系的性质并对其造成损害或者威胁，只有思想外化为行为，才能具有社会危害性。

上述三个特征是每一个危害行为所必须具备的，缺一不可。

2. 作为

作为是行为人以积极的身体活动所实施的刑法所禁止实施的危害行为，是危害行为的一种基本方式，即"不应为而为"。它违背的是刑法规范中的禁止性规范。

作为可以是行为人自己亲自实施，也可以是利用他人的行为而实施。前者叫作直接正犯，后者叫作间接正犯。

直接正犯是指行为人自己实施符合构成要件的行为，在实践中一般有以下表现方式：（1）利用身体的作为；（2）利用物质工具的作为；（3）利用自然力的作为；（4）利用动物实施的作为；（5）利用职权实施的作为。

间接正犯，是指行为人将他人作为工具加以利用实现犯罪的行为。其主要有以下一些情形：（1）利用无责任能力者的行为，例如，利用精神病患者、12周岁以下小孩盗窃、杀人的；（2）利用不知情的第三者，例如，医生让不知情的护士将患者毒死、甲以烧死仓库中的乙为目的命令不知情的丙给仓库放火、甲以杀死躲在屏风后面的乙为目的命令不知情的丙向屏风射击；（3）利用无目的、无身份的人，例如，利用缺乏使用目的的人制造假币、利用知情的非公务员收受贿赂；（4）利用他人的正当行为，例如，正当防卫、紧急避险，甲教唆乙攻击丙而丙正当防卫杀死乙等都是适例。

3. 不作为

不作为是危害行为的一种基本形式，是指刑法要求行为人必须履行实施某种特定积极行为的义务，行为人能够履行而没有履行该义务的行为，即"当为而不为"。它违背的是刑法规范中的命令性规范。

（1）不作为犯的种类

不作为犯一般分为真正不作为犯（纯正的不作为犯）和不真正不作为

犯（不纯正的不作为犯），前者指依刑法规定只能由不作为构成的犯罪，不可能表现为作为的方式，例如，遗弃罪（第 261 条），逃税罪（第 201 条），纵容黑社会性质组织罪（第 294 条第 3 款），拒绝提供间谍犯罪、恐怖主义犯罪、极端主义犯罪证据罪（第 311 条），拒不履行判决、裁定罪（第 313 条），战时拒绝、逃避征召、军事训练罪（第 376 条第 1 款），战时拒绝、逃避服役罪（第 376 条第 2 款），徇私舞弊不移交刑事案件罪（第 402 条），徇私舞弊不征、少征税款罪（第 404 条），不解救被拐卖、绑架妇女、儿童罪（第 416 条第 1 款），遗弃伤病军人罪（第 444 条）等。后者指以不作为的方式实施通常由作为实施的犯罪，最典型的是故意杀人罪。

（2）不真正不作为犯的成立条件

①作为义务的发生根据（当为）

行为人负有实施特定积极行为的法律性质的义务（作为义务）。

第一，法律明文规定的义务。这里的"法律"是广义的，包括狭义的法律以及法令、法规等，如家庭成员间互相扶养的义务、纳税人的纳税义务。

第二，职务、业务要求的义务，以及对危险源负有监管、控制义务而发生的不作为义务。如扳道工人的义务、消防队员的义务、警察的义务等。

第三，法律行为（合同行为、自愿接受行为）引起的义务。如合法的危险共同体、约定暂时抚养他人婴儿、无效或者超过约定期限抚养他人婴儿。

第四，先前行为（危险前）引起的义务。这种义务是指由于行为人的某种行为使刑法保护的法益处于危险状态时，行为人负有的排除危险或防止危害结果发生的特定积极义务，如成年人带儿童外出游泳。

问题：先前行为是否包括犯罪行为？

首先，在刑法就某种故意犯罪行为规定了结果加重犯（或因发生严重结果而成立重罪）时，由于可以将加重结果评价在相应的结果加重犯或者另一重罪中，先前的故意犯罪行为并不导致行为人具有防止严重结果发生的义务。例如，行为人故意轻伤他人，在具有重伤危险的情况下不予救助的，以故意重伤论处即可，同样，行为人故意重伤他人，在具有死亡危险的情况下，行为人不予救助，导致发生死亡结果的，成立故意伤害致死。再如，行为人非法拘禁他人，并对他人使用暴力，在具有死亡危险的情况下，行为人不予救助，造成被害人死亡的，依照《刑法》第 238 条的规定，认定为故意杀人罪即可。

其次，在刑法没有就某种故意犯罪行为规定结果加重犯，也没有规定发生某种严重结果而成立其他严重犯罪的情况下，如果先前的犯罪行为导致另一法益处于危险状态，则宜认为该故意犯罪行为导致行为人具有防止另一法益受侵害的义务。例如，行为人非法采伐珍贵树木，树木倒下时砸着他人头部，行为人明知或者应知不立即救助他人就会导致死亡结果，但未予救助以致被害人死亡的。

最后，过失犯罪应与过失违法行为一样，成为作为义务的发生根据。例如，甲的过失行为造成了 A 轻伤（尚不成立犯罪），同时产生了生命危险时，甲故意不救助而导致 A 死亡的，成立不作为的故意杀人罪。又如，乙的过失行为造成了 B 重伤（已经成立犯罪），同时产生了生命危险，乙故意不救助而导致 B 死亡的，也应认定为不作为的故意杀人罪。当然，在这种情形下，需要考虑结果回避可能性的问题。

结论：法益状态的变化处于行为人支配领域内时，行为人便具有作为义务。其中，有的是法律规范使法益状态的变化处于自己的支配领域（如法律规定的义务），有的是基于行为人的意思、行为（如职务行为、法律行为、先前行为）支配了法益状态。所谓法益状态的变化处于行为人支配领域内，意味着在当时的具体状况下，法益的保护（结果的回避）完全或者主要依赖于行为人。

单纯道义上的义务不能成为作为义务的发生根据。

②作为可能性（能为）

作为可能性，是指负有作为义务的人具有履行义务的可能性。"法律不强人所难"。

③结果回避可能性（不为）

行为人不履行作为义务，造成或可能造成结果的，才可能成立不作为犯罪。只有当行为人履行作为义务可以避免结果发生时，其不作为才可能成立犯罪。例如，司机过失造成了交通事故，导致被害人头盖骨骨折，即使立即送往医院也不能挽救生命，或者被害人立即死亡时，即使司机没有救助，也仅成立交通肇事罪，而不成立不作为的故意杀人罪。

在客观上没有结果回避的可能性，而行为人误以为具有回避可能性，但没有履行作为义务的，因为其不作为不具有导致结果发生的危险性，而属于不可罚的不能犯。

4. 持有

持有是指行为人对物的实际控制（支配）所呈现出来的一种状态。持有是一种状态，既不是一种作为，也不是一种不作为，是一种介于二者之间的行为状态。

（二）刑法上因果关系

1. 刑法上因果关系的概念

危害行为与危害结果之间的一种引起与被引起的关系，研究的意义在于能否将某种结果归责于某种行为。

2. 刑法上因果关系的认定

（1）以条件说为基础的理论

采取条件说，即实行行为与结果之间存在着没有前者就没有后者的条件关系时，前者就是后者的原因；与此同时，应采用禁止溯及理论，即当一个行为或者事实独立地导致结果发生时，就应当将结果归责于该行为（或归属于该事实），而不能追溯至先前条件；此外，不排除就特定犯罪类型提出特别要求（如就结果加重犯而言，要求基本行为与加重结果之间具备直接性要件）。

第一，因果关系的断绝。某种行为引起或正在引起某种危害结果，在因果关系发展过程中，介入了另一原因，从而切断了原来的因果关系，行为人只对另一原因介入前的现实情况负责，介入后的行为引起了最后的结果，与前行为没有因果关系。例如，甲以杀人故意向乙食物投毒，在毒药发挥作用之前，丙开枪杀死乙。甲的行为与乙的死亡之间没有因果关系。

第二，假定的因果关系。是指虽然某个行为导致结果发生，但即使没有该行为，由于其他情况也会产生同样的结果，此时仍然应该肯定存在因果关系。例如，死刑犯的父亲从法警手上抢过手枪，自己开枪将死刑犯杀死，此时，应当认为存在因果关系。

第三，二重的因果关系，也称择一的竞合。是指两个以上的行为分别都能导致结果的发生，但在行为人没有意思联络的情况下，竞合在一起导致了结果的发生。此时，数个行为导致一个结果的情况下，如果除去一个行为结果将发生，除去全部行为结果将不发生，则全部行为都是结果发生的原因。例如，甲、乙二人没有意思联络，同时向丙开枪，并击中心脏致丙死亡；甲和乙事先没有商量，同时向丙的水杯里面投放了足以致死的毒药。

第四，重叠的因果关系。即两个以上相互独立的行为，单独不能导致结果的发生（具有导致结果发生的危险），但合并在一起导致结果发生时，两个行为与危害结果之间就是重叠的因果关系。这种情况下，由于存在着没有前者就没有后者的条件关系，所以，应当肯定两者对结果都有因果关系。例如，甲与乙都想杀丙，但事前没有意思联络，分别向丙的食物中投放了50%的毒药，共同作用导致丙死亡。那么，甲、乙两人都必须对丙的死亡承担刑事责任。倘若存在明显的先后关系，有可能适用禁止溯及理论。

（2）在因果关系的发展进程中，如果介入了第三者的行为、被害人的行为或特殊自然事实等因素，则应通过考察行为人的行为导致结果发生的可能性大小、介入因素对结果发生的作用大小、介入因素的异常性大小等，判断前行为与结果之间是否存在因果关系（是否存在禁止溯及的情形）。

（3）不作为犯罪的因果关系

作为犯罪的条件关系公式是：如果没有该行为，结果便不会发生，故该行为是原因；不作为犯罪的条件关系公式是：如果行为人履行义务，结果便不会发生，故不履行义务是原因。二者在形式上有差异，但因果关系的内容是相同的。

3. 刑法上因果关系与刑事责任的关系

存在刑法上因果关系，只是解决了可能承担刑事责任的客观基础，而按照主观与客观相统一的原则，虽有客观上的因果关系，但行为人主观上没有罪过，也不能承担刑事责任。

四、犯罪主体

（一）刑事责任能力

根据现代刑法理念，并非行为人实施了危害社会的行为就一定会被追究刑事责任，必须是行为人在具有责任能力的情况下实施危害行为，才能承担刑事责任，也只有在行为人具有责任能力的情况下，才能对行为人给予谴责，并给予刑罚的处罚。根据"行为与责任同在的原则"，刑事责任能力必须是行为人在行为时具有的能力，如果行为人在行为时不具备或者丧失刑事责任能力，就不能令行为人承担刑事责任。

刑事责任能力，是指行为人对自己行为的辨认能力与控制能力。其中，辨认能力是指行为人能够正确辨识自己行为的性质、意义、作用和后果的能力，即行为人主观上知道自己在干什么。控制能力是行为人根据自己辨识的结果，有意识地选择实施或者不实施某种特定行为的能力，即行为人客观上能左右自己的行为。刑法意义上的辨认能力，是指行为人对自己的行为在刑法上的意义、性质、作用和后果的辨别、认识能力，即对于自己的行为在法律上是否被禁止、是否受法律谴责的认识能力。至于对此认识到何种程度，并不影响具有辨认能力的认定。因此要求辨识的内容是刑法意义上的，并非仅指对某种客观事物是否能够辨识。例如，精神病患者也能够辨识"火"的作用，但不能辨识将点燃房屋的行为在刑法上的意义。刑法意义上的控制能力，是指依据自己辨识的结果，有意识地选择和控制自己的身体"为"还是"不为"某种特定危害行为的能力。这里的控制能力，仍然是指对刑法意义上"为"或"不为"某种危害行为的控制能力，并非仅指自由支配、控制自己的身体活动的行为能力。例如，精神病患者也具有用打火机点燃财物的行为能力，但不具备的是刑法意义上"不为"放火行为的控制能力。

根据我国《刑法》的规定，辨认能力和控制能力，是刑事责任能力的两个必备条件。一般认为，辨认能力是控制能力的前提和基础，不具有辨认能力就谈不到对自己行为还具有刑法意义上的控制能力，只有对自己的行为在刑法上的意义、作用、后果有认识的能力，才谈得上凭借这种认识而自觉、有效地选择和决定自己是否实施触犯刑法的控制能力；控制能力则是对具有辨认能力的肯定，行为人只要具有控制能力，则说明也具备辨认能力，因为控制行为的能力是在辨认结果的前提下进行的。但是，实践中存在着由于种种原因在具备辨认能力时，丧失控制能力的情况。例如，精神病患者虽然也知道"不可杀人"，但无法控制去杀自己认为的"可杀之人"。由此可见，控制能力是刑事责任能力的决定性内容。根据我国《刑法》的规定，辨认能力和控制能力必须同时具备，才是具有刑事责任能力，缺少其中任何一个，都是无刑事责任能力。行为人只有在具备刑事责任能力的情况下实施危害社会的行为，才能对此负刑事责任。所以，刑事责任能力既是一种犯罪的能力，也是一种负刑事责任的能力。

辨认控制能力的认定：（1）医学标准与心理学标准；（2）间歇性精神病人在精神正常的时候犯罪的，应当负刑事责任；（3）尚未完全丧失辨认或者控制自己行为能力的精神病人犯罪的，应当负刑事责任，但可以从轻或者减轻处罚；（4）又聋又哑的人或者盲人犯罪，可以从轻、减轻或者免除处罚；（5）醉酒的人犯罪应当负刑事责任。

（二）刑事法定年龄

刑事法定年龄，是指刑法所规定的，行为人实施刑法禁止的犯罪行为所必须达到的年龄。刑事法定年龄是刑事责任能力的条件之一。

1. 刑事法定年龄的规定

（1）完全无刑事责任年龄——不满 12 周岁

不满 12 周岁的人，对其所实施的不法行为，不用承担刑事责任。

（2）完全负刑事责任年龄——年满 16 周岁

年满 16 周岁的人，应对刑法中的所有犯罪行为承担刑事责任。

（3）相对负刑事责任年龄——已满 12 周岁不满 16 周岁

已满 14 周岁不满 16 周岁的人，犯故意杀人、故意伤害致人重伤或者死亡、强奸、抢劫、贩卖毒品、放火、爆炸、投放危险物质罪的，应当负刑事责任。已满 12 周岁不满 14 周岁的人，犯故意杀人、故意伤害罪，致人死亡或者以特别残忍手段致人重伤造成严重残疾，情节恶劣，经最高人民检察院核准追诉的，应当负刑事责任。注意：

第一，"故意杀人、故意伤害致人重伤或者死亡"，包括刑法分则所规定的以故意杀人罪、故意伤害罪（达到重伤程度）论处的情形：第 238 条非法拘禁使用暴力致人伤残、死亡的；第 241 条收买被拐卖的妇女、儿童后有伤害行为的（达到重伤程度）；第 247 条刑讯逼供或者暴力取证致人伤残、死亡的；第 248 条虐待被监管人致人伤残、死亡的；第 289 条聚众"打砸抢"致人伤残、死亡的；第 292 条第 2 款聚众斗殴致人重伤、死亡的；第 333 条非法组织卖血、强迫卖血，对他人造成重伤的（以故意伤害罪论处）。

第二，"强奸"包括拐卖妇女、儿童罪与组织、强迫卖淫罪的加重处罚情节。

第三，"抢劫"不限于抢劫财物的犯罪，还包括抢劫枪支、弹药、爆炸物和危险物质。抢劫罪不仅包括第 263 条的抢劫罪，还包括其他类型的准抢劫罪与转化型抢劫罪，如第 267 条第 2 款、第 269 条等规定的抢劫罪；第 289 条聚众"打砸抢"，毁坏或者抢走公私财物的，除判令退赔外，对首要分子以抢劫罪定罪处罚。

第四，《刑法》第 17 条第 2 款所规定的 8 种犯罪，是指具体犯罪行为，而不是具体的罪名。因此，已满 14 周岁不满 16 周岁的人所实施的某种行为包括了上述 8 种犯罪行为时，应当追究刑事责任。例如已满 14 周岁不满 16 周岁的人通过决水、破坏交通工具、交通设施的方式故意杀害他人的，应当以故意杀人罪论处，而不是无罪。已满 14 周岁不满 16 周岁的人在绑架过程中故意杀害被绑架人的，也认定为故意杀人罪。

（4）减轻刑事责任年龄——不满 18 周岁、已满 75 周岁

犯罪时不满 18 周岁的人，应当从轻或者减轻处罚。因不满 16 周岁不予

刑事处罚的，责令其父母或者其他监护人加以管教；在必要的时候，依法进行专门矫治教育。已满 75 周岁的人故意犯罪的，可以从轻或者减轻处罚；过失犯罪的，应当从轻或者减轻处罚。

2. 刑事法定年龄的认定

刑事法定年龄的计算以周岁为计算原则，应当以实足年龄为准，自过生日的第二天起才为已满 12 周岁、14 周岁或 16 周岁。

刑事法定年龄计算的基准："犯罪时"即"行为时"，而非"审判时"。

（三）自然人的特殊身份

1. 特殊身份的概念与意义

刑法中的特殊身份，是指行为人在身份上的特殊资格，以及其他与一定的犯罪行为有关的，行为人在社会关系上的特殊地位或者状态，即行为人所具有的影响定罪和量刑的特定资格或人身状况。例如，男女性别、亲属关系、中国人、外国人、国家工作人员、司法工作人员、证人、鉴定人等。以犯罪主体是否要求具备特殊身份为标准，可以将犯罪主体分为一般主体和特殊主体。具有这种特殊的身份，并不是自然人主体的一般要件，因此，理论上将要求具备特殊地位和人身状况的犯罪主体称为"特殊主体"。而相对于不要求这种特殊地位和人身状况，就符合犯罪主体要求的，称为"一般主体"，刑法上绝大多数犯罪的主体是一般主体。特殊主体是在具备一般主体条件的基础上要求具有这种特殊社会地位和人身状况的。

刑法理论中通常将可因特殊身份而影响到定罪与刑罚轻重的犯罪称为"身份犯"。从犯罪成立意义上，以特殊身份为构成犯罪必要条件的，被称为真正身份犯或纯正身份犯（也称为"定罪身份""构成身份"），而因特殊身份影响到刑罚轻重的，被称为不真正身份犯或不纯正身份犯（也称为"责任身份""加减身份"）。例如，我国刑法规定的遗弃罪，就只能由负有扶养义务的人才能构成；刑讯逼供罪的主体只能是司法工作人员，这就是定罪的身份。而诬告陷害罪，犯罪的主体就是一般主体，达到年满 16 周岁、有刑事责任能力的自然人，都可以构成诬告陷害罪，但刑法同时规定了"国家机关工作人员犯前款罪的，从重处罚"，即具有国家机关工作人员这种特殊身份的，是从重处罚的依据。再如，根据我国《刑法》第 17 条第 4 款的规定，已满 12 周岁不满 18 周岁的人犯的，一律要"从轻或者减轻处罚"，这就是特殊身份影响到刑罚的轻重。

作为客观构成要件要素的特殊身份要注意几个问题：首先，特殊身份必须是在行为人开始实施犯罪行为时，就已经具有的特殊资格或已经形成的特殊地位或者人身状态。如果在犯罪实施的过程中所形成的特殊地位和人身状况的，不是身份。例如，聚众扰乱社会秩序的行为，虽然只对首要分子予以处罚，但首要分子是在聚众扰乱社会秩序犯罪中因实施组织、策划、指挥过程形成的，所以是一般主体，而不是特殊主体。其次，特殊身份既可能是终生具有的身份，也可能是一定时期或临时具有的身份。最后，特殊身份只是针对该犯罪的实行犯（正犯）而言。如果犯罪属于共同犯罪的情况，那么在犯罪中实施教唆、帮助行为人，是否具有某种特殊身份，并不影响犯罪的成立。例如，贪污罪的主体必须是国家工作人员或者受国家机关、国有公司、企业、事业单位、人民团体委托管理、经营国有财产的人员，但这只是就单独直接实行犯而言，不具有上述特殊身份的人与上述人员相勾结伙同贪污的，成立共犯。

2. 特殊身份的类型

刑法上的特殊身份，根据不同的标准，可作不同的分类，目前，主要是以下两种分类：

（1）自然身份与法律身份

以身份的获得或者形成的依据为标准，可分为自然身份和法律身份。自然身份，是指因自然的因素而形成的身份，通常情况下，自然人自出生因性别因素形成的男女身份，因血缘关系形成的父母与子女的亲属身份，就是自然身份。刑法中有的犯罪主体，要求只有具有一定自然身份的人才能构成，如强奸罪的主体，刑法规范意义上的主体是男性，女性原则上不能单独构成强奸罪；遗弃罪的主体就只能是与被遗弃者具有亲属关系的人才能构成。法律身份，是指国家基于特别需要经法律规定而赋予自然人的身份。例如，基于公务员法赋予被录用的自然人以"国家工作人员"的身份，基于兵役法赋予参加国家武装部队的自然人以"现役军人"的身份等。法律身份是可以通过法定程序改变的，例如，从现役中退伍的军人，就不再具有现役军人的身份；被依法开除、辞退或者解除职务的国家工作人员，就不再具有国家工作人员的身份。当然，法律身份是可以经过法定程序重新获得的。

（2）定罪身份和量刑身份

以身份对定罪或者量刑的影响为标准，可分为定罪身份和量刑身份。定罪身份，是指构成要件所规定的身份，即纯正（真正）身份犯所要求的身份。只有具有一定身份的人，才能构成该种犯罪。例如，贪污罪、受贿罪的主体，要求是国家工作人员，不具有这种身份的人，只可能构成共犯，而不可能单独构成这样的犯罪。量刑身份，是指影响到刑罚轻重的身份，即不纯正（真正）身份犯所要求的身份。是否具有这种身份，不影响犯罪的成立，但可以影响到适用刑罚的轻重，所以，身份是依法从重、从轻、减轻或者免除刑罚处罚的依据。例如，对未成年人犯罪，之所以采取一律从宽处罚，是因为他们涉世不深，对社会事物还缺乏足够的辨识能力，仍然具有较大的可塑性，因此需要本着挽救的态度适用刑罚。而对具有一定职权的身份犯，虽然某种犯罪一般主体就可以构成，但对于有一定身份者而言，实施这样的犯罪更多的是利用人民赋予他的权力，理所当然地应该受到更严厉的谴责，因此，必须在适用刑罚上从重处罚。

（四）单位犯罪

1. 单位犯罪的概念及构成特征

单位犯罪，是指由公司、企业、事业单位、机关、团体基于本单位意志，由其单位成员实施的依法应当承担刑事责任的危害社会的行为。

单位犯罪的构成特征如下：

（1）单位犯罪的主体具有适格性，犯罪的主体是单位。根据我国《刑法》第30条的规定，主体适格，是指单位犯罪的主体，必须是公司、企业、事业单位、机关、团体以及其他依法建立的合法组织。公司、企业、事业单位，是指公有制属性以及其他所有制形式的各种类型公司、企事业单位。但是，在我国现行立法上，公司与企业是并列规定的两种不同类型的经济实体，分别由不同的行政管理法规调整，因此，这里的"企业"应该是指除公司组织形式之外的其他经济实体。机关是指国家机关，包括权力、行政、军事、审判、检察机关以及党政机关。团体是指依据《社会团体登记管理条例》规定设立的非营利性社会组织，包括人民团体和社会团体，如共青团、妇联、基金会、其他科研机构等。对"单位犯罪"的称谓，理论上也有称为"法人犯罪"，但对这一称谓多数学者不赞同，因为即使不具备法人资格的单位，也可以成为犯罪主体，而将不具备法人资格的社会组织、机构称为"法人主体"则不够严谨，所以根据立法上习惯的表述，称为单位主体比较合适。作为犯罪主体的单位，必须是依法成立，能够以自己的名义对外承担责任的公司、企业、事业单位、机关、团体。单位犯罪是公司、企业、事业单位、机关、团体犯罪，即是单位本身犯罪，而不是单位的各个成员的犯罪之集合。

（2）客观上的危害行为体现单位意志。单位犯罪是由单位的决策机构按照单位的决策程序决定，由单位成员实施的，并且与其经营、管理活动具有密切关系的犯罪。所谓体现单位意志表现为单位谋取利益，包括直接为单位谋取非法利益的情况，也包括间接是出于为单位谋取利益，经单位决策机构授意、认可以及放任。这里的放任，通常也是指为获取经济利益，而对其雇员实施违法犯罪行为不予以管束，甚至指令雇员实施违法犯罪行为，放任严重后果发生。至于单位的行为，是指单位成员（自然人）所实施的行为，作为单位自身是不可能实施任何行为的。单位成员的行为之所以被认可为单位的行为，就在于行为体现的是单位的利益，代表着单位的利益。无论是为单位的整体利益还是为多数成员利益。此外，单位成员所执行的职务、业务行为，只要是在单位主管人员同意或许可甚至默许下所实施的，无论其行为是否符合正当职务、业务活动的要求，也应视为单位行为。例如，企业职工执行领导不经灭活、无害化处理进行排污，造成重大环境污染的，应视为单位行为，而不能视为是雇员的个人行为。可见，认定单位成员实施的犯罪行为是否体现单位意志，是区分单位犯罪与自然人犯罪的界限。

（3）单位犯罪以刑法明文规定为前提。根据罪刑法定原则，只要刑法分则条文没有明确规定可由单位构成的犯罪，即使是由单位主管人员组织雇员实施该种行为的，单位不能认为是犯罪主体。因此，某种犯罪行为"由单位实施"，但刑法没有将单位规定为犯罪主体时，应当且只能对自然人定罪量刑，如贷款诈骗罪。

2. 单位犯罪刑事责任的特点

（1）单位犯罪的刑事责任具有整体性，即单位的刑事责任是单位整体的刑事责任，而不是单位内部全体成员的刑事责任。

（2）单位犯罪的刑事责任具有双重性。即对于单位犯罪，原则上除了追究单位本身的刑事责任外，还要追究单位直接负责的主管人员和其他直接责任人员的刑事责任。此即双罚制或两罚制。有些犯罪，法条表述为单位犯罪，但刑法规定只处罚直接责任人员，而不处罚单位本身（以单位名义实施的私分国家资产、私分罚没财物等犯罪、工程重大安全事故罪、提供虚假财会报告罪、强迫职工劳动罪、雇用童工从事危重劳动罪、妨害清算罪、消防责任事故罪、重大劳动安全事故罪、资助危害国家安全犯罪活动罪）。

（3）单位犯罪的刑事责任具有局限性。一方面，单位不可能成为一切犯罪的主体，因而不可能对一切犯罪承担刑事责任。从法律规定上说，只有当刑法规定了单位可以成为某种犯罪的主体时，才可能将单位认定为犯罪主体。另一方面，对犯罪的单位本身，只能适用有限的刑事责任实现方式，即只能判处罚金，而不能科处其他刑罚。

3. 单位犯罪主体的认定

（1）构成单位犯罪的"公司、企业、事业单位"，既包括国有、集体性质的公司、企业、事业单位，也包括依法设立的合资经营、合作经营企业和具有法人资格的独资、私营等公司、企业、事业单位。根据《关于审理单位犯罪案件具体应用法律有关问题的解释》的规定，应注意以下三种不得以单位犯罪论的情形：一是个人为进行违法犯罪活动而设立的公司、企业、事业单位实施犯罪的；二是公司、企业、事业单位设立后，以实施犯罪为主要活动的，不得以单位犯罪论处；三是盗用单位名义实施犯罪，违法所得由实施犯罪的个人私分的，直接以自然人犯罪定罪处罚而不以单位犯罪论。

（2）当单位犯罪时，对该犯罪行为承担刑事责任的有关直接责任人员为多人时，对单位犯罪直接负责的主管人员和其他直接责任人员，可以不区分主犯、从犯，按照其在单位犯罪中所起的作用判处刑罚。

（3）单位涉嫌犯罪后，若被其主管部门、上级机构等吊销其营业执照、宣告其撤销或者破产，此时，直接追究其直接责任人员或主管人员的刑事责任。

（4）单位的分支机构或者内设机构、部门实施犯罪行为的应认定为单位犯罪，不能以个人犯罪论处。

五、犯罪主观要件

犯罪主观要件是犯罪人实施犯罪行为时，对其行为所引起的危害社会的结果所持有的心理态度，包括罪过（犯罪故意与犯罪过失）、犯罪动机和犯罪目的。其中罪过是必要要件，犯罪目的是选择要件，犯罪动机不是犯罪构成的要件，但能够反映行为人主观恶性的大小。罪过与犯罪客观要件密切联系：罪过是对危害行为与危害结果的故意与过失；罪过必须表现在一定的危害行为中；罪过只能是行为时的心理态度，罪过的有无以及罪过的形式与内容都应以行为时为基准进行判断。"罪过与行为同时存在"是现代刑法理论公认的一个命题。犯罪故意表明了行为人对刑法规范以及所保护的法益持有蔑视甚至是敌视的态度；犯罪过失则表明行为人对刑法规范以及所保护的法益持漠视或忽视态度。正是这种不同的主观罪过所表现出来的主观恶性，才使行为人主观上的心理态度具有了不同的可谴责性或可非难性，也才使其行为要受到刑法的否定性评价。

（一）犯罪故意

1. 犯罪故意的概念

犯罪故意的概念，我国刑法中并没有规定，但其具有的法定内容在我国《刑法》第 14 条中有明确的规定。第 14 条第 1 款规定："明知自己的行为会发生危害社会的结果，并且希望或者放任这种结果发生，因而构成犯罪的，是故意犯罪。"故意犯罪与犯罪故意是密切相关的概念，前者是指经过刑法评价后的一种具体犯罪现象，或者说是一种犯罪的样态；后者则是指行为人对所发生的这一犯罪现象的心理态度。因此，犯罪故意，是指明知自己的行为会发生危害社会的结果，并且希望或者放任这种结果发生的心理态度。

2. 犯罪故意的构成要素

犯罪故意由两个因素构成：一是认识因素，二是意志因素。

（1）犯罪故意的认识因素

犯罪故意的认识因素，即行为人明知自己的行为会发生危害社会的结果。认识因素是成立犯罪故意的前提条件，人的任何行为都是基于对客观事实的认识，进一步通过意志，确定行为的方向，选择行为的方式和进程，最终达到行为结果。如果对有关事实缺乏认识，便不可能是犯罪故意。

第一，认识的程度。包括明知危害结果必然发生和可能发生两种情况。明知必然发生，是指行为人对特定危害结果的发生持有一种近乎肯定发生的认识，即确确实实认识到只要实施行为，危害结果就会按照自己预想到的因果流程实现（并对这种现实的出现，寄予希望发生的心态）。明知可能发生，是行为人对某种危害结果的发生与否，持有一种不能完全肯定的认识，即认识到可能发生，也可能不发生，究竟是否发生，从行为人自己的判断来说不能肯定，但是行为人认识到只要实施行为，危害结果有发生具有现实的可能性。

第二，认识的内容。即明知的内容，就是指对具体构成要件所要求的基本事实的明知，即所要求是对具体刑法规范所规定的，犯罪构成要件规定的事实的认识，与成立犯罪无关的事实是否认识到，不影响故意成立。故意中的"明知"主要包括以下内容：

①对危害行为及其性质、内容、作用的认识。也就是行为人当时知道自己在干什么。例如，用刀子捅人，就要求明知自己的行为是在"杀人"（或者"伤害"），只有在明知这种行为的社会属性时，才能评价为"明知自己

的行为"。

②对危害结果的认识。即对行为"会发生危害社会的结果"的认识。对发生危害结果的明知，并不是要求必须是认识到在具体何种情况下发生危害结果的具体认识。例如，用刀子杀人的，只要知道会发生死亡结果，就符合明知"会发生危害社会结果"，至于是在刺第几刀时可以发生死亡结果，并不是所要求认识的内容。如果行为人不可能认识自己行为产生的某种危害结果，那么在客观上发生的危害结果，就不是行为人主观上认识因素所要求认识的内容。例如，诈骗引起自杀的，自杀死亡的危害结果就不是诈骗罪在法规范上所要求认识的内容，因为这种情况的发生是不受行为人主观意识和意志所支配的，对发生这样的危害结果，也不能承担故意罪过的刑事责任。

③对因果关系的基本部分（因果律）的认识，但不需要认识因果关系的具体样态和具体发展进程。例如，只要认识自己的行为导致他人死亡，至于是怎么死的？是流血过多，还是心脏破裂而死？刑法并不关心。

④对具体构成要件所要求的特定事实的认识。当刑法将某些事实作为构成要件予以规定时，行为人还应当认识构成该种犯罪在构成要件中要求的其他特定事实。具体包括：一是法定的犯罪对象。例如，盗窃枪支、弹药罪，要求行为人必须明知自己盗窃的是枪支、弹药，才具有盗窃枪支、弹药的犯罪故意。走私毒品罪，要求行为人必须明知犯罪对象是毒品。二是法定的犯罪时间、地点、方法（手段）。例如，非法狩猎罪，要求行为人明知自己在禁猎区、禁猎期或者使用禁用的工具、方法实施狩猎行为。抢劫罪，要求行为人明知自己采取的是暴力、威胁、其他手段。上述事实，在具体犯罪构成中一旦作为构成要件予以规定，行为人必须对此有认识的，才具有该种犯罪的故意。

应该注意的是：认识因素中一般不包括对行为的违法性的认识，但在特殊情况下可能有例外。违法性认识，也称违法性意识，是指行为人对自己行为是否为法律所禁止（违法性）的判断。违法性认识与事实认识在性质上存在差别，行为人对事实的认识是对客观事物的认知，违法性认识是对法律就某一客观事物评价的主观认知。例如，认识到杂志是色情杂志，这是对客观事物的认识，是否认识到这是刑法禁止的"淫秽书刊"，是违法性认识。所以，事实认识是对客观事实的认知，违法性认识是对法律的认知，两者都属于行为人主观上对客观事实的评价。但一般认为，是否具有违法性认识是法规范的评价，这是因为但凡具有违法性认识的，就可以认为行为人主观上具有对犯罪的认知，也就为评价行为人具有犯罪故意提供了主观上的依据。

那么，在行为人对客观事物有认知的情况下，是否要求具有违法性认识，是争议的焦点。"不知法不赦"说明一般情况下对行为违法性缺乏认识不能成为免责的理由，被称为"违法性认识不要说"。但对规范的构成要件要素必须有认识，规范的构成要件要素包括：a. 社会评价要素：德国学者麦茨格尔的"行为人所属的外行人领域的平行评价"理论。即在规范的构成要件要素的场合，不要求行为人了解规范概念的法律定义，只要求行为人认识到刑法规范的保护所涉及的事实关系即可，或者说，行为人以自己的认识水平理解了具体化在规范概念中的立法者的评价即可。换言之，对行为的社会意义的认识，不要求以刑法上的规范概念进行认识，只要认识到规范概念所指示的与犯罪性相关的意义即可；也就是说，只要行为人的认识内容与规范概念的实质相当即可。例如，对淫秽物品的认识，行为人不认为其贩卖的是淫秽物品，也不认为其贩卖的是黄色物品、下流物品，但认为一般人可能将其贩卖的物品评价为淫秽物品，客观上贩卖的确实是淫秽物品时，可以认定行为人认识到了自己所贩卖的是淫秽物品。b. 经验法则的评价要素和法律的评价要素：只要行为人认识到作为评价基础的事实，就应当认定行为人认识到了规范的构成要件要素。例如，只要行为人认识到自己的财产处于国家机关管理、使用、运输中，就应认定行为人认识到了该财产属于公共财产。再如，不真正不作为犯中的作为义务，属于规范的构成要件要素。行为人认识到了自己的作为义务，才成立不作为犯罪。但是，只要行为人对产生作为义务的事实具有认识，就应认定其对作为义务有认识。例如，只要甲明知自己的幼女掉入河中，就可以认定其对作为义务具有认识，其能够救助却不救助的行为成立故意犯罪。如果甲误以为掉入河中的是与自己无关的乙的幼女，因而没有救助的，则因为缺乏规范的构成要件要素的认识，就不成立故意犯罪。而只要甲明知自己的幼女掉入河中，即使其误以为自己没有救助义务的，也应认为其对作为义务具有外行人的认识，应肯定故意的成立。又如，只要行为人认识到自己破坏的是正在使用的公共交通工具的关键部位，就能肯定其认识到了公共危险。

（2）犯罪故意的意志因素

犯罪故意的认识因素，即希望或放任危害结果的发生。希望，是指对危害结果的发生，有目的地、积极地追求的意志状态，表现为对刑法所保护的法益持一种敌视、蔑视的心理态度，危害结果的发生是行为人努力希望达到的目的。"希望"即"追求"。

放任，是指行为人对结果的发生听之任之，不加控制和阻止的状态，表现为对刑法所保护的法益持一种漠视、忽视的心理态度，危害结果的发生是他的意料之中的事。"放任"即"同意或者认可"。

（3）认识因素与意志因素的有机统一

犯罪故意必须是认识因素与意志因素的有机统一，即认识因素与意志因素的有机统一才是犯罪故意。认识因素是前提和基础，只有明知自己的行为会发生危害结果，最终才能在这一认识的基础上形成实施行为的决意并形成希望或放任的心理态度；意志因素是认识因素的发展，两者是相统一的；有认识但最终没有形成希望或放任态度，便不可能自觉确定行为并引导行为的实施。所以，希望或放任态度，对于行为的实施具有决定性、主导性。总之，"有机统一"有两个意思：一是任何犯罪的故意都必须同时存在认识因素与意志因素；二是认识因素与意志因素之间具有内在联系，突出地表现在行为人所认识到的结果与所希望或者放任发生的结果必须具有法定的同一性（刑法规范意义上的同一性，而不是具体的同一性），而且意志因素以认识因素为前提。

3. 故意的种类

（1）直接故意

直接故意，是指明知自己的行为会发生危害社会的结果，并且希望这种结果发生的心理态度。直接故意具有两个特征：第一，认识因素，是行为人明知自己的行为会发生危害社会的结果；第二，意志因素，是希望这种结果发生。对犯罪的直接故意的成立，这两个特征缺一不可。

（2）间接故意

间接故意，是指明知自己的行为可能发生危害社会的结果，并且放任这种结果发生的心理态度。间接故意具有两个特征：第一，认识因素，是行为人明知自己的行为可能发生危害社会的结果；第二，意志因素，是放任危害结果发生。这里的危害结果，应该是以"有形结果"为主，在立法有规定的情况下，可以是无形的结果，如"危险状态"。放任的心理态度，是行为人在明知其行为可能发生危害社会的结果的情况下，自觉容忍、听之任之、不加阻止危害结果发生的意志状态。之所以在明知可能发生危害结果时，仍然要实施行为，通常是为了达成某种其他的犯罪或非犯罪目的实现。这两个特征必须同时具备才能成立间接故意。

间接故意主要发生在以下三种情形：

①行为人为了实现某种非犯罪意图而放任危害结果的发生。例如，猎人为了击中野兽，虽然在目标范围内有人，但为了猎取猎物，对可能伤及他人

持放任态度，而果真击中他人致死伤。

②行为人为了实现某种犯罪意图而放任另一危害结果的发生。具体又可以分为两种情况：一是为了追求某种危害结果而对同一对象可能造成的另一危害结果持放任态度。例如，为了抢劫他人财物而使用暴力，对暴力致人死亡持放任态度；二是对某一对象实施犯罪行为时，放任对另一对象造成危害结果。例如，丈夫投毒杀妻，明知孩子可能分食毒药，杀妻心切放任孩子死亡。

③突发性故意犯罪时，行为人不计后果，放任严重结果的发生。该种情形下主观上的放任严重结果发生，不具有典型的为实现某一种犯罪或非犯罪意图的特点，多是一时的情绪冲动。实践中发生的突发性"捅刀子"案件，就属于这一类。例如，甲因意外伤害致相貌丑陋，外出时总是有人侧目而视且指指点点，某日又遇此状，恼怒下拔出水果刀将蔑视自己的人刺成重伤致死；又如，甲、乙因为琐事发生争吵，甲在争吵中情绪失控拔刀伤乙，致乙重伤、死亡。

4. 故意的认定

（1）严格区分犯罪的故意与一般生活意义上的"故意"

例如，行为人在黑暗中实施盗窃行为时，为了物色盗窃对象而划火柴，结果造成火灾，对造成火灾的结果，行为人的主观心态不属于犯罪的故意。

（2）凡是由故意构成的犯罪，刑法分则条文均未排除间接故意

例如，丙以非法占有财物的目的窃取军人的手提包时，明知手提包内可能有枪支仍窃取，该手提包中果然有一支手枪，丙的行为构成盗窃枪支罪（间接故意）。

（3）正确理解总则条文规定的"明知"与分则条文规定的"明知"的关系

总则中的"明知"是故意的一般构成因素，分则中的"明知"是故意的特定构成因素；只有具备分则中的"明知"，才能产生总则中的"明知"；但分则中的"明知"不等于总则中的"明知"，只是总则中的"明知"的前提。例如，《刑法》第312条规定的掩饰、隐瞒犯罪所得、犯罪所得收益罪。当分则规定以"明知"为要件时，并不排除间接故意的可能性；又如，《刑法》第310条规定的窝藏、包庇罪。分则中关于"明知"的规定，大多属于注意规定，即提醒司法工作人员注意的规定，即使分则没有"明知"的规定，也应根据总则关于故意的规定，确定必须明知的事实。此外，在个别情况下，分则的"明知"主要是作为总则中的过于自信过失的具体化而

规定的，例如，《刑法》第 138 条规定的教育设施重大安全事故罪。

（4）妥当处理犯意转化、另起犯意与行为对象转换的关系

①犯意转化，是指在实行犯罪的过程中犯意改变，导致此罪与彼罪的转化，包括犯意升高与犯意降低。第一种情况是，行为人以此犯意实施犯罪的预备行为，却以彼犯意实施犯罪的实行行为。根据重行为吸收轻行为的原则认定犯罪。例如，行为人在预备阶段具有抢劫的故意，但进入现场后实施了盗窃行为。第二种情况是，在实行犯罪的过程中犯意改变，导致此罪与彼罪的转化。例如，甲在故意伤害他人的过程中，改变犯意，意图杀死他人（故意杀人罪）；又如，乙见他人携带装有现金的提包，起抢夺之念，在抢夺过程中转化为使用暴力（抢劫），将他人打倒在地，抢走提包（成立抢劫罪）；再如，丙本欲杀死他人，在杀害过程中，由于某种原因改变犯意，认为造成伤害即可，停止了杀人行为，没有致人死亡（故意杀人罪中止）。

犯意转化的特点在于：行为对象同一，并且侵害的法益同类。对犯意转化的处理方式如下：犯意升高者，从（新）高意（变更后的意思）；犯意降低者，从旧（高）意（变更前的意思），仅以一罪论处，但仍存在犯罪中止的问题。

②另起犯意，是指在前一犯罪既遂、未遂或中止后，又另起犯意实施另一犯罪行为，因而成立数罪，原则上应数罪并罚。第一，行为在继续过程中，才有犯意转化问题；如果行为已经终了，则只能是另起犯意。例如，甲以强奸故意对乙实施暴力之后，因为乙正值月经期而放弃奸淫，便另起犯意实施抢劫行为，甲的行为成立强奸罪（中止）与抢劫罪，应数罪并罚。第二，同一被害对象才有犯意转化问题；如果针对另一不同对象，则只能是另起犯意。例如，A 以伤害故意举刀砍 B 造成轻伤，适逢仇人 C 出现在现场，A 转而将 C 杀死。A 的行为属于另起犯罪，成立故意伤害罪（既遂）与故意杀人罪（既遂），应数罪并罚。又如，甲为了强奸乙女，在乙女的饮料中投放了麻醉药后发现乙女与丙女均已昏迷，而且丙女更漂亮，于是仅强奸了丙女。甲的行为属于另起犯意，成立对乙女的强奸罪（中止）和对丙女的强奸罪（既遂），由于属于同种数罪，仅认定强奸罪（既遂）一罪。

另起犯意的特点在于：行为对象不同一或者侵害的法益不同类，即行为对象或侵害的法益较原计划发生了转变。对另起犯意的处理方式如下：成立数罪，原则上应数罪并罚，但若为同种数罪，则不需并罚。

③行为对象转换，是指行为人在实行犯罪的过程中，有意识地将原先设定的行为对象，转移到另一行为对象上。第一，甲原本打算抢劫他人名画而

侵入住宅，但入室后抢劫了手提电脑。在这种情况下，由于行为对象的转换依然处于同一犯罪构成之内，而且法益主体没有变更，故甲的行为成立入户抢劫的既遂，而非入户抢劫的未遂与普通抢劫既遂。第二，乙原本打算盗窃A的财物，侵入了A、B合住的房间，但侵入房间后，仅盗窃了B的财物。虽然法益主体不同，但由于财产法益并非个人专属法益，故仅认定为一个盗窃既遂即可。第三，如果行为对象的转移，导致个人专属法益的主体变化，或者导致法益性质变化，则属于另起犯意。例如，乙为了抢劫普通财物，而对X实施暴力，在强取财物时，发现X的提包内不仅有财物而且有枪支，便使用强力仅夺取了枪支。乙的行为成立抢劫中止与抢劫枪支既遂（并罚）。

（二）犯罪过失

1. 犯罪过失的概念

犯罪过失，是指应当预见自己的行为可能发生危害社会的结果，因为疏忽大意而没有预见（没有履行结果预见义务），或者已经预见而轻信能够避免（没有履行结果回避义务），以致发生这种结果的心理态度。《刑法》规定"过失犯罪，法律有规定的才负刑事责任"。犯罪过失与犯罪故意是相对的心理态度。在具有过失心理状态的情况下危害社会，都不是行为人有意识而为之的行为，所以，刑法是有选择、有限制地处罚因过失而严重危害社会的行为，这就是"刑法以处罚故意犯罪为原则、以处罚过失犯罪为例外"的由来。同时，刑法对过失犯罪规定了较故意犯罪轻得多的法定刑。

2. 犯罪过失的心理特点

从概念上看，犯罪过失的认识因素情况包括：（1）行为人应当认识自己的行为可能发生危害结果，而行为时并没有认识到（可能是认识其他事物去了）；（2）行为人已经认识其行为可能发生危害结果。前者之所以没有认识应当认识的事物，是因为"疏忽大意"而发生危害结果；后者虽有认识，之所以发生危害结果是因为"轻信能够避免"。犯罪过失，都是"不希望危害结果发生"的意志态度。在对危害结果发生有认识的情况下轻信能够避免其发生，表明行为人不希望危害结果发生；在对危害结果发生无认识的情况下，也更谈不上行为人是希望或者放任危害结果发生的，当然对发生的危害结果持反的态度。因此，犯罪过失心理具有以下特点：第一，行为人的认识能力与实际认识不一致；第二，主观愿望和客观效果不一致。

根据我国《刑法》的规定，任何犯罪过失的成立，都是行为人在应该遵守一定的注意义务（结果预见义务与结果回避义务合称为注意义务），需要谨慎行为时，违背注意义务的要求，而导致危害结果发生。在疏忽的情况下，行为人本应知道自己应该做什么，但由于认识偏差，或者在完全没有认识到的情况下，实施了不应当实施的行为，或者没有实施应当实施的行为；在自信能够避免的情况下，行为人本已经知道自己应当做什么，却由于认识错误，过高地估计了自己的能力和条件，实施了不应该实行的行为，或者没有实施应该实施的行为。均在（违反注意义务）能够防止危害结果发生的情况下，致使危害结果发生，这就是对行为人的过失罪过给予谴责的理由。

3. 疏忽大意的过失

疏忽大意的过失，又称无认识的过失，是指应当预见自己的行为可能发生危害社会的结果，因为疏忽大意而没有预见，以致发生这种结果的心理态度。

（1）疏忽大意的过失的成立条件

①行为人应当预见自己的行为可能发生危害社会的结果。应当预见，是指行为人在行为时有责任预见并且有能力预见。应当预见包括预见义务和预见能力两方面内容。预见义务是以预见可能为前提的，应当预见的前提是能够预见，应当预见的内容是法定的危害结果。

第一，预见义务。预见义务是指对危害结果的发生有预见的义务，即行为人在行为时负有应当预见的注意义务。只有在负有应当预见义务的前提下，才有必要分析行为人是否应当预见以及没有预见的具体原因。如果行为人根本不负有预见义务及不应当预见，也就不存在疏忽的问题，主观上就没有罪过，也就没有刑事责任。注意义务是指法律法令及社会日常生活所要求的为一定行为或者不为一定行为时应当慎重留心，以避免危害社会结果发生的责任。预见的注意义务，通常是指国家根据行为人具体活动的性质、特点，对参与某一特定社会活动的个体所提出的职务、业务活动和日常生活中必须遵守的注意义务。这种义务，不仅包括法律、法规、职务、业务上的规章制度所确定的注意义务，也包括社会共同生活中依据公序良俗形成的对行为人要求的注意义务。同时，预见义务应该是合理的。例如，汽车司机看见人行道上站着几个人，都避开了汽车的通道，便未减速穿行而过，不料，其中一人决意自杀，突然扑到车前，司机刹车不及将此人轧死。一般来说，司机在开车时应履行行车安全的义务，必须预见并避免行车的各种事故，但若要求司机对行车时预见他人自杀的非正常情况也作为预见义务的话，就是不合理的。

第二，预见能力。即行为人在行为时具有预见危害结果发生的能力和条件。如果行为人虽有预见的注意义务，但因种种原因没有能力预见，不能认为是应当预见。例如，没有经过必要的安全培训，就下到矿井中采煤的工人，就没有能力预见何种情况下有危险发生的能力，或者没有条件预见到发生危害结果。法律不能强人所难，如果行为人没有能力预见时，不能令其承担过失罪责。刑法只对有预见能力的人，才提出预见义务。预见能力是预见义务的基础，法律不能要求国民对没有能力预见的事情负预见的义务和承担责任。因此，只有行为人具有预见结果的能力，并且在客观上是能够避免这种危害结果的发生，行为人才负有预见义务和责任，这是疏忽大意的决定性条件。如果没有可能，没有条件预见，就谈不到负有应当预见的义务。

应当预见，只是要求行为人概括性地预见发生具体结果的概率就可以了，至于危害结果具体怎样发生，并不是应当预见的要求。例如，对佩带枪械的人来说，只要求预见到在管理、使用中的不善，有可能致人伤亡就足够，不要求预见在何时、何种情况下造成他人死伤。应当预见，是要求对结果因果律的预见，但是因果过程不是应当预见的必要内容。例如，驾驶机动车，突遇行人闯红灯，避让不及撞击致死。驾驶人对行人突闯红灯没有预见到，但只要预见到行人有闯红灯的可能性，也就表明行为人具有预见结果发生的能力和条件。

②行为人没有预见到自己的行为可能发生危害社会的结果。没有预见，是指行为人在行为时没有认识到自己的行为与可能发生危害结果关联性，即没有预见到的是危害结果发生的可能性（因果律），而不是说对事物的因果律原本就没有认识的能力，不了解所实施的行为可能造成什么结果，如果属于这种情况，主观上就没有过失。没有预见是疏忽大意的过失区别于其他三种罪过形式的重要标志。行为人在主观上不希望、不放任危害结果的发生，但仍然实施了可能导致危害结果发生的行为，根本原因就在于行为人没有预见到自己的行为可能发生危害社会的结果，否则他就不可能实施其行为或者采取必要的措施防止危害结果的发生。可见，行为人处于一种无认识状态。

③应当预见自己的行为可能发生危害社会的结果而没有预见的原因是行为人的疏忽大意。之所以没有预见，是因为疏忽大意，即因为主观上的松懈、麻痹、马虎，这正是行为人没有采取回避结果发生行为的心理原因。

（2）疏忽大意的过失与意外事件的区别

疏忽大意的过失与意外事件都表现在没有预见自己行为可能发生的危害结果，客观上又都发生了危害结果，但前者是能够预见、应当预见的，只是疏忽大意才没有预见危害结果，而后者是危害结果不能够预见、不应当预见并由不能预见的原因引起。例如，汽车司机在雨夜正常行车，从农民放在公路上的稻草上驶过，轧死了睡在稻草下的一个瘦小精神病人；甲、乙是马戏团成员，甲表演掷飞刀，精准从未出错，某日甲表演时，乙突然移动身体，飞刀掷进乙胸部致其死亡，都属于意外事件。

4. 过于自信的过失

过于自信的过失，又称有认识的过失、懈怠过失、骄傲自满的过失，是指已经预见自己的行为可能发生危害社会的结果，但轻信能够避免，以致发生这种结果的心理态度。

（1）过于自信的过失的成立条件

①行为人已经预见到自己的行为可能发生危害社会的结果。这是成立过于自信的过失的前提，也是与疏忽大意的过失的明显区别。已经预见，就是指行为人在实施行为时，或行为过程中对自己行为在客观上可能引起危害结果已经有所认识（对因果律的认识），但只认识到危害结果发生的可能性而不能是必然性。所以，过于自信不仅认识行为可能发生危害社会的结果，而且是有意识（故意）地实施这种行为的，但有意识（故意）去实施某种行为，必须认识到是错误的行为，才与过失有关系。如果行为是合法行为，则谈不到是过于自信的过失的问题。

②行为人轻信能够避免危害结果的发生。轻信能够避免，是指在预见到结果可能发生的同时，又凭借一定的主、客观条件，相信自己能够避免结果的发生，但所凭借的条件并不可靠。也就是行为人过高地估计了避免结果发生的自身条件和客观有利因素，过低地估计了导致结果发生的可能性，但是，这种自信缺乏充分的根据和理由。正因为在这种自信心理的支配下，实施错误的行为而未能避免结果发生。行为人自恃具有避免危害结果发生的熟练的技术、足够的经验、丰富的知识、强健的体魄以及其他客观上的有利条件等，他在主观上对危害结果的发生既不希望也不放任，而是持否定态度的，他自信这种结果不会发生，但事与愿违，危害结果却出乎意料地发生了，因此，行为人的自信缺乏充分的根据和理由。他过高地估计了避免危害结果发生的有利因素，过低估计了自己的错误行为可能导致危害结果发生的程度。"轻信"是过于自信的过失的具体特征，是其区别于其他罪过形式的关键，是成立过于自信的过失的决定因素。

（2）过于自信的过失与间接故意的区别

过于自信的过失与间接故意都预见到危害结果发生的可能性，都不希望危害结果的发生。但两者在认识因素和意志因素上都有不同。

第一，在认识因素上，都对行为引起危害结果的因果律有预见，但对发生危害结果的认识程度不同。在间接故意的情况下，行为人明知实施的行为确实有可能发生危害结果，对可能发生的危害结果具有比较清楚、现实的认识。正因为有这样程度的认识，在可能性转变为现实性时，行为人不感到意外，行为人不想依靠什么办法、措施来避免这种可能性转变为现实性。因此，其主观认识与客观发生的结果之间并没有错误。这是认定放任是一种自觉容忍结果发生的心理态度的理由。而在过于自信的过失的情况下，虽然对危害结果发生已经预见到，但是对结果发生的实际可能性是一种否定的认识，是凭借一定的条件自信这种结果不可能会发生。在结果发生的情况下，主观的认识与客观实际不一致。

第二，在意志因素上，都不希望结果发生，但意志（心理）态度完全不同。在间接故意的情况下，不是希望结果发生，但也没有表现为不希望结果发生、反对结果发生，更没有依靠任何条件、采取任何措施来防止危害结果的发生，而是放任危害结果的发生，危害结果的发生并不违背行为人的本意。而在过于自信的过失的情况下，行为人确实不希望危害结果的发生，希望避免危害结果发生，甚至采取了相应的措施来设法防止这种危害结果的发生。只是由于他采取的措施不那么可靠、依赖的条件不那么充分，所以才发生了危害结果，危害结果的发生违背行为人的意愿。因此，过于自信的过失不希望结果的发生有其主客观根据。

实践中，有一种情况表面上看来似乎是行为人自信能够避免危害结果的发生，但这种所谓的"轻信"没有实际根据，行为人所指望的避免结果发生的某种情况根本不会存在，或者虽然存在，但对防止结果的发生毫无意义或意义极小，即行为人对危害结果的不发生完全是抱着侥幸、碰运气的心理态度。在这种情况下，如果行为发生了危害结果，是间接故意的犯罪。例如，司机甲夜晚行车中因疏忽大意将乙撞伤，甲为了不让后面的车很快发现肇事而得以争取时间顺利逃脱，即将伤口流血不止并处于昏迷中的乙拖入路边小树林中，乙因伤口流血过多死亡了。甲案后交代说他虽然当时已经预见到这样乙可能会因出血过多死亡，但他想乙也可能醒来呼救而获救，或者恰巧有人从林中小路行走时发现乙而将之救助，因而不一定死亡。

5. 过失犯的认定

（1）过失犯的实行行为

过失犯存在实行行为，实行行为是具有导致结果发生的紧迫危险的行为。在结果发生的情况下，首先要判断是否具有过失犯的实行行为，而过失犯的实行行为定型比故意犯的实行行为定型要缓和。例如，村长甲号召农民冒雨抢救粮食，农民乙在抢救粮食过程中被雷打死。即使甲对结果具有预见可能性，但因为缺乏过失犯的实行行为，其行为不成立过失致人死亡罪。

（2）过失犯与信赖原则、危险分配理论

信赖原则，是指当行为人实施某种行为时，如果可以信赖被害人或者第三人能够采取相应的适当行为的场合，由于被害人或者第三人不适当的行为而导致结果发生的，行为人对此不承担过失责任的原则。信赖原则，是大陆法系理论上确定过失责任及责任程度的重要理论，也是直接与过失相联系的刑法理论。信赖原则起先主要适用于交通领域。从事交通运输的人，在遵守交通规则而实施其行为时，只要没有特殊情况，就可以信赖其他有关人也会遵守交通规则；如果其他人不遵守交通规则，造成了事故，遵守交通规则的行为人就不承担责任。信赖原则与过失犯的客观构成要件相关联，即当客观上存在合理信赖他人实施适当行为的条件时，行为人的行为就缺乏构成要件行为的危险性。例如，在封闭的高速公路上驾驶车辆的人，合理地信赖行人不会横穿公路，行人突然横穿公路被撞死的，不能认定行为人的行为符合交通肇事罪的构成要件。信赖原则与过失犯的预见可能性也具有密切关系。在合理信赖被害人或第三人会采取适当行为时，通常应认为行为人不能预见被害人或第三人会采取不适当的行为。简言之，在合理信赖被害人或第三人会采取适当行为时，缺乏预见可能性或者预见可能性很低，因而不能追究过失责任。

信赖原则的理论渊源，是以允许的危险理论而确认的危险分配理论，或者说，信赖原则与允许的危险、危险分配理论互为表里。允许的危险理论，认为某些事业虽然带来对法益的侵害的危险性，但是在危险与社会效益的相对应关系上，还具有社会的相当性，应在社会能够接受一定程度的危险的限度内被允许存在。允许的危险理论，其意义在于将过失的注意义务限定在一个合理范围内，以减少对危险行业从业者分配的注意义务的份额，从而免除从业者的一部分注意义务（危险的分配）。可以起到防止过于苛刻追究过失责任而阻碍社会的发展和科技的进步。在允许危险存在的范围内，所实施的行为是合法的。在被允许的危险中从事的危险业务中，如何实现对从业人员注意义务的减免，形成对参与者的危险分配理论。危险的分配，基本含义是指在从事危险的业务或者事务时，参与者应当以相互间的信赖为基础，对于该业务或事务所发生的危险，相互间予以合理的分配，就各自分担的部分予以确切地实施，相互间分担回避危险，使危险减轻或者消除。危险分配理论所讨论的是，在认定过失犯时，对加害人与被害人应分别提出什么注意义务。如果对加害人提出的义务范围较广，被害人的注意义务范围就会较窄；反之亦然。因此，基于现实社会的要求，应当对危险进行适当的分配。显然，当危险完全分配给被害人时，既意味着行为人的行为不可能具有实行行为性，也意味着行为人对结果缺乏预见可能性，当危险部分分配给了被害人时，意味着行为人的行为的危险性减少，对结果的预见可能性也就减少。

（3）过失向故意的转化

行为人的过失行为导致对某种法益产生危险，但故意不消除危险，希望或者放任结果发生。例如，行为人不慎将烟头扔在仓库里，具有发生火灾的危险，行为人能够及时消除危险，但想通过造成火灾陷害仓库保管员，故意不消除危险，导致火灾发生。这便由一般过失转化为犯罪故意，应认定为放火罪而不是失火罪。

过失行为虽然已经造成了基本结果（成立基本的过失犯），但在能够有效防止加重结果发生的情况下（既有履行义务的能力，又有回避结果的可能性），行为人具有防止加重结果发生的义务却故意不防止的，对加重结果成立故意犯罪。例如，汽车司机甲于黑夜在车辆较少的道路上过失违反交通法规将三人撞成重伤后，下车察看情况，本可以将三人送往医院抢救，但想到被害人死亡也无所谓，便立即逃走，三名被害人后来全部死亡。如果即使救助也不能防止死亡结果，就可以将死亡结果评价为先前的过失行为造成的结果，甲的行为构成交通肇事罪，而不另成立不作为的故意犯罪。但是，如果甲将三名被害人送往医院，就可以救助其生命，而甲故意不救助的，则甲的行为可能另成立不作为的故意犯罪。

（三）犯罪目的与犯罪动机

1. 犯罪目的

犯罪目的，是指行为人实施犯罪行为主观上所希望达成某种结果的心理态度。这里的结果，并非指犯罪客观构成的危害结果，只是指以一种观念形态存在于人大脑中（想象）的结果。因此，所希望的这种结果可称为"主观结果"。主观结果，有时与客观要件的危害结果重合，有时并不重合，但不重合并不影响主观罪过的成立。例如，杀人者希望将他人杀死，剥夺他人的生命，将他人杀死的结果，首先就是以观念形态存在于大脑（想象）中，这就是行为人所希望的、追求的结果，也就是犯罪目的。实际的案件中，如果杀死了被害人，其主观的结果与客观结果是相一致的；如果被害人未被杀死，则主观结果与客观结果就不相一致，这也不影响行为人主观上具有

"要杀死他人"的犯罪目的。特定的目的，不是指直接故意的意志因素，而是故意的认识因素和意志因素之外的，对某种结果、利益、状态、行为等的内在意向，它是比直接故意的意志因素更为复杂、深远的心理态度。

从目的与刑法规定的关系来看，目的犯中的目的表现为两种情形：一是刑法分则明文规定的目的（分别存在"目的""意图"两种表述），例如，《刑法》第152条"以走私或者传播为目的"、第175条"以转贷牟利为目的"、第192条"以非法占有为目的"、第305条"意图陷害他人或者隐匿罪证"等规定。二是刑法分则虽无明文规定，但根据条文对构成要件的表述及条文之间的关系，而为成立犯罪所必须具备的目的，如《刑法》第194条至第198条规定的几种金融诈骗罪条文本身虽未标明"以非法占有为目的"，但根据金融诈骗罪的特征及其与相关犯罪的关系，该目的实际上属于金融诈骗罪的责任要素。

从目的与行为的关系来看，目的犯的目的表现为三种情形：一是不属于主观的超过要素的目的，即存在与目的相对应的客观事实的情形。例如，《刑法》第175条第1款规定"以转贷牟利为目的，套取金融机构信贷资金高利转贷他人，违法所得数额较大的"，显然，转贷牟利目的与客观上的"转贷他人""违法所得数额较大"的构成要件要素相对应，亦即，转贷牟利目的并非存在于行为人内心即可，因而不属于主观的超过要素。二是只要实施符合构成要件的行为就可以（但非必然）实现的目的。例如，《刑法》第193条贷款诈骗罪，只要实现了贷款诈骗罪的构成要件，就可以实现非法占有贷款的目的，这种目的犯称为断绝的结果犯。在断绝的结果犯中，行为人必须具有确定的目的。三是实施符合构成要件的行为后，还需要行为人或第三者实施其他行为才能实现的目的。例如，实施了走私淫秽物品的行为，还不能直接实现牟利或者传播的目的，只有在走私行为完成之后实施其他相关行为，才能实现牟利或者传播的目的。这种目的犯称为短缩的二行为犯。短缩的二行为犯的目的的实现与否，既不影响犯罪的成立，也不影响犯罪既遂的认定。换言之，短缩的二行为犯的既遂与未遂，应以第一个行为的结果发生与否为标准。

犯罪目的的机能体现在三个方面：一是在部分犯罪中具有区分罪与非罪的机能。例如，不以营利为目的的侵犯著作权的行为、不以营利为目的的聚众赌博行为，不构成犯罪。二是在部分犯罪中具有区分此罪与彼罪的机能。例如，是否具有牟利目的，是区分传播淫秽物品牟利罪与传播淫秽物品罪的标志；是否具有非法占有目的，是区分贷款诈骗罪与骗取贷款罪的关键要素。三是责任要素之外的目的，虽然不影响犯罪的成立，但可能影响责任程度，因而对量刑产生影响。

2. 犯罪动机

犯罪动机，是指刺激行为人实施犯罪行为以达到犯罪目的的一种内心的需要或欲望，或者说是推动、促使行为人实施犯罪行为的内心起因，是维持犯罪行为，引导犯罪行为向一定犯罪目的达成的心理原因。它回答犯罪人基于何种心理原因实施犯罪行为，故犯罪动机的作用是发动犯罪行为，说明实施犯罪行为对行为人的心理愿望具有什么意义。产生犯罪动机需要具备两个条件：一是行为人内在的需要和愿望；二是外界的诱因与刺激。

犯罪动机的作用体现在两个方面：一是犯罪动机影响定罪。特定的犯罪动机是部分犯罪的主观构成要件要素。例如，"徇私"动机，是徇私枉法、徇私舞弊不移交刑事案件等罪的主观构成要件要素。二是犯罪动机内容影响量刑。动机内容不同会影响法定刑的选择。例如，出于徇私动机的滥用职权罪的法定刑，重于普通的滥用职权罪的法定刑。在同一法定刑内，动机内容不同，也影响量刑。例如，出于义愤的杀人或者大义灭亲的杀人量刑，轻于图财、报仇动机的杀人量刑。

（四）（无）违法性认识的可能性

1. 违法性认识（可能性）的地位

（1）故意犯罪的成立不要求行为人现实地认识到形式的违法性，即不要求行为人现实地认识到自己的行为被刑法所禁止（以下所说违法性均指形式的违法性）。

（2）在特殊情况下，如果行为人由于不知法或者对法的误解而不能认识行为的社会意义与危害结果时，则不成立故意。这主要有两类情况：第一，因为不知道法律的存在而不能认识行为的社会意义与危害结果。第二，由于误解法律而不能认识行为的社会意义与危害结果。

（3）违法性认识的可能性，不是故意的要素；缺乏违法性认识的可能性是有责性阻却要素。换言之，违法性认识的可能性，是独立于故意、过失之外的独立的责任要求，是故意犯与过失犯共同的责任要素；缺乏违法性认识的可能性时，不阻却故意、过失，但阻却责任。

2. 违法性认识错误及其避免可能性的判断

（1）违法性认识错误

违法性认识错误，是指行为人认识到了符合客观构成要件的事实，但不知道自己的行为被法律所禁止的情形，也称为禁止的错误（行为原本被法律禁止，但行为人误以为不被法律禁止），也就是行为人由于不知法律或者误解法律，把自己实施的犯罪行为误认为不是犯罪。例如，与13岁的幼女发生性关系，以为幼女同意，自己不构成犯罪，但实际上构成（奸淫幼女型）强奸罪。

（2）违法性认识错误的避免可能性的判断

行为人不可能认识到行为的违法性时，或者说不可避免地产生违法性认识的错误时，属于责任阻却事由。如何判断违法性认识的可能性（违法性认识错误的避免可能性）？要认定存在违法性错误的避免可能性（行为人具有违法性认识的可能性），必须具备以下条件：第一，行为人具有认识违法性的主观能力；第二，行为人具有对其行为的法的性质进行考察的具体契机；第三，可以期待行为人利用向其提供的认识违法性的具体契机的可能性。违法性错误的避免可能性的判断基准，不是一般人，而是具体状况下的"行为人本人的个人能力"。由于是责任的判断，而责任的判断是个别的、主观的判断，所以，不能以一般人、平均人能否避免为基准。

要避免违法性认识的错误，就需要进行法的状况的确认。大体而言，下列三种情形提供了对法的状况进行确认的具体契机。

①对法的状况产生了疑问时。行为人对法的状况产生疑问，意味着对行为的违法性产生疑问，但行为人没有真正地考虑该疑问，而是轻率地相信其行为具有合法性时，存在违法性认识错误，而且该错误是可以避免的，行为人存在有责性。在行为人对法的状况进行了咨询等情况下，并非一概具有或者不具有避免可能性。例如，行为人遵从最高人民法院的判例产生了违法性认识错误时，或者在判例有分歧，行为人遵从了上级法院的判例而产生了违法性认识错误时，以及行为人信赖了主管机关的见解产生了违法性认识错误时，均应认定为不可避免的错误。而行为人信赖专家意见而产生违法性认识错误时，不属于不可避免的错误。

②知道要在法的特别规制领域进行活动时。行为人要在法的特别规制领域从事活动时，没有努力收集相关法律信息的，其违法性认识错误原则上属于可能避免的错误，不阻却责任。例如，从事期货业务的人员，对期货犯罪具有违法性认识的可能性。

③知道其行为侵害基本的个人的、社会的法益时。行为人认识到自己的行为侵害他人或者公共的安全时，即使具有违法性认识错误，该错误也是可能避免的，不阻却责任。例如，私自关押他人的行为人，具有违法性认识的可能性。

（五）法律认识错误

认识错误，是指人的主观认识与客观事实之间不一致。刑法上的认识错误，是指行为人对自己的行为在法律上的意义有不正确的认识，或者对与行为有关的事实方面有不正确认识。也就是当行为人主观认识和客观现实不一致时，如何确定行为人主观罪过，解决其应负的刑事责任。认识错误可能影响到行为人刑事责任的有无，也可能影响到刑事责任的轻重。刑法上的认识错误，通常分为两类：一是法律认识错误，二是事实认识错误。

法律认识错误，是指行为人对自己的行为在法律上是否构成犯罪，或者在法律上应当受到什么样的处罚存在不正确认识。具体可分为三种情况：

（1）假想犯罪，即行为人将无罪误认为有罪。例如，行为人将自行堕胎行为误认为犯罪而向司法机关自首。刑法并未将其规定为犯罪，但行为人却误认为有罪。对此应按照刑法的规定处理，而不能以行为人的错误认识将其按犯罪对待。

（2）假想不犯罪，即行为人将有罪误认为无罪。例如，父母将横行乡里、无恶不作的儿子杀死，本来构成故意杀人罪，但行为人以为自己是为民除害。此时行为人对行为性质的认识错误不影响犯罪故意的成立，不能以其不懂法而将其宣告无罪。

（3）行为人对自己的行为在刑法上应成立的罪名或应判处的刑罚的轻重有错误认识，即将此罪当成彼罪、将重罪当成轻罪或将轻罪当成重罪等。这种错误认识，既不阻却犯罪的成立，也不影响刑事责任的认定。此时仍然应该按照法律的规定定罪量刑，不能因行为人的认识错误而使定罪量刑有所改变。

法律错误不影响故意的成立，仍然应负故意犯罪的刑事责任。但在某些特殊的情况下，可以影响刑事责任的大小，这主要是第二种情况。在第二种情况下，如果是自然犯，因其社会危害性尽人皆知，因此不能因行为人不懂法而排除故意，也不能因而减免处罚。如果是法定犯，常因法律的变化而使犯罪也发生变化，一般人如果不熟悉法律难免不了解其行为的违法性，也就不了解其行为的社会危害性。因此，对此可酌情从轻、减轻或者免除处罚，个别特殊情况下还可以不认为是犯罪。

（六）事实认识错误

事实认识错误，是指行为人对与自己实施的行为有关的事实有不正确认识，即主观认识与实际发生的构成犯罪的客观事实不一致的情况。根据这种

"不一致"的不同程度，事实认识错误可分为具体的事实认识错误与抽象的事实认识错误，在同一犯罪构成内的认识错误，是具体的事实认识错误；跨越不同犯罪构成的认识错误，是抽象的事实认识错误。

1. 具体的事实认识错误

具体的事实认识错误，也称具体的认识错误，是指行为人认识的事实与实际发生的事实虽然不一致，但没有超出同一犯罪构成的范围，即行为人只不过是在某一个犯罪构成的范围内发生了对事实的认识错误，因而也被称为同一犯罪构成内的错误。刑法理论一般认为，具体的事实认识错误主要包括对象错误、打击错误与因果关系错误。

如何解决具体的事实认识错误，理论上主要存在具体符合说与法定符合说的争议。具体符合说认为，行为人所认识的事实与实际发生的事实完全相一致时，才成立故意的既遂犯。具体符合说的特点是将行为所侵害的对象具体化为"那个人"或"那个财物"。例如，甲意欲杀害乙而对其开枪，但由于枪法不准将丙打死，甲想杀害的"那个人"乙并没有死亡，因此，甲的行为只能成立故意杀人罪（未遂）和过失致人死亡罪的想象竞合犯。法定符合说认为，行为人所认识的事实与实际发生的事实，只要在犯罪构成范围内是一致的，就成立故意的既遂犯。例如，甲意欲杀害乙而对其开枪，但由于枪法不准将丙打死，因为杀人在犯罪构成范围内一致，甲的行为构成故意杀人罪（既遂）。目前，法定符合说处于通说地位。

（1）对象错误

对象错误，是指行为人误把甲对象当作乙对象加以侵害，而甲对象与乙对象体现相同的法益，行为人的认识内容与客观事实仍然属于同一犯罪构成的情况。例如，甲欲杀乙，但黑夜中误把丙当作乙予以杀害。此时，并不影响对行为人甲的定性。根据法定符合说，刑法规定故意杀人罪是为了保护人的生命，甲虽然杀错了人，但由于人的生命价值相同，刑法对所有生命同等保护，因此，只要甲客观上杀了人，主观上已经认识到自己杀了人，那么就认识到了符合构成要件的事实，成立故意杀人罪（既遂）。具体符合说也认为，这种对象错误并不重要，因而不影响故意犯罪既遂的成立。因为在行为的当时，行为人想杀的是眼前的"那个人"，且事实上也杀了"那个人"，因而属于具体的符合，成立故意杀人罪（既遂）。所以，就这种对象错误而言，具体符合说与法定符合说的结论完全相同。

（2）打击错误

打击错误，也称方法错误、行为误差，是指由于行为本身的差误，导致行为人所欲攻击的对象与实际受害的对象不一致的情况，但这种不一致没有超出同一犯罪构成。例如，甲欲开枪杀乙，由于枪法不好，没有打中乙，却打死了站在乙旁边的丙。按照具体符合说，由于客观事实（丙死亡）与行为人的主观认识（开枪杀乙）没有形成具体的符合，甲对乙承担故意杀人罪（未遂）的责任，对丙承担过失致人死亡罪的责任，因为只有一个行为，二者属于想象竞合，应从一重罪处罚。按照法定符合说，在故意致人死亡存在方法错误的情况下，行为人客观上的杀人行为导致了他人死亡，主观上也具有杀人故意，二者在故意杀人罪的犯罪构成内是完全一致的，因而成立故意杀人罪（既遂）。

（3）因果关系错误

因果关系错误，是指侵害的对象没有错误，但造成侵害的因果关系的发展过程与行为人所预想的发展过程不一致，以及侵害结果推后或者提前发生的情况，即对因果关系的具体样态的认识错误。因果关系错误可分为三种类型：

①狭义的因果关系错误，是指结果的发生不是按照行为人对因果关系的发展所预见的进程来实现的情况。例如，甲为了使乙溺死，将乙推入井中，但因为井中没有水，乙被摔死在井中；甲以杀人故意向乙开枪射击，乙为了避免子弹打中自己而后退，结果坠入悬崖身亡。由于因果关系发展的具体进程或者样态不是故意的认识内容，狭义的因果关系错误不影响故意犯罪的成立。

②结果的推迟实现，也称事前的故意，是指行为人误认为第一个行为已经造成危害结果，出于其他目的实施了第二个行为，但实际上是第二个行为才导致预期结果发生的情况。例如，甲以杀人故意对乙实施暴力（第一个行为），造成乙休克，甲以为乙已经死亡，为了隐匿罪迹，将乙扔至水中（第二个行为），实际上乙是溺死于水中。这种因果关系错误并不影响故意犯罪的成立。在这种情形下，应肯定第一个行为与结果之间的因果关系，而且实现所发生的结果与行为人意欲实现的结果完全一致，故应以故意犯罪既遂论处。

③结果的提前实现，是指在行为人的计划中有两个行为，希望通过第二个行为导致结果发生，但事实上是第一个行为导致结果发生，即提前实现了行为人所预想的结果的情况。例如，甲准备使乙吃了安眠药（第一个行为）熟睡后再将乙勒死（第二个行为），但没有等到甲勒死，乙就因安眠药过量而死亡。在这种情况下，要认定是否成立故意犯罪既遂，关键在于行为人在实施第一个行为时，是否已经着手实行，如果能对此得出肯定结论，则应认

定为故意犯罪既遂；如果得出否定结论，则不能成立故意犯罪既遂，而是其他形态。在上例中，由于甲实施的第一个行为已经着手故意杀人行为，甲的行为构成故意犯罪（既遂）。例如，妻子为杀害丈夫，准备有毒咖啡打算等丈夫回家后给丈夫喝。在丈夫回家前，妻子去超市购物。但在妻子回家前，丈夫提前回家喝了咖啡而死亡，妻子的行为如何定性？由于妻子还没有着手实行杀人行为，只能认定为故意杀人罪（预备）与过失致人死亡罪的想象竞合犯，从一重罪论处。

（4）其他应注意的问题

①在对象错误、打击错误、因果关系错误中，原则上行为人仅实施了一个犯罪行为，只能认定为一罪。即使在因果关系错误中的结果的推迟实现与结果的提前实现中，行为人有两个行为，但仍然只属于一个犯罪行为，因此也只能定一罪。但如果行为人基于数个罪过形式，分别实施了数个犯罪行为，就应数罪并罚。

②认识错误的前提是，行为人主观上有犯罪的故意，如果没有犯罪故意，不是认识故意要解决的问题。例如，甲误将熟睡的孪生妻妹当成妻子，与其发生性关系。由于甲没有犯罪故意，不属于认识错误问题，不应以犯罪论处。

2. 抽象的事实认识错误

抽象的事实认识错误，也称抽象的事实错误，是指行为人所认识的事实与现实所发生的事实，分别属于不同的犯罪构成的情形。或者说，行为人所认识的事实与所发生的事实跨越了不同的犯罪构成，因而也被称为不同犯罪构成间的错误。抽象的事实认识错误包括对象错误与打击错误。

（1）对象错误

对象错误，是指行为人误把甲对象当作乙对象加以侵害，但甲对象和乙对象体现不同的法益，分属不同的犯罪构成的情形，也称客体错误。例如，行为人本来想盗窃一般财物，却误把枪支当作一般财物实施盗窃。

（2）打击错误

打击错误，是指由于行为人本身的误差，导致行为人所欲攻击的对象与实际受害的对象不一致，而且这种不一致超出了同一的犯罪构成范围。例如，甲本来想射击乙，但是，因为没有瞄准，却将旁边的珍贵文物打坏。

（3）处理原则

如何解决抽象的事实认识错误，理论上存在抽象符合说与法定符合说的争议。抽象符合说认为，在行为人所认识的构成要件事实与现实发生的构成要件事实相一致的限度内，承认故意犯的既遂。由于其违反责任主义而招致批判。法定符合说认为，不同构成要件之间的错误原则上阻却故意的成立或者仅成立故意犯罪未遂。总之，对于抽象的事实认识错误（在重罪不处罚未遂以及在重罪处罚未遂但轻罪的既遂犯重于重罪的未遂犯的情况下），应当首先从轻罪的主观认识或轻罪的客观事实出发，然后再判断有无与之相对应的客观事实或主观认识，从而得出正确结论。例如，主观上想盗窃一般财物，实际上盗得枪支的，由于枪支具有财产价值，因此，成立盗窃罪。但是，如果重罪处罚未遂犯，且重罪的未遂犯重于轻罪的既遂犯，则应以重罪的未遂犯论处。例如，甲故意向乙开枪射击，但因为没有瞄准而导致丙轻伤。对此，应认定为故意杀人罪（未遂），而不能认定为故意伤害罪（既遂）。

第五章　犯罪特殊形态

教学要点	思政元素	思政板块	教学方法
犯罪中止	社会主义核心价值观之"友善",社会责任,理论自信	法治意识 道德修养 文化素养	讲授式教学法 讨论式教学法 问题式教学法
共同犯罪	辩证思维与方法,社会主义核心价值观,社会责任,文化自信	法治意识 道德修养 文化素养	讲授式教学法 案例教学法 多方研讨法 模拟审判法

一、故意犯罪未完成形态

(一) 犯罪形态与犯罪阶段

1. 故意犯罪停止形态与未完成形态

故意犯罪停止形态,是指故意犯罪在其发展过程中,由于某种原因出现结局所呈现的状态,即犯罪预备、犯罪未遂、犯罪中止与犯罪既遂。其中,犯罪既遂是犯罪完成形态,是行为人着手实行犯罪并造成危害结果的情形。犯罪预备、犯罪未遂、犯罪中止是犯罪未完成形态,是故意犯罪在其发展过程中,由于特殊原因停顿下来形成结局,而没有到达既遂的特殊形态。未完成形态是基于刑法总则的规定而出现的犯罪形态,对其判断需要同时结合刑法总则和分则的规定进行,判断过程体现在犯罪论体系中的客观构成要件这一环节,因为犯罪的预备、未遂和中止主要与是否实行、结果是否发生等有关。

犯罪停止形态具有不可转换性。犯罪停止形态是在故意犯罪过程中由于某种原因停止下来所呈现的状态,这种停止不是暂时性的停顿,而是终局性的停止,即该犯罪行为由于某种原因不可能继续向前发展。就同一犯罪行为而言，出现了任何一种犯罪停止形态后，就不可能再出现另一种犯罪停止形态。例如，出现了犯罪预备形态之后，不可能再出现未遂、中止形态；出现了犯罪未遂形态后，不可能出现中止、既遂形态。

2. 犯罪形态与犯罪阶段的关系

故意犯罪既存在形态，也存在阶段。犯罪阶段是故意犯罪准备、实施和完成所要经过的阶段，它是故意犯罪发展的连续性在时间和空间上的表现。故意犯罪行为是一个过程，以犯罪着手与否为标准，由相互连接的犯罪预备阶段与犯罪实行阶段组成。犯罪阶段是犯罪过程中的某一"段"，犯罪形态是犯罪过程中从开始准备到既遂之间任一点停止下来时的结局，是一个"点"。犯罪阶段与犯罪形态相互联系、相互依存、相互制约，没有犯罪阶段就不会有犯罪形态，没有犯罪形态也不会有犯罪阶段。在犯罪的预备阶段只能出现犯罪预备与犯罪中止形态，在犯罪的实行阶段只能出现犯罪未遂、中止以及既遂形态。犯罪阶段与犯罪形态是相互区别的：（1）犯罪阶段是动态的发展过程，而犯罪形态则是终局性的行为状态；（2）犯罪阶段中各个阶段具有先后的连续性，而犯罪形态之间则没有先后的连续性；（3）犯罪阶段与犯罪形态不是一一对应的关系，在一个犯罪中可以经历过几个犯罪阶段，但是一个犯罪只能有一个犯罪形态。

（二）犯罪预备

1. 犯罪预备的概念和特征

犯罪预备，是指为了实行犯罪，准备工具、制造条件，但由于行为人意志以外的原因而未能着手实行犯罪的形态。

犯罪预备的特征：

（1）客观上实施了犯罪预备行为

犯罪预备行为，就是为犯罪创造各种便利条件的行为。犯罪预备行为是在着手之前进行的，并且在着手实行犯罪之前已经终止。犯罪预备行为是尚未进入着手实行犯罪的过程，只是在预备阶段中的行为。刑法将预备行为分为两类：准备犯罪工具与制造犯罪条件。准备犯罪工具事实上也是为实行犯罪制造条件的行为，只因是最常见的预备行为，刑法便将其独立于制造犯罪条件之外予以规定。准备犯罪工具，是指为实施犯罪、完成犯罪，保障犯罪利益而使用的各种物品的行为，包括为实行犯罪而制造、改造、购买、寻找用于犯罪的工具。具体表现为：购买某种物品作为犯罪工具，制造犯罪工具，改装物品使之适应犯罪需要，租借他人物品作为犯罪工具，盗窃他人物品作为犯罪工具等。需要注意的是，准备犯罪工具的行为如以违法犯罪方式获取时，可以单独构成犯罪的，则为想象竞合犯。制造犯罪条件，是指除准备犯罪工具以外的一切为实行犯罪制造条件的预备行为。制造犯罪条件主要表现为：第一，制造实行犯罪的客观条件。具体表现为：调查犯罪场所和被害人行踪、出发前往犯罪场所或者守候被害人的到来、诱骗被害人前往犯罪场所、排除实行犯罪的障碍、在共同犯罪案件中勾结犯罪同伙等。第二，制造实行犯罪的主观条件，例如，商议犯罪的实行计划等。

（2）主观上为了实行犯罪

刑法条文中的"为了犯罪"应解释为"为了实行犯罪"，因为预备行为是为进一步实施犯罪行为做准备。为了实行犯罪，包括为了自己实行犯罪（自己预备罪）与为了他人实行犯罪（他人预备罪）。

（3）事实上未能着手实行

犯罪预备终结于预备阶段，即事实上未能着手实行犯罪；如果已经着手实行了犯罪，就不可能是犯罪预备。着手是指行为人开始实施刑法分则规定的特定犯罪的构成要件行为，它是实行行为的开始。未能着手实行犯罪主要包括两种情况：一是没有完成预备行为，由于某种原因未能继续实施预备行为，因而不可能着手实行；二是虽已完成预备行为，但由于某种原因未能着手实行。该特征区分犯罪预备与犯罪未遂。

（4）未能着手实行犯罪是由于行为人意志以外的原因

预备行为在着手实行犯罪之前已经停止，是由于行为人意志以外的原因，并非出于行为人的本来意志。即行为人本欲继续实施预备行为，进而着手实行犯罪，但由于违背行为人意志的原因，使行为人客观上不可能继续实施预备行为，或者客观上不可能着手实行犯罪，或者使行为人认识到自己客观上已经不可能继续实施预备行为与着手实行犯罪。意志以外的原因如因作案条件不成熟而未继续着手实行犯罪，由于被害人闻讯逃避、不在现场或防范措施严密而难以着手实行犯罪，由于司法机关及时行动或被群众抓获而未能着手实行犯罪等。该特征区分犯罪预备与预备阶段的犯罪中止。

2. 犯罪预备和犯意表示

犯意表示指具有犯罪意图的人通过一定方式将自己的犯罪意图单纯流露出来的外部活动。犯意表示并不是纯粹只存在于行为人头脑中的思想，而是一种表现于外部的人的行为，之所以属于行为，是因为纯粹的思想不表现于外部，则不可能被人们所认识，也就无所谓"犯意表示"。犯意表示不构成犯罪，行为人也不承担刑事责任。

犯意表示与犯罪预备都是一种行为，而且都流露和表现出"犯罪"的内容，因此，容易发生混淆。二者相同之处在于：（1）都是一种行为，犯意表示是一种言辞行为，而犯罪预备则是为犯罪创造条件的行为；（2）都是一种有意识的行为，反映了行为人的犯罪意图；（3）都不能对刑法所保护的法益造成直接的、现实的侵害或破坏。二者的区别主要是：（1）犯意表示是通过口头的或书面的形式，单纯地流露犯罪意图，而犯罪预备则是通过各种具体的活动为实行犯罪创造条件；（2）犯意表示停留在单纯表现犯罪思想阶段，尚未通过实际的犯罪行为将犯罪意图的实现付诸行动，而犯罪预备则已经发展到犯罪的预备阶段，将犯罪目的与犯罪行为有机地结合起来，开始实施犯罪的准备活动，使犯罪意图的实现成为可能；（3）犯意表示没有对刑法所保护的法益造成威胁，没有现实的社会危害性，而犯罪预备则使其面临实际的威胁，具有社会危害性。

3. 犯罪预备的刑事责任

《刑法》第22条第2款规定："对于预备犯，可以比照既遂犯从轻、减轻或者免除处罚。"对预备犯一般应当比照既遂犯从轻、减轻或者免除处罚，因为预备行为虽然对法益有侵害性，但它毕竟还没有造成实际侵害，同既遂犯相比，其危害程度低，理应可比照既遂犯从轻或者减轻处罚；对那些危害程度较轻的犯罪的犯罪预备行为，可以依法免除处罚。但对少数情节严重或情节恶劣的预备犯，也可以不予从轻、减轻或免除处罚。例如，准备实施危害特别严重的刑事犯罪的；预备行为本身具有极大危险性的；已多次实施某种犯罪的预备行为，人身危险性较大的；犯罪预备行为准备非常充分、周密，已十分接近于犯罪的实行，可能即刻造成严重后果的等，也可以依法不对其从轻、减轻或免除处罚。

我国刑法虽然原则上处罚犯罪预备，但在司法实践中，处罚犯罪预备是极为例外的现象。事实上，也应当肯定处罚犯罪预备的例外性。

对于预备犯的处罚应该考虑以下几方面：（1）"可以"是一种授权性立法规范表述方式；（2）"比照"应是在性质、情节、危害程度等方面与犯罪预备向前发展可能形成的既遂犯相同或相似的既遂犯；（3）至于具体是从轻、减轻还是免除要对案件进行整体考量。

具体确定刑事责任时应当考虑：第一，区分预备实施的犯罪的性质，不同性质的犯罪，危害程度和人身危险性程度不一；第二，区分预备实施犯罪准备手段的不同性质和情况，即预备行为本身的不同性质和特点的情况，有的预备行为单独就构成某种犯罪的既遂；第三，区分犯罪预备行为的不同准备程度。准备程度不同，危害程度也不相同。综合考察以上三点，才能确定对预备犯处罚是比照既遂犯从轻、减轻还是免除处罚，或者不予从轻、减轻或免除处罚。

（三）犯罪未遂

1. 犯罪未遂的概念和特征

犯罪未遂，是指犯罪分子已经着手实行犯罪，由于其意志以外的原因而未得逞的未完成形态。

犯罪预备的特征：

（1）已经着手实行犯罪

所谓着手，是动手、开始做某事的意思，即犯罪分子开始实施刑法分则条文规定的具体犯罪的实行行为。"着手"不是犯罪行为的起点，而是犯罪的实行行为的起点，是区分预备行为与实行行为的显著标志。已经着手实行犯罪是犯罪未遂区别于犯罪预备的主要特征，只要着手，就一定不是犯罪预备；只要未着手，就不可能是犯罪未遂。

（2）犯罪未得逞（犯罪行为未能达到既遂状态）

犯罪未得逞，就是犯罪行为未能达到既遂状态，是犯罪未遂区别于犯罪既遂的根本特征。犯罪未得逞，是指没有发生作为既遂标志的结果；而作为既遂标志的结果，一般是指行为人所希望或者放任的、构成要件行为性质所决定的结果（构成要件行为的逻辑结果或者当然结果）。这种结果虽然一般表现为侵害结果，但在刑法分则条文将危险结果与侵害结果等同看待的场合，不能排除危险结果。例如，行为人实施违反传染病防治法的规定的行为，引起甲类传染病传播的严重危险的，就构成妨害传染病防治罪的既遂，而非未遂。

第一，直接故意犯罪与间接故意犯罪，都可以成立犯罪未遂。当行为人放任的结果没有发生时，则可能成立间接故意的犯罪未遂。

第二，行为人所希望、放任的结果应限定于构成要件行为的性质本身所能导致的结果，即实行行为的逻辑结果或者当然结果。例如，故意杀人罪的逻辑结果是致人死亡，即使行为人还打算碎尸，碎尸也不是故意杀人罪的逻辑结果。在行为人的计划是杀人碎尸的场合，即使致人死亡后未能碎尸，也成立故意杀人既遂。

第三，未得逞是指行为人希望、放任发生的危害结果没有发生，即故意的意志因素没有实现；不包括没有实现刑法分则"以……目的"的情况，即不包括没有实现目的犯中的目的的情况。换言之，目的犯中的目的是否实现，不影响犯罪既遂的成立。

第四，由于我国的加重犯与基本犯均为同一罪名，所以，即使行为人希望、放任的加重结果没有发生，但只要发生了基本犯构成要件行为的逻辑结果，则成立基本犯的既遂（同时也可能成立加重犯的未遂）。例如，行为人实施危害公共安全的爆炸行为，希望造成多人伤亡，但由于意志以外的原因仅造成一人轻伤，对此行为应认定为《刑法》第 114 条的爆炸罪的既遂，而不能认定为未得逞。

第五，由于未遂犯是具体的危险犯，存在危险结果（或未遂犯的结果），所以，就侵害犯而言，一方面，发生了危险结果但没有发生侵害结果时，就是未得逞。例如，诈骗犯已经让被害人基于认识错误做出了交付财物的承诺，但还没有交付财物时，就是未得逞。另一方面，发生了中间结果但没有发生最终结果时，也是未得逞。例如，强奸犯、抢劫犯已经通过暴力手段压制了被害人的反抗（中间结果），但还没有实施奸淫行为或者没有强取财物时，虽然发生了中间结果，但仍然属于未得逞。

第六，在抽象的危险犯（不包括预备犯）的场合，由于抽象的危险不需要具体判断，故不是以危险是否发生作为既遂与未遂的判断标准，而是只要发生了构成要件行为的逻辑结果，就属于既遂；反之，则是未得逞。

第七，在具体的危险犯的场合，首先要判断行为是否产生了具体危险，在得出肯定结论的前提下，再判断是否发生了构成要件行为的逻辑结果。例如，行为人着手以暴力劫持汽车的，如果已经以实力控制了汽车的行驶则既遂，如果未能达到这种状态，则是未得逞。

（3）犯罪未得逞是由于犯罪分子意志以外的原因

这是区别犯罪未遂与犯罪中止的主要标志。犯罪未遂是在犯罪人在面对外在的阻力的情况下无可奈何地、不得不停止犯罪，是企图实施而不能实施，"非不为也，是不能也"，欲达目的而不能。

犯罪分子意志以外的原因，是指违背犯罪人的犯罪意志并足以阻止犯罪行为达到既遂状态的各种主客观因素，这些因素与犯罪人的主观愿望相违背，与犯罪行为的发展进程相冲突。而如何判断某种情况是否足以阻止行为人的意志，应该以行为人的主观认识和判断为准。包括以下情况：

①抑制犯罪结果的原因，即与犯罪人无关的客观原因。例如，被害人强有力的反抗、被害人有效的逃避、第三者的制止或者司法机关的拘捕、自然力的破坏、时间及地点使犯罪难以继续进行、遇到难以克服的物质障

碍，等等。

②抑制犯罪行为的原因，即犯罪人自身的客观原因。例如，犯罪人能力不足，经验不够，致使其未能完成犯罪；犯罪时突遇病变，体力不支，致使犯罪活动无法继续进行；犯罪人的生理缺陷使犯罪无法继续进行，等等。

③抑制犯罪意志的原因，即犯罪人主观上的认识错误，也就是对客观外界事物的不正确认识使其行为未能达到既遂状态。包括对犯罪对象、犯罪工具、因果关系的认识错误以及对犯罪时周围客观环境的认识错误，等等。

2. 犯罪未遂的类型

犯罪未遂依据什么标准予以分类，分为哪些类型，由于法律文化、历史传统的不同，各国有不同的选择，而且，未遂的种类有的在立法中加以规定，有的只是在理论上予以阐述。大体有三种情形：第一，依据行为实行的程度，分为实行终了未遂与未实行终了未遂。主要有意大利、西班牙、葡萄牙、墨西哥、智利等国。第二，依据实施的犯罪实际上能否达到既遂为标准，分为能犯未遂与不能犯未遂。主要有德国、荷兰、挪威、保加利亚、日本等国。第三，依据未遂形成的原因，分为障碍未遂与中止未遂。主要有日本、德国、韩国、荷兰、挪威、保加利亚等国。在我国刑法中，虽然没有明确规定犯罪未遂的种类，但理论上多数学者赞同对犯罪未遂的种类划分为实行终了未遂与未实行终了未遂，以及能犯未遂与不能犯未遂。

（1）实行终了未遂与未实行终了未遂

以犯罪行为是否实行终了为标准，将犯罪未遂分为实行终了未遂和未实行终了未遂两种。实行终了未遂，是指犯罪人已将其认为达到既遂所必需的全部行为实行终了，但由于意志以外的原因未得逞。例如，甲欲杀乙，向乙的牛奶中投放了毒药并让乙喝完，乙中毒后被丙发现送医，经抢救，乙脱险。未实行终了未遂，是指由于意志以外的原因，犯罪人未能将他认为达到既遂所必需的全部行为实行终了，因而未得逞。例如，甲欲杀乙，在甲举刀杀人时，被丙制服。"犯罪行为是否实行终了"中的犯罪行为，是指导致发生侵害结果的实行行为，不包括侵害结果发生后行为人为了其他目的所实施的行为。例如，行为人打算致人死亡后碎尸，犯罪行为是否实行终了，应以致人死亡所必需的行为是否实行终了为标准，不以是否碎尸为标准。

这是根据犯罪行为的实施程度所作的分类，其划分的意义在于：对属于同一性质的犯罪而言，实行行为的实施程度是衡量对法益威胁的客观标准。一般而言，实行行为距离犯罪完成越近，对法益威胁越大。因此，在其他犯罪情节大致相同的情况下，对实行终了的未遂犯，应当处以比未实行终了的未遂犯较重的刑罚。

（2）能犯未遂与不能犯未遂

以犯罪行为实际能否达到既遂状态为标准，犯罪未遂形态可以分为能犯未遂与不能犯未遂。能犯未遂，是指行为人已经着手实行刑法分则规定的具体犯罪构成客观要件的实行行为，而且这一行为实际上有可能完成犯罪，但由于意志以外的客观原因，使犯罪未能达到既遂的情形。例如，甲拿装有子弹的枪射击乙，由于甲枪法不准，没有杀死乙，但客观上枪本身有杀死人的可能性。不能犯未遂，是指行为人已经着手实行刑法分则规定犯罪构成客观要件的实行行为，但由于主观上对客观事实发生错误认识，致使行为不可能完成犯罪，难以达到犯罪的既遂状态的情形。不能犯未遂又进一步分为对象不能犯未遂与手段不能犯未遂。例如，使用枪支向人开枪而未得逞的，是能犯未遂；而以为是人实际上是向物开枪的，属于对象不能犯未遂。再如，使用砒霜杀害他人但由于抢救及时而未得逞的，是能犯未遂；而本欲使用砒霜但因发生认识错误使用了砂糖因而未得逞的，属于手段不能犯未遂。而且，手段不能犯未遂不同于迷信犯。迷信犯是指行为人由于愚昧无知，采取没有任何客观依据，在任何情况下都不可能产生实际危害结果的迷信手段、方法，企图实现犯罪意图的情形。例如，通过烧香念咒的方法，企图将仇人咒死；通过用针扎小人的方式，企图"杀"死被害人。迷信犯对自己行为的性质和作用的认识，是违反常识、超乎自然的，在任何情况下都不可能对外界造成损害，欲实现犯罪意图的方法不具有实现犯罪的现实可能性，因而不具有可罚性。

这种分类划分的意义在于：对属于同一性质的犯罪而言，具有完成可能性的，对法益的威胁大。在其他犯罪情节大致相同的情况下，对有完成可能性的未遂犯，应处比不具有完成可能性的未遂犯较重的刑罚。

3. 犯罪未遂的刑事责任

《刑法》第23条第2款规定："对于未遂犯，可以比照既遂犯从轻或者减轻处罚。"

对于未遂犯的处罚应该考虑以下几方面：（1）未遂犯刑事责任确定的基本"参照对象"，是该罪既遂犯应当负的刑事责任。（2）刑法规定对未遂犯的从轻、减轻处罚是"可以"，"可以"表明对未遂犯可以从轻、减轻处罚，也可以不从轻、减轻处罚。（3）在具体确定未遂犯刑事责任时应当考虑的因素：第一，犯罪的性质，不同性质的犯罪对社会危害程度以及其人身危险性程度不同；第二，未遂的具体类型不同，反映出距离完成犯罪的远近程度不同；第三，实际危害结果的程度，结果程度不同，对法益损害的程度不同；第四，主观恶性的大小。例如，犯罪动机是否卑鄙、犯罪意志是否坚决等。

（四）犯罪中止

1. 犯罪中止的概念和特征

犯罪中止，是指在犯罪过程中，行为人自动放弃犯罪或者自动有效地防止犯罪结果发生的犯罪未完成形态。犯罪中止是一种特殊的犯罪形态，既可以发生在犯罪的预备过程中，也可以发生在着手实行犯罪的过程中，还可以发生在犯罪实行终了而结果尚未发生之前。

犯罪中止的特征：

（1）中止的时间性。中止必须发生"在犯罪过程中"，即在开始实施犯罪行为之后，犯罪出现结果（既遂）之前均可成立中止。首先，犯罪中止既可以发生在犯罪预备阶段，也可以发生在犯罪实行阶段。这是犯罪中止与犯罪预备、未遂的重要区别。第一，发生在犯罪预备阶段的犯罪中止，无论预备是否完成，只要自动放弃犯罪意图不再着手实行犯罪，即可成立。从刑事政策考虑，多数情况下没有必要给予处罚。第二，发生在犯罪实行阶段的犯罪中止，在尚未将实行行为完成之前，自动放弃犯罪意图停止犯罪实行的，成立犯罪中止。第三，犯罪结果（既遂）发生前的犯罪中止，即已将犯罪行为实行完毕，但在法律要求的结果尚未发生之前，自动有效地防止犯罪结果发生。其次，产生犯意后没有实施任何犯罪行为便放弃犯意的，不成立犯罪中止。最后，行为人在犯罪既遂后自动恢复原状和主动赔偿的，不成立犯罪中止；成立犯罪预备或犯罪未遂后，也不可能有犯罪中止。

（2）中止的自动性。成立犯罪中止，要求行为人"自动"放弃犯罪或者"自动"有效地防止犯罪结果发生。中止的自动性，是指犯罪中止必须是行为人在自认为（确信）当时能够完成犯罪的情况下，基于本人的意志"自动"放弃而停止犯罪行为，或者自动有效防止危害结果的发生。自动性特征是行为人自认为当时能够完成犯罪而自愿放弃了犯罪意图，其客观表现是自动终止犯罪的继续实行，或者以主动积极的行为防止危害结果的发生。中止的自动性不仅是成立犯罪中止的本质特征，也是犯罪中止与犯罪预备、犯罪未遂区分的主要标志。

"自动"应理解为行为人认识到客观上可能继续实施犯罪或者可能既遂，但自愿放弃原来的犯罪意图。其中，"能"与"不能"应当以行为人的主观认识为标准。通常采用的判断基准是弗兰克（Frank）公式：能达目的而不欲时，为犯罪中止；欲达目的而不能时，为犯罪未遂。

行为人中止犯罪的原因多种多样。第一，中止动机的伦理性。自动性的成立不以中止动机的伦理性（真诚悔悟、同情怜悯等）为必要。当然，如果中止动机具有伦理性，则能肯定自动性。第二，放弃犯意的彻底性。最终放弃犯意，应是指完全放弃该次特定犯罪的犯意，而不是完全放弃一切犯罪的犯意。例如，行为人原本打算强奸妇女，但发现身上有巨额现金，认为与其强奸不如抢劫，进而使用暴力强取财物的，虽然成立抢劫既遂，但仍然成立强奸中止。第三，基于惊愕、恐惧而放弃犯行。例如，以杀人故意砍杀一刀后，发现被害人流血异常而惊愕，进而停止了杀人行为。在这种情形下，行为人依然认识到客观上可以继续实施犯罪，甚至可能基于同情、后悔等感情而放弃犯罪，还可能担心造成重大后果而放弃犯罪，故不影响犯罪中止的成立。第四，基于嫌恶之情而放弃犯行。例如，对妇女实施了暴力的强奸犯，发现妇女面部被泼洒过硫酸，产生了嫌恶之情，没有实施奸淫行为的，认定为中止犯。第五，担心被发觉而放弃犯行。需要具体分析：因为担心被当场发觉而不可能继续实施犯罪，所以放弃犯行的，担心被当场逮捕而放弃犯行的，不具有自动性；而担心被当场发觉而使自己名誉受到损害，所以放弃犯行的，担心日后被告发、逮捕与受处罚而放弃犯行的，具有自动性。第六，基于目的物的障碍而放弃犯行。这是指行为人在实施财产犯罪时，因为没有发现当初预想的目的物而放弃犯行的情况。对此应具体分析：行为人没有盗窃特定财物的意图，只是想窃取一般财物时，如果因为财物价值不高（达到了刑法上的数额较大）而不窃取的，成立中止犯；行为人意图窃取特定财物，但不存在特定财物的，即使没有窃取其他财物，也不成立中止犯；打算抢劫巨额现金，但对方只有少量现金的，不成立中止犯。第七，发现对方是熟人而放弃犯行。例如，行为人夜间实施暴力意欲强奸妇女，但在实施暴力行为的过程中发现对方是熟人，进而放弃强奸行为，认定为强奸中止。第八，因缺乏期待利益而放弃犯行。例如，甲受雇杀乙，举枪瞄准后及时发现对方并非乙而放下枪支。对此，应认定为犯罪未遂。

（3）中止的客观性。中止不只是一种内心状态的转变，还要求客观上有中止行为。中止行为分为两种情况：一是自动放弃犯罪行为；二是自动有效防止犯罪结果发生。行为未实行终了，只要不继续实施就不会发生犯罪结果时，中止行为表现为放弃继续实施犯罪行为；行为实行终了，不采取有效措施就会发生犯罪结果时，中止行为表现为采取积极措施有效地防止犯罪结果发生。在未实行终了的情况下，行为人必须是真实地放弃犯罪行为，而不是等待时机继续实施该行为。例如，行为人侵入仓库后发现财物过多，打算回去开车来窃取的，不是中止行为。又如，行为人打算窃取现金，但因为有宝石，而只窃取宝石、不窃取现金的，不是中止行为。在未实行终了的情况下，自动放弃重复侵害行为的，是犯罪中止。在实行终了的情况下，中止行为必须是一种足以避免结果发生的、真挚的努力行为，但不以行为人单独实施为必要。没有做出真挚努力的，不成立犯罪中止。例如，行为人在其放火既遂前喊了一声"救火呀！"，然后便逃走的，即使他人将火扑灭，也不能认为是犯罪中止。

（4）中止的有效性。不管是哪一种中止，都必须没有发生行为人原本所希望或者放任的、行为性质所决定的犯罪结果（侵害结果）。例如，乙托甲购买胃药，甲却将毒药交给乙。甲产生悔意后于第二天到乙家欲取回该药，而乙谎称药已被服用。甲见乙没有什么异状就回家了，没有将真相告知乙。几天以后，乙服用甲提供的毒药而死亡。甲虽然为防止结果发生采取了措施，但由于侵害结果仍然发生，故不成立犯罪中止，而是犯罪既遂。

行为人为防止犯罪结果的发生做出了积极努力，但其行为本身偶然不能使犯罪结果发生或者由于他人行为防止了犯罪结果发生时，成立犯罪中止。例如，行为人向被害人的食物投放毒药后，见被害人痛苦难忍而顿生悔意，立即拨打急救电话，将被害人送往医院，由医生抢救脱险的，成立犯罪中止。甲开枪射击乙，乙受惊吓而昏厥，甲误以为乙中弹倒地，又顿生悔意，将乙送往医院急救。虽然不予急救也不至于发生死亡结果，但也认定为犯罪中止，而非犯罪未遂，也不是犯罪未遂与中止的竞合。

行为人自动放弃重罪或者自动有效地防止重罪的结果，但造成了轻罪的"既遂"的，仍应认定为重罪的中止犯。例如，行为人自动中止杀人行为，没有造成死亡结果，但中止前的杀人行为造成重伤结果的，仍应认定为故意杀人中止，不能认定为故意伤害既遂。又如，行为人以强奸故意对被害妇女实施了暴力和奸淫前的猥亵行为，但自动中止了奸淫行为的，应认定为强奸中止，而不能认定为强制猥亵妇女既遂。

犯罪中止并非没有发生任何结果，而是没有发生行为人原本所希望或者放任的、构成要件行为性质所决定的犯罪结果。

2. 犯罪中止的刑事责任

《刑法》第24条第2款规定："对于中止犯，没有造成损害的，应当免除处罚；造成损害的，应当减轻处罚。"

（1）对中止犯的处罚原则是"应当"即必须免除或者减轻处罚，而且对中止犯处理时要先考虑损害结果。对中止犯既不允许与既遂犯同样处罚，也不允许比照既遂犯从轻处罚。这一处罚原则不但轻于未遂犯，也轻于预备犯，这体现了主客观相统一的刑事责任原则和罪责刑相适应原则的要求，也在一定程度上有助于对已经开始的犯罪活动的积极制止。

（2）对中止犯的从宽处罚，根据不同情况分别掌握，对于造成损害结果的，应当减轻处罚，并应综合考察中止犯罪的各种主客观情况，如具体损害结果的大小、中止犯罪的原因等，来决定减轻处罚的幅度；对于未造成损害结果的，应当免除处罚。

（3）中止犯罪者所拟实施或刚着手实施的犯罪危害较轻，符合第 13 条"但书"规定"情节显著轻微危害不大"的，应依法不认为是犯罪。

（4）要考虑行为人的行为在中止某种犯罪行为以前，是否已经独立构成其他犯罪。例如，盗枪杀人，半路上悔悟中止犯罪的，杀人行为虽自动中止，但盗枪行为已经既遂。还应当考虑行为人中止犯罪的动机（原因）以及犯罪中止的类型。

案例：被告人陈孔佺因多次向前妻钟赛英催讨欠款无果，心生不满，扬言要杀死由其抚养的亲生女儿陈某某（被害人，时年 5 岁）以威胁钟赛英。2013 年 8 月 27 日 11 时许，陈孔佺带陈某某乘坐摩托车外出，途中再次向钟赛英催讨欠款未果，遂将陈某某手脚拎起，头部朝下，连续往柏油路面撞击数下。陈某某当场口吐白沫，不省人事。陈孔佺见状顿感后悔，抱起陈某某乘坐摩托车来到霞浦县公安局水门派出所求救并投案。陈某某被民警送往医院抢救，因陈某某双侧额叶脑挫裂伤、硬膜外血肿，颅前窝、颅中窝、右侧额骨、左侧枕颞骨和右侧眼眶等多处骨折损伤，构成重伤，经抢救后脱离生命危险。检察院以被告人陈孔佺犯故意杀人罪提起公诉。法院经审理认为，陈孔佺因家庭纠纷杀害自己的未成年女儿，致其重伤，其行为已构成故意杀人罪。公诉机关指控的罪名成立。陈孔佺在犯罪过程中，自动放弃犯罪并有效防止被害人死亡结果的发生，是犯罪中止；且其在犯罪后自动投案，并如实供述自己的罪行，是自首。根据被告人的犯罪事实、性质、情节以及对社会的危害程度，依照刑法规定，判决被告人陈孔佺犯故意杀人罪，判处有期徒刑八年。[①]

---

① 参见《陈孔佺故意杀人案》，中国法院网，https：//www.chinacourt.org/article/detail/2014/05/id/1305006.shtml。

二、共同犯罪形态

（一）共同犯罪的基本理论

1. 共同犯罪的概念及特征

根据《刑法》第25条第1款的规定，共同犯罪是指二人以上共同故意犯罪。

共同犯罪有以下特征：

（1）共同犯罪的主客观统一性。即共同犯罪要求二人以上既有共同故意，又有共同行为，而且二者之间具有统一关系。

（2）共同犯罪的整体性。共同犯罪是二人以上在共同故意支配下实施犯罪行为形成的一个有机整体，不是个人行为的简单相加，比单独犯罪具有更大的社会危害性。因此，各共犯人应当对整体的结果承担刑事责任，所谓"部分行为，全部责任"。

（3）共同犯罪类型、共同犯罪人的差异性。共同犯罪的类型不同，其社会危害性就不同，例如，集团犯罪的社会危害性通常大于一般共同犯罪的社会危害性。共同犯罪有两个以上的共犯人，但各共犯人在共同犯罪中所起的作用不同，各共犯人行为的社会危害性不同，因而需要区别对待。

2. 共同犯罪的成立条件

（1）主体要件：必须有两个以上行为人。

（2）客观要件：必须有共同的犯罪行为。共同犯罪行为，是指各共同犯罪人的行为都指向同一犯罪事实，彼此联系、互相配合，参与者与犯罪结果之间都存在着因果关系。各共同犯罪人的行为，无论在共同犯罪中表现的形式如何，都不是孤立存在的，由于共同的犯罪目标把各个行为彼此联系起来，成为统一的犯罪活动，参与者行为都是这一具体的共同犯罪行为不可或缺的组成部分。即"共同行为"不仅指各共犯人都实施了属于同一犯罪构成的行为（包括犯罪中具有重合性质的行为），而且指各共犯人的行为在共同故意支配下相互配合、相互协调、相互补充，形成一个整体，但共同犯罪行为并不要求所有共犯人的行为在外在表现上完全相同。

（3）主观要件：必须具有共同的犯罪故意。"共同故意"包括两个内容：一是各共犯人均有相同的犯罪故意，二是具有意思联络。共同故意要求各共犯人都明知共同犯罪行为的内容、社会意义与危害结果，并且希望或者放任危害结果的发生。同时，共同故意要求共犯人主观上具有意思联络，即共犯人认识到自己不是在孤立地实施犯罪，而是在和他人一起共同犯罪。正是由于共同故意的存在，各行为人的行为才结成了一个整体。如果没有共同故意，就没有共同犯罪。所以，下列情形不属于共同犯罪：第一，共同过失犯罪不是共同犯罪，而是按照他们各自所犯的罪分别处罚。第二，一方故意一方过失的，不成立共同犯罪。例如，看守所值班武警擅离职守，致使重大案犯趁机逃脱，前者为过失（失职致使在押人员脱逃罪），后者为故意（脱逃罪），不能成立共同犯罪。第三，同时犯不是共同犯罪。同时犯是指同时或近乎同时，各自实施同一构成要件事实的情况。例如，甲、乙两人趁商店失火之际，不谋而合同时到失火地点窃取商品，甲、乙即为同时犯。同时犯虽然在人数上是复数，但是同一个构成要件事实的发生，只是因同时的行为所致，复数行为人之间并没有串联关系存在，在行为和意思上均不具有共同性。第四，先后故意实施相关犯罪行为，但彼此没有主观联系的，不成立共同犯罪。第五，二人以上共同实施没有重合内容的不同犯罪的，不成立共同犯罪。例如，甲、乙雇船分别走私毒品与淫秽物品，不成立共同犯罪。第六，超出共同犯罪故意的行为不属于共同犯罪，这叫作共同犯罪中的实行过限，共同犯罪人对实行过限的行为不承担刑事责任，仅在原先共同故意的范围内承担刑事责任，对实行过限不具有共同犯意的犯罪，只能由实施者单独承担，其他参与者不负共同的刑事责任。第七，事前无通谋的窝藏、包庇行为，以及事前无通谋的掩饰、隐瞒犯罪所得及其产生的收益的行为，不构成共同犯罪。但如果事前有通谋的，则成立共同犯罪。

3. 共同犯罪的成立范围

共同犯罪是二人以上共同故意犯罪，各个行为人之间到底在什么方面"共同"，决定了共同犯罪的本质，也决定了共同犯罪成立的范围大小，并对案件的最终处理产生重大影响。理论上关于犯罪的共同性问题，主要有犯罪共同说与行为共同说之争，其中，犯罪共同说包括完全犯罪共同说与部分犯罪共同说。

（1）完全犯罪共同说。该说认为，共同犯罪的共同性就是犯罪的共同性，共同犯罪必须是数人共同实行特定的犯罪（一个犯罪），即二人以上只能就完全相同的犯罪成立共同犯罪，所谓共同犯罪就是"数人一罪"，因此，各共犯人成立的罪名必须具有同一性（罪名的从属性）。按照完全犯罪共同说，甲以杀人的故意、乙以伤害的故意，共同对丙实施暴力行为导致了丙死亡的情况下，由于甲、乙都是正犯，但各自触犯的罪名不同，因而不能成立共同犯罪，只能分别以单独犯论处。A 以杀人的故意、B 以伤害的故意向 X 开枪射击，只能查明 X 因为中了 A 或者 B 射击的一发子弹死亡，但不能查明该子弹是由谁的枪支发出时，根据完全犯罪共同说，A 只能成立故意杀人未遂，B 只能成立故意伤害未遂。这种结论显然不合理。

（2）部分犯罪共同说。该说认为，二人以上虽然共同实施了不同的犯罪，但当这些不同的犯罪之间具有重合的性质时，则在重合的限度内成立共同犯罪。按照部分犯罪共同说，甲以杀人的故意、乙以伤害的故意，共同对丙实施暴力行为导致了丙死亡的情况下，甲、乙在伤害（致人死亡）罪的限度内成立共同犯罪，但按照各自的故意，甲负故意杀人罪（既遂）的刑事责任，乙负故意伤害（致人死亡）罪的刑事责任。

（3）行为共同说。该说认为，共同犯罪是指数人共同实施了犯罪行为，而不是共同实施特定的犯罪。即各人以共同行为实施各人的犯罪时也成立共同犯罪，所谓共同犯罪就是"数人数罪"，因此，各共犯人成立的罪名不须具有同一性（罪名从属性得否认）。应注意的是，这里的共同行为，不是传统行为共同说所主张的自然意义上的行为共同，而是引起构成要件结果的行为共同，即法定意义上、规范意义上的构成要件行为的共同。按照行为共同说，甲以杀人的故意、乙以伤害的故意，共同对丙实施暴力行为导致了丙死亡的情况下，只要查明甲、乙共同对丙实施暴力行为导致丙死亡，就能认定甲乙成立共同犯罪，并将死亡结果归咎于二人的行为。至于甲、乙的责任（各自的故意内容、构成何罪），则需要个别认定，如果甲、乙的故意内容不同，各自会成立不同的犯罪。

总体而言，完全犯罪共同说使共犯成立的范围狭窄，结论也不合理，不符合责任主义与罪刑关系的基本原理，基本上被淘汰。部分犯罪共同说主张在构成要件的同质的重合的范围内成立共同犯罪，这种实质的"重合的范围"与现代行为共同说从规范评价的角度所要求的构成要件行为的共同非常类似，都能够合理地认定共同犯罪。

4. 部分犯罪共同说视域下共同犯罪的认定

根据部分犯罪共同说，只要二人以上就部分犯罪具有共同的行为与故意（具有重合性质），便成立共犯，在成立共犯的前提下，又存在分别定罪的可能性。即使二人以上分别持甲罪与乙罪的故意，但当甲罪与乙罪的重合部分属于刑法所规定的独立犯罪（既可能是甲罪或者乙罪，也可能是丙罪）时，他们就重合部分的犯罪认定为共同犯罪。重合性质的情况如下：

（1）法条竞合。例如，甲以盗窃普通财物的故意，乙以盗窃枪支的故意，共同到丙家实施了盗窃行为。甲、乙二人在盗窃的范围内成立共同犯罪，甲构成盗窃罪，乙构成盗窃枪支罪。

（2）犯罪之间具有包容关系的，可以在重合的范围内成立共犯。例如，拐卖儿童罪包容了非法拘禁罪，甲以拐卖的故意，乙以非法拘禁的故意，共同对丙实施了拘禁行为，甲、乙二人在非法拘禁罪的范围内成立共同犯罪，甲构成拐卖儿童罪，乙构成非法拘禁罪。

（3）当两种犯罪所侵犯的同类法益相同，其中一种犯罪比另一种犯罪更为严重，从规范意义上说，严重犯罪包含了非严重犯罪的内容时，也存在重合性质（可能是法条竞合，也可能是想象竞合犯），能够在重合范围内成立共同犯罪。比较典型的有：生产、销售假药罪与生产、销售劣药罪，生产、销售不符合卫生标准的食品罪与生产、销售有毒、有害食品罪，故意杀人罪与故意伤害罪，强奸罪与强制猥亵、侮辱罪，抢劫罪与抢夺罪，抢劫罪与盗窃罪，抢劫罪与敲诈勒索罪等。例如，甲以杀人的故意、乙以伤害的故意，共同对丙实施暴力行为导致丙死亡，甲、乙二人在故意伤害罪的范围内成立共同犯罪，甲构成故意杀人罪，乙构成故意伤害（致死）罪。

（4）两种犯罪所侵犯的同类法益不完全相同，但其中一种罪所侵犯的法益包含了另一犯罪所侵犯的法益，因而存在重合性质时（可能是法条竞合，也可能是想象竞合犯），也能够在重合范围内成立共同犯罪。例如，甲、乙应丙的要求帮丙非法获取国家秘密，甲知道丙是境外人员，而乙以为丙是中国公民。甲、乙共同去非法获取国家秘密，甲、乙二人在非法获取国家秘密罪的范围内成立共同犯罪，甲构成为境外窃取、刺探、收买、非法提供国家秘密、情报罪，乙构成非法获取国家秘密罪。

（5）在犯罪性质转化的情况下，如果数人共同实施了转化前的犯罪行为，而其中的部分人另行实施了转化行为但他人不知情的，应就转化前的犯罪成立共同犯罪。例如，甲、乙共同实施盗窃行为，但乙后来使用暴力抗拒抓捕，其行为转化为抢劫罪，甲对此并不知情，甲、乙二人在盗窃罪的范围内成立共同犯罪，甲构成盗窃罪，乙构成抢劫罪。

（二）间接正犯

1. 间接正犯的概念及实质

直接正犯是以自己行为实现构成要件（实施构成要件实行行为）的人，因此，自己亲手实行（徒手袭击），还是利用无生命的工具（利用棍棒）实现构成要件事实，都是直接正犯。

间接正犯，是"直接正犯"的对称，是利用他人实现自己犯罪的人。即将他人作为犯罪工具来实现自己的犯罪目的，自己不参与实行行为。

关于间接正犯的正犯性，原来用"工具理论"来说明的，即被利用者（直接实施者）如同刀枪棍棒一样，只不过是利用者（幕后者）的工具，既然利用刀枪棍棒的行为符合构成要件，那么也应肯定利用他人的行为符合构成要件。但是，被利用者是人，毕竟与工具不同。所以，现在占通说地位的是"犯罪事实支配说"，即对犯罪实施过程具有决定性影响的关键人物或核心角色，具有犯罪事实支配性，是正犯。行为人不必出现在犯罪现场，也不必参与共同实施，而是通过对直接实施者（被利用者）的强制或者欺骗，从而支配、操纵（控制）构成要件实现，就是间接正犯。概言之，之所以肯定间接正犯的正犯性，是因为间接正犯与直接正犯一样，支配了犯罪事实，支配了构成要件的实现。也就是说，间接正犯的正犯性表现在：行为人以自己的意思对被利用者进行意思支配，从而左右了被利用者实施犯罪的因果进程，是隐身于幕后的操作者。

2. 间接正犯的类型

（1）利用无责任能力者的身体活动。例如，利用幼儿、严重精神病患者的身体活动实现犯罪的，是间接正犯。但是在被利用者具有辨认控制能力，利用者并没有支配被利用者时，不能认定为间接正犯，例如，18周岁的甲唆使15周岁的乙盗窃他人财物的，不是间接正犯（而是教唆犯）。教唆限制责任能力者实施犯罪的，不宜认定为间接正犯。

（2）利用他人不属于危害行为的身体活动。例如，利用他人的反射举动或者睡梦中的动作实现犯罪的，属于间接正犯。

（3）利用者对被利用者进行强制（包括物理的强制与心理的强制），使之实施一定的犯罪活动（受强制的行为的介入）。例如，甲用枪指着乙，让乙去抢丙的财物，乙实施了抢劫行为，甲构成抢劫罪的间接正犯。

（4）利用缺乏故意的行为，致使不知情者实施损害行为。例如，医生指使不知情的护士给患者注射毒药，构成故意杀人罪的间接正犯。甲将毒品说成药品，利用不知情的乙运输毒品，甲构成运输毒品罪的间接正犯。

（5）利用他人的合法行为。例如，A为了使B死亡，以如不听命将杀害B相威胁，迫使B攻击Y，同时，A提前告诉Y，B要来杀他，Y正当防卫杀害了B。此时，B与Y都是A的工具，A利用了Y的合法行为杀害了B，A构成故意杀人罪的间接正犯。又如，甲雇用搬家公司，欺骗工人将乙家里的财物搬走，甲利用了工人的合法行为盗窃了乙家的财物，构成盗窃罪的间接正犯。

（6）利用他人犯轻罪的故意实施重罪。例如，为杀害甲一家，知道甲一家临时借住在丙家仓库，乙唆使与丙有嫌隙的丁放火烧毁丙的仓库，致使甲一家人遇害。乙为放火罪的教唆犯与故意杀人的间接正犯，并与丁成立放火罪的共同犯罪，按照想象竞合犯从一重罪论处。

（7）利用有故意（被利用者虽然有责任能力并且有故意，但缺乏目的犯中的目的，或者不具有身份犯中的身份）的他人。例如，国家工作人员甲指使知情的妻子乙接受贿赂，甲构成受贿罪的间接正犯，乙构成受贿罪的帮助犯。因为甲支配了对职务行为不可收买性的侵害，因而是正犯，而乙缺乏侵犯职务行为不可收买性的国家工作人员身份，故不能成为正犯。又如，A 有传播淫秽物品牟利的目的，但其隐瞒牟利目的，说服 B 传播淫秽物品，A 构成传播淫秽物品牟利罪的间接正犯，B 构成传播淫秽物品罪，A、B 在传播淫秽物品罪的范围内成立共同犯罪。

（8）利用被害人的行为。当利用者使被害人丧失自由意志，或者使被害人对结果缺乏认识或产生其他法益关系的错误，导致被害人实施了损害自己法益的行为时，利用者成立间接正犯。例如，甲强迫乙自杀的，甲构成故意杀人罪的间接正犯。

（三）共同犯罪人的种类及刑事责任

世界各国刑法对共同犯罪人的分类标准有两种：一是分工分类法，即以参与者在共同犯罪的分工为标准，将共同犯罪人分为实行犯、教唆犯、帮助犯、组织犯；二是作用分类法，即根据对共同犯罪的实施和完成作用大小为标准，将共同犯罪人分为主犯和从犯。我国刑法对共同犯罪人的分类采取的"以作用分类法为主，以分工分类法为补充"的标准，将共同犯罪人分为主犯、从犯、胁从犯和教唆犯。

1. 主犯的概念和刑事责任

（1）主犯的概念

按照《刑法》第 26 条第 1 款的规定，主犯是指组织、领导犯罪集团进行犯罪活动的或者在共同犯罪中起主要作用的犯罪分子。

（2）主犯的种类

第一，组织、领导犯罪集团进行犯罪活动的犯罪分子。

第二，在共同犯罪中起主要作用的犯罪分子。

（3）主犯与首要分子的关系

根据《刑法》第 97 条的规定，首要分子是指在犯罪集团或者聚众犯罪中起组织、策划、指挥作用的犯罪分子。可见，首要分子分为两类：一是犯罪集团中的首要分子。即在犯罪集团中起组织、策划、指挥作用的犯罪分子。犯罪集团的首要分子都是主犯。二是聚众犯罪中的首要分子。即在聚众犯罪中起组织、策划、指挥作用的犯罪分子。刑法同时处罚聚众者、积极参加者和其他参加者时，首要分子是聚众犯罪中的主犯。但聚众犯罪中的首要分子并不都是共同犯罪的主犯。因为我国刑法分则所规定的聚众犯罪分为两种：一种是属于共同犯罪的聚众犯罪，即聚集 3 人以上进行共同犯罪，刑法同时处罚首要分子和参加者，只要参加就可以构成的聚众犯罪，如聚众劫狱罪、组织越狱罪，这种聚众犯罪的首要分子当然是主犯。另一种聚众犯罪是否属于共同犯罪，则要依案件的具体情况而定，如《刑法》第 291 条规定的聚众扰乱公共场所秩序、交通秩序罪，只处罚首要分子，而不处罚其他参与人。如果首要分子只是单独正犯，连共同犯罪都谈不上，自然谈不上主犯的问题。因此，聚众犯罪不一定是共同犯罪。

第一，首要分子不一定是（但通常是）主犯。首要分子原则上属于主犯，但也有例外，即当刑法明确规定对某些聚众犯罪仅仅处罚首要分子，而此时首要分子只有一个人的情形下，不存在所谓主犯。

第二，主犯不一定是首要分子，主犯的范围远远大于首要分子。

第三，犯罪集团的首要分子是主犯。

（4）主犯的刑事责任

根据《刑法》第 26 条第 3 款、第 4 款的规定，主犯的刑事责任可分两种情形：

一是对组织、领导犯罪集团的首要分子，按照集团所犯的全部罪行处罚，而不是按"全体成员"所犯的全部罪行处罚；换言之，集团成员超出集团犯罪计划，独自实施的犯罪行为，不属于集团所犯的罪行，首要分子对此不承担责任。

第一，犯罪集团首要分子对集团成员在其总体性、概括性故意之内的，总体策划、指挥下的罪行，即使不知详情，也应当承担责任。

第二，虽然犯罪集团的首要分子事先确定、指示了集团的犯罪范围，但当集团成员超出该犯罪范围，实施某种犯罪行为（首次犯罪行为）后，首要分子并不反对，而是默认，甚至赞同、怂恿，导致集团成员以后实施该种犯罪的，虽然首要分子对成员的"首次犯罪行为"不应当承担责任，但对集团成员后来实施的相同犯罪行为，应当承担责任。

第三，在首要分子对集团成员的犯罪内容作出某种程度的确定、指示，但没有明确限定具体目标、具体罪名等情况下，集团成员实施的犯罪行为没有明显超出首要分子的确定范围，或者说，集团成员实施的犯罪行为仍处于首要分子确定、指示的范围之内时，首要分子仍应承担责任。

第四，在首要分子对集团成员的犯罪内容作出某种程度的确定、指示，但集团成员发生误解，实施了其他犯罪的情况下，首要分子应当根据部分共同犯罪说的原理承担责任。

第五，如果首要分子策划、指挥的犯罪是容易转化的犯罪，那么，当集团成员在实施首要分子策划、指挥的犯罪过程中转化为另一重罪时，首要分子原则上应当对转化后的犯罪承担责任。

第六，如果首要分子策划、指挥某种基本犯罪行为，但集团成员在实施基本犯罪时造成加重结果的，首要分子应对结果加重犯承担责任。

二是对于组织、指挥共同犯罪的人，应当按照其组织、指挥的全部犯罪处罚；对于没有从事组织、指挥活动但在共同犯罪中起主要作用的人，应按其参与的全部犯罪处罚。

2. 从犯的概念和刑事责任

（1）从犯的概念

按照《刑法》第 27 条第 1 款的规定，从犯是指在共同犯罪中起次要或者辅助作用的犯罪分子。

（2）从犯的种类

第一，在共同犯罪中起次要作用的犯罪分子，即起次要作用的实行犯。

第二，在共同犯罪中起辅助作用的犯罪分子，即起辅助作用的帮助犯。

（3）从犯的刑事责任

根据《刑法》第 27 条第 2 款规定，对于从犯，应当从轻、减轻或者免除处罚。至于何种情况下从轻或减轻或免除处罚，要考虑从犯所参加实施的犯罪性质和情节轻重、参与实施犯罪的程度以及在共同犯罪中所起作用的程度来确定。

3. 胁从犯的概念和刑事责任

按照《刑法》第 28 条的规定，胁从犯是指被胁迫参加犯罪的人。对于胁从犯，应当按照他的犯罪情节减轻或者免除处罚。至于对胁从犯是减轻处罚还是免除处罚，则需要根据胁从犯被胁迫的程度，所参与的犯罪的性质以及在共同犯罪中实际所起的作用大小来决定。

4. 教唆犯的概念和刑事责任

（1）教唆犯的概念

教唆犯是指教唆他人犯罪的人。其突出的特点是：自己不去直接实行犯罪，而是故意引起他人实行犯罪的意图，唆使他人去实行犯罪。由于这个特点，在古代刑法中教唆犯被称为"造意犯"。

（2）教唆犯的成立条件

第一，教唆对象，即教唆的对象是特定的、本来没有犯罪意图的、具有刑事责任能力的人。

第二，教唆行为，即客观上必须具有引起他人实行犯罪的意图的教唆行为。教唆，是使原无犯意之人产生犯意，即为教唆行为。至于以何种方式、方法实施教唆，并无限制，无论采用劝说、引诱、请求、挑拨、激将、威胁等方法，均可构成，其方法无论是公开的还是隐秘的、是明示的还是暗示的、是以语言文字还是身体的动作，均为教唆。无论是对一人进行教唆还是对几人进行教唆，也无论是一人实行教唆还是数人共同进行教唆，也不影响教唆的成立。

第三，因果关系，即教唆行为与被教唆者产生犯意之间具有客观上以及心理上的因果关系。

第四，教唆故意，即主观上必须具有教唆他人犯罪的故意，包括直接故意与间接故意。

（3）教唆犯的认定

第一，对教唆犯，应当依照他所教唆的罪定罪，而不能笼统定教唆罪。例如，甲教唆他人犯抢劫罪的，甲构成抢劫罪。如果被教唆的人对被教唆的罪产生误解，实施了其他犯罪，或者在犯罪时超出了被教唆之罪的范围，教唆犯只对自己所教唆的犯罪承担责任。例如，甲教唆乙实施抢劫行为，但乙到达现场后只实施了盗窃行为的，对甲只能认定为盗窃罪。反之，A 教唆 B实施盗窃行为，但 B 实施了抢劫行为的，对 A 仍应认定为盗窃罪。

第二，当刑法分则条文将教唆他人实施特定犯罪的行为规定为独立犯罪时（共犯的正犯化），不能作为教唆犯处理，而应依照分则条文规定的犯罪定罪。

第三，教唆犯教唆他人实施几种较为特定犯罪中的任何一种犯罪时，对教唆犯按被教唆者具体实施的犯罪定罪。

（4）教唆犯的刑事责任

第一，在被教唆者实施所教唆的犯罪的情况下，对教唆犯应当按照他在共同犯罪中所起的作用，以共同犯罪的主犯或从犯论处。如果教唆犯的作用比实行犯的作用大或相当于实行犯，应当按照主犯的处罚原则处罚教唆犯；如果教唆犯的作用小于实行犯，则以从犯的处罚原则处罚教唆犯。

第二，被教唆人没有犯被教唆罪的，对于教唆犯可以从轻或者减轻处罚，这是未遂的教唆。其中包括：拒绝教唆；当时接受了教唆，但事后又打消了犯罪意图，没有进行任何犯罪活动；接受了教唆，但事后实施了其他犯罪行为，没有实施所教唆之罪；对方已经有犯罪意图，误以为其没有犯罪意图而对其进行教唆（对象不能犯）等。

第三，教唆不满 18 周岁的人犯罪的，从重处罚。这种情况下，教唆者一般是主犯。

案例 1：2020 年 7 月至 8 月，被告人马某某在外购进五粮液、国窖等十余种品牌酒瓶盖、酒瓶、包装、标识及原料酒后，通过快递发给被告人彭某某，彭某某则按照马某某指示将房屋后院空铁皮房清空，并在收到上述物品后，在马某某指导下生产酱香型假酒和浓香型假酒。其中，酱香型假酒系利用马某某从他处购买的低价桶装白酒，直接灌装进高档酒的空酒瓶内制造而成；浓香型假酒系利用马某某网购的假牛栏山酒与绵竹大曲酒混合后，灌装进高档酒的空酒瓶内制造而成。彭某某再按照真高档酒的外观，用马某某购买来的外包装对其生产的酒进行包装。制造完成后，由马某某将上述假冒的高档酒以低于正品高档酒的价格销售至各地。经统计，马某某共计向他人销售假冒五粮液、酒鬼、水井坊等假冒高档酒共计 9.54 万元。法院经审理认为，被告人马某某、彭某某未经注册商标所有人的许可，假冒两种以上注册商标，又销售该假冒注册商标的商品，非法经营额达 20.0291 万元，属情况特别严重，其行为构成假冒注册商标罪。被告人马某某、彭某某共同作案，系共同犯罪。被告人马某某在共同犯罪中起主要作用，系主犯，应当按照其所参与的全部犯罪处罚；被告人彭某某在共同犯罪中起次要作用，系从犯，依法应当从轻或减轻处罚。法院对被告人马某某犯假冒注册商标罪，判处有期徒刑三年，缓刑五年，并处罚金 10 万元；对被告人彭某某犯假冒注册商标罪，判处有期徒刑一年四个月，缓刑二年六个月，并处罚金 1 万元。[①]

案例 2：2018 年至 2019 年，何某（已判决）为骗取钱财，伙同他人先后在山东、天长等地成立公司，进行线下融资，招募被告人王某等人担任业务员组成团队运营，以投资石材、阿胶、红酒等虚假理财项目名义，由业务员在公共场所对老年人群体散发广告传单进行宣传，以赠送礼品为诱饵，吸引老年人到公司听课，欺骗他们签订会员协议缴纳会费，并承诺一定期限内还本付息，后在返本付息期限前卷款潜逃，骗取投资款。被告人王某参与诈

[①] 蔡艳：《卖假冒注册商标"名牌白酒"二男子获刑并处罚金》，中国法院网，https://www.chinacourt.org/article/detail/2024/01/id/7769451.shtml。

骗金额共计 464730 元。案发后，被告人王某经电话通知到案，如实供述犯罪事实，并退出赃款 5 万元。法院经审理认为，被告人王某以非法占有为目的，使用诈骗方法非法集资，数额较大，其行为构成集资诈骗罪。在共同犯罪中，被告人王某系从犯，依法应当从轻处罚。本案犯罪对象是老年人，对被告人王某酌情从重处罚；被告人王某经电话通知到案，如实供述犯罪事实，是自首，依法可从轻处罚；退出部分赃款，酌情从轻处罚；自愿认罪认罚，依法可从宽处理。据此，法院依法判处被告人王某有期徒刑三年，宣告缓刑四年，并处罚金人民币 5 万元；被告人王某退出的 5 万元，按比例退还各被害人；责令继续退赔。①

案例3：2022 年 5 月下旬至 6 月中旬，被告人程某多次在杨某处购买"笑气"（学名一氧化二氮），用于吸食和出售。因吸食和违规销售"笑气"均属违法行为，程某便想利用出售人不敢报警的心理，通过教唆未成年人以抢夺的方式获取这"不义之财"。2022 年 6 月 21 日，被告人程某驾车载未成年人祝某（2006 年 5 月 22 日出生），再次向杨某购买"笑气"，被告人程某和陈某让祝某独自驾车前往售卖"笑气"处，假意付款，待对方装好"笑气"后乘其不备驾车逃离，祝某表示同意。后通过祝某微信联系杨某，约定在宣州区沈村镇新河桥处以 4500 元价格交易"笑气" 3 罐。接近交易地点时，被告人程某等人下车，祝某独自驾车前往，待杨某将祝某所驾车内 3 个金属罐装满"笑气"后，祝某以手机付款为幌，乘杨某不备，驾车逃离。杨某驾车追赶并碰撞祝某车辆后未再追赶。祝某在驾车逃离过程中，碰撞了一辆电动三轮车，致车主受伤，但祝某仍继续驾驶并电话联系程某。后程某报警称发生交通事故，交警部门经现场查看发现该车后备箱有可疑物品，遂通知当地派出所出警。被告人程某等人被传唤至公安机关接受调查。被告人程某归案后交代了教唆未成年人抢夺的犯罪事实。经鉴定，该 3 个金属罐内均检出一氧化二氮成分，市场批量价格共计 2878 元。法院经审理认为，被告人程某教唆他人抢夺公私财物，数额较大，其行为构成抢夺罪。综合被告人程某教唆不满 18 周岁的人犯罪，将机动车交由未取得机动车驾驶证的人驾驶等情节，法院以抢夺罪依法判处教唆人程某有期徒刑七个月，并处罚金人民币 2000 元。②

---

① 王建萍：《虚构理财项目诈骗老人 男子以集资诈骗罪判刑》，中国法院网，https://www.chinacourt.org/article/detail/2023/12/id/7734142.shtml。

② 孙文庆、李雯：《教唆未成年人抢夺"笑气"被告人获刑七个月并处罚金》，中国法院网，https://www.chinacourt.org/article/detail/2023/05/id/7305471.shtml。

第六章　正当行为

教学要点	思政元素	思政板块	教学方法
正当防卫 紧急避险	社会主义核心价值观之"公正、文明、和谐、友善",社会责任,公平正义的社会主义法治精神,人文情怀,文化自信	法治意识 道德修养 文化素养	讨论式教学法 问题式教学法 案例教学法

正当行为,又称为排除社会危害性的行为、排除犯罪性行为、违法性阻却事由等。正,指行为的性质;当,则指行为的程度,是质和量的统一。正当行为指形式上符合犯罪构成而实际上不具有犯罪的社会危害性的行为。德日刑法中主要分为法定的正当行为和超法规的正当行为。我国刑法中规定的正当行为只有正当防卫和紧急避险(法定的正当行为)。其他正当行为(超法规的正当行为)的范围,包括:(1)依照法令的行为,又包括依照法律的行为、职务行为、执行命令的行为;(2)业务正当行为,如医疗行为、竞技行为、律师行为等;(3)自助行为;(4)自损行为;(5)被害人同意的行为,包括被害人承诺的行为,推定承诺的行为,以及事后的同意或宽恕行为;(6)其他正当行为,如正当冒险行为、义务冲突行为、警察圈套等。

一、正当防卫

(一)正当防卫的概念

正当防卫,是指为了保护国家、公共利益、本人或者他人的人身、财产和其他权利免受正在进行的不法侵害,采取对不法侵害人造成或者可能造成损害的方法,制止不法侵害的行为。正当防卫分为两种:一般正当防卫(《刑法》第20条第1款)与特殊正当防卫(《刑法》第20条第3款)。正当防卫的本质是制止正在进行的不法侵害、保护法益,是"正对不正"的行为。

(二) 一般正当防卫的条件

1. 起因条件：必须存在现实的不法侵害

(1) 不法性

不法侵害的范围包括犯罪行为与其他一般违法行为，但并非对任何违法犯罪行为都可以进行防卫，只有对那些具有进攻性、破坏性、紧迫性的不法侵害，在采取正当防卫可以减轻或者避免法益侵害结果的情况下，才宜进行正当防卫。例如，重婚罪、贿赂犯罪、假冒注册商标罪、单位犯罪等，虽然都是犯罪行为，却不能对之进行正当防卫；对轻微不法侵害和处于被保护、被监护地位的人的一般不法侵害，不宜实行正当防卫；对未达到法定年龄、不具有责任能力的人侵害，应当允许实行正当防卫，但应当尽量限制在必要的场合。

(2) 侵害性

只有当行为威胁法益时，才能对之进行正当防卫。不法侵害不限于故意不法侵害，对于过失不法侵害，符合其他条件的，也可以进行正当防卫。例如，聋哑人甲在狩猎时，误将前方的 A 当作野兽正在瞄准即将射击，与甲一同狩猎、处在甲身后较远的乙发现了聋哑人的行为，于是向甲开枪，打伤其胳膊，保护了 A 的生命。对乙的行为应评价为正当防卫。不法侵害不限于作为的不法侵害。对不作为的不法侵害，如果只能由不作为人履行义务的，也可以进行正当防卫。例如，对进入自己的住宅、要求其退出而拒不退出的人，使用强力将其推出门外，导致其受轻伤的行为，成立正当防卫。对物防卫的认定：饲主唆使的（正当防卫）；饲主没有唆使的（按照客观的违法性论，认定正当防卫）；野生动物的侵害（紧急避险）。

(3) 现实性

要有现实的不法侵害才能进行防卫。本来不存在正当防卫的前提条件，行为人误以为存在该条件，进而实施了所谓的防卫行为，就是假想防卫。假想防卫包括三种情形：第一，不存在任何侵害，行为人误以为存在不法侵害，实施了所谓的防卫行为。第二，存在着侵害，但该侵害不是不法侵害，或者虽然是不法侵害但却不能对其进行正当防卫，行为人误以为存在进行正当防卫的前提条件，实施了所谓的防卫行为。第三，存在不法侵害，也可以实行正当防卫，但行为人防卫时搞错了对象，将无辜的第三者当成了不法侵害人，实施了所谓的防卫行为。假想防卫排除故意的成立。根据行为人是否应当认识到并不存在正当防卫的前提条件，认定为过失犯罪或意外事件。

案例：汪天佑正当防卫案——正当防卫起因条件的把握。被告人汪天佑与汪某某系邻居，双方曾因汪某某家建房产生矛盾，后经调解解决。2017年8月6日晚8时许，汪某某的女婿燕某某驾车与赵某、杨某某来到汪天佑家北门口，准备质问汪天佑。下车后，燕某某与赵某敲汪天佑家北门，汪天佑因不认识燕某某和赵某，遂询问二人有什么事，但燕某某等始终未表明身份，汪天佑拒绝开门。燕某某、赵某踹开纱门，闯入汪天佑家过道屋。汪天佑被突然开启的纱门打伤右脸，从过道屋西侧橱柜上拿起一铁质摩托车减震器，与燕某某、赵某厮打。汪天佑用摩托车减震器先后将燕某某和赵某头部打伤，致赵某轻伤一级、燕某某轻微伤。其间，汪天佑的妻子电话报警。河北省昌黎县人民法院判决认为：被害人燕某某、赵某等人于天黑时，未经允许，强行踹开纱门闯入被告人汪天佑家过道屋。在本人和家人的人身、财产安全受到不法侵害的情况下，汪天佑为制止不法侵害，将燕某某、赵某打伤，致一人轻伤一级、一人轻微伤的行为属于正当防卫，不负刑事责任。该判决已发生法律效力。

典型意义：根据《刑法》第20条第1款的规定，正当防卫的前提是存在不法侵害，这是正当防卫的起因条件。司法适用中，要准确把握正当防卫的起因条件，既要防止对不法侵害作不当限缩，又要防止将以防卫为名行不法侵害之实的违法犯罪行为错误认定为防卫行为。第一，准确把握不法侵害的范围。不法侵害既包括侵犯生命、健康权利的行为，也包括侵犯人身自由、公私财产等权利的行为；既包括针对本人的不法侵害，也包括危害国家、公共利益或者针对他人的不法侵害。要防止将不法侵害限缩为暴力侵害或者犯罪行为，进而排除对轻微暴力侵害或者非暴力侵害以及违法行为实行正当防卫。对于非法侵入他人住宅等不法侵害，可以实行防卫。本案中，燕某某、赵某与汪天佑并不相识，且不表明身份、天黑时强行踹开纱门闯入汪天佑家，该非法侵入住宅的行为不仅侵害了他人的居住安宁，而且已对他人的人身、财产造成严重威胁，应当认定为"不法侵害"，可以进行防卫。因此，汪天佑为制止不法侵害，随手拿起摩托车减震器，在双方厮打过程中将燕某某、赵某打伤，致一人轻伤一级、一人轻微伤的行为属于正当防卫。第二，妥当认定因琐事引发的防卫行为。实践中，对于因琐事发生争执，引发打斗的案件，判断行为人的行为是否系防卫行为，较之一般案件更为困难，须妥当把握。特别是，不能认为因琐事发生争执、冲突，引发打斗的，就不再存在防卫的空间。双方因琐事发生冲突，冲突结束后，一方又实施不法侵害，对方还击，包括使用工具还击的，一般应当认定为防卫行为。本案中，汪天佑与汪某某系邻居，双方曾因汪某某家建房产生矛盾，但矛盾已经调解解决。此后，汪某某的女婿燕某某驾车与赵某、杨某某来到汪天佑家准备质问纠纷一事，进而实施了非法侵入住宅的行为。综合全案可以发现，汪天佑随手拿起摩托车减震器实施的还击行为，系为制止不法侵害，并无斗殴意图，故最终认定其还击行为属于正当防卫。①

2. 时间条件：不法侵害必须正在进行（紧迫性）

（1）不法侵害的开始时间

综合说（着手说与直接面临说相结合）。在一般情况下，应以不法侵害人着手实行不法侵害时为其开始（着手说），但在不法侵害的现实威胁十分明显、紧迫，待其着手实行后，来不及减轻或者避免结果时，也应认为不法侵害已经开始（直接面临说）。例如，为了杀人而非法侵入他人住宅所进行的防卫，是对已经开始的不法侵入住宅的防卫，而不是杀人防卫。2020 年《最高人民法院、最高人民检察院、公安部关于依法适用正当防卫制度的指导意见》明确规定：对于不法侵害已经形成现实、紧迫危险的，应当认定为不法侵害已经开始；对于不法侵害虽然暂时中断或者被暂时制止，但不法侵害人仍有继续实施侵害的现实可能性的，应当认定为不法侵害仍在进行；在财产犯罪中，不法侵害人虽已取得财物，但通过追赶、阻击等措施能够追回财物的，可视为不法侵害仍在进行。

（2）不法侵害的结束时间

法益不再处于紧迫、现实的侵害、威胁之中，或者说不法侵害已经不可能（继续）侵害或者威胁法益。其中包括：侵害行为已经完成，危害结果已经发生，不法侵害归于失败，不法侵害者已被制服等情形。

第一，财产性违法犯罪的特例：在财产性违法犯罪情况下，行为虽然已经既遂，但在现场还来得及挽回损失的，应当认为不法侵害尚未结束，可以实行正当防卫。

第二，在自然意义的行为已经结束，但法益存在紧迫危险的场合，也有正当防卫的余地。例如，对于已经安置了定时炸弹的人，可通过防卫行为迫使其说出炸弹的准确位置或者解除炸弹装置。

第三，在持续的不法侵害过程中，即使表面上某段时间停止了不法侵害，但从整体上看侵害行为正在进行时，仍然可以进行正当防卫。例如，三名不

---

① 参见《涉正当防卫典型案例》，最高人民法院网，https：//www. court. gov. cn/zixun/xiangqing/251621. html。

法侵害人以暴力轮奸妇女，其中一名侵害人奸淫后，因为担心被他人发现，三名不法侵害人强行将被害人带往另一地点，欲继续实施侵害行为。在不法侵害人将被害人带往另一地点期间，被害人与第三者均可以进行正当防卫。

第四，只要是客观上正在进行的不法侵害，不管行为人事先是否已经预见，事先是否做好防卫准备，都可以进行正当防卫。因为不法侵害行为的紧迫性是一种客观事实，并不取决于防卫人是否已经预见。

（3）防卫装置

设立防卫装置防卫将来可能发生的不法侵害的，是否可以正当防卫？行为人在安装时，尚不存在现实的不法侵害，当然不是正当防卫；设立后，没有遇到不法侵害，防卫装置没有起到作用，也不是正当防卫；设立后，由于某种原因损害了无辜者的合法权益，同样不是正当防卫；但是，设立防卫装置后，遇到了正在进行的不法侵害，该装置针对正在进行的不法侵害发挥作用制止了不法侵害的，并且没有超过必要限度的，认为是正当防卫。

（4）不适时防卫

不适时防卫是指防卫行为发生在不法侵害开始之前，或者发生在不法侵害已经结束之后的情况。不适时防卫不是防卫行为，更不是正当防卫，包括事前防卫和事后防卫。

第一，事前防卫：是指在不法侵害开始之前即对侵害人采取反击行为，损害其合法权益的情况。事前防卫不是防卫行为，而是一种"先下手为强"的故意犯罪。

第二，事后防卫：是指不法侵害确实已经结束之后，行为人对不法侵害者所实施的打击行为。事后防卫也不是防卫行为。不法侵害确实已经结束，行为人误以为不法侵害仍在进行中，进而对不法侵害人予以打击并造成其损害的，应按假想防卫的原则处理。

对不适时防卫，可能分三种情况处理：一是故意犯罪，即明知不法侵害尚未开始或已经结束，而故意对不法侵害人造成损害；二是过失犯罪，即应当预见不法侵害尚未开始或者已经结束，因为疏忽大意而没有预见，对不法侵害人造成损害；三是意外事件，即客观上不能预见不法侵害尚未开始或者已经结束，因而对不法侵害人造成损害。

案例：盛春平正当防卫案——正当防卫时间条件、限度条件的把握。2018年7月30日，传销人员郭某（已判刑）以谈恋爱为名将盛春平骗至杭州市桐庐县。根据以"天津天狮"名义活动的传销组织安排，郭某等人接站后将盛春平诱至传销窝点。盛春平进入室内先在客厅休息，郭某、唐某某

（已判刑）、成某某等传销人员多次欲将其骗入卧室，意图通过采取"洗脑"、恐吓、体罚、殴打等"抖新人"措施威逼其加入传销组织，盛春平发觉情况异常予以拒绝。后在多次请求离开被拒并遭唐某某等人逼近时，拿出随身携带的水果刀予以警告，同时提出愿交付随身携带的钱财以求离开，但仍遭拒绝。之后，事先躲藏的传销人员邓某某、郭某某、刘某某（已判刑）等人也先后来到客厅。成某某等人陆续向盛春平逼近，盛春平被逼后退，当成某某上前意图夺刀时，盛春平持刀挥刺，划伤成某某右手腕及左颈，刺中成某某的左侧胸部，致心脏破裂。随后，盛春平放弃随身行李趁乱逃离现场。当晚，传销人员将成某某送医院治疗。医院对成某某伤口进行处治后，嘱咐其回当地医院进行康复治疗。同年 8 月 4 日，成某某出院，未遵医嘱继续进行康复治疗。同年 8 月 11 日，成某某在传销窝点突发昏迷经送医抢救无效于当晚死亡。经法医鉴定：成某某系左胸部遭受锐器刺戳作用致心脏破裂，在愈合过程中继续出血，最终引起心包填塞而死亡。公安机关以盛春平涉嫌故意伤害罪（防卫过当）向检察机关移送审查起诉。浙江省杭州市人民检察院认定盛春平的行为构成正当防卫，作出不起诉决定。

典型意义：通常认为，成立正当防卫，应当同时符合起因、时间、主观、对象、限度等五个条件。本案在诸多方面，对于正确把握正当防卫的成立条件具有指导和参考意义。第一，关于正当防卫的起因条件。正当防卫的前提是存在不法侵害。不法侵害既包括侵犯生命、健康权利的行为，也包括侵犯人身自由、公私财产等权利的行为；既包括犯罪行为，也包括违法行为。就本案而言，本案案发开始时和案发过程中盛春平并不知道成某某、郭某等人是传销组织人员，也不了解他们的意图。在整个过程中，盛春平始终不能明确认识到自己陷入的是传销窝点，甚至以为对方要摘自己的器官，其感受到人身安全面临不法侵害是有事实根据的。而且，盛春平进入传销窝点后即被控制，随着成某某、郭某等人行为的持续，盛春平的恐惧感不断增强。盛春平到桐庐是和郭某初次见面，且进入郭某自称的住处后，盛春平提出上厕所、给家里人打电话，均被制止，此时其已经感觉到了危险。之后一名陌生男子不断劝盛春平进入里面房间，而里面又出来一名陌生男子，盛春平感觉到危险升级，拒绝他们靠近。而后房间内又出来三名陌生男子逼近，对盛春平而言，不断升级的危险不仅客观而且紧迫。盛春平拿出随身携带的刀具警告阻吓不法侵害人无效后，精神紧张状态进一步增强。传销人员不断逼近，成某某上前夺刀。从当时情境来看，盛春平面临客观存在且威胁、危害程度不断升级的不法侵害，其行为符合正当防卫的起因条件。第二，关于正当防卫的时间条件。正当防卫必须是针对正在进行的不法侵害。对于不法侵害已经形成现实、紧迫危险的，应当认定为不法侵害已经开始。本案中，传销组织得知盛春平来杭后，一边指令郭某前去接站诱进，一边准备实施以恐吓、体罚、殴打和长期拘禁等违法犯罪行为为主要内容的"抖新人"措施，威逼盛春平加入传销组织，系正在进行的有组织侵害行为。盛春平进入案发现场后，即遭多人逼近实施拘禁，其遂拿出随身携带的水果刀，警告阻吓传销人员放其离开，而传销组织人员反而增加人手进一步逼近，侵害手段不断升级。由此可见，本案中的不法侵害已经开始、正在进行，且危险程度不断升级，符合正当防卫的时间条件。第三，关于正当防卫的对象条件。正当防卫必须针对不法侵害人进行。对于多人共同实施不法侵害的，既可以针对直接实施不法侵害的人进行防卫，也可以针对在现场共同实施不法侵害的人进行防卫。本案中，一群以"天津天狮"为名义的传销人员有组织地共同实施不法侵害。其中，成某某不仅参与围逼盛春平，而且当盛春平拿出随身携带的刀具警告时，还上前意图夺刀。此时，盛春平对其实施防卫，属于该种情境下一般人的正常反应，完全符合正当防卫的对象条件。第四，关于正当防卫的限度条件。防卫是否"明显超过必要限度"，应当综合不法侵害的性质、手段、强度、危害程度和防卫的时机、手段、强度、损害后果等情节，考虑双方力量对比，立足防卫人防卫时所处情境，结合社会公众的一般认知作出判断。在判断不法侵害的危害程度时，不仅要考虑已经造成的损害，还要考虑造成进一步损害的紧迫危险性和现实可能性。本案中，多名传销组织人员对盛春平实施人身控制，盛春平在多次请求离开被拒并遭唐某某等人逼近时，拿出随身携带的水果刀予以警告，同时提出愿交付随身携带的钱财以求离开，但仍遭拒绝。其后，又有多名传销人员来到客厅。成某某等人陆续向盛春平逼近，并意图夺刀。此种情形下，盛春平持刀挥刺，划伤成某某右手腕及左颈，刺中成某某的左侧胸部，致其心脏破裂。成某某受伤后经住院治疗，已经出院，但未遵医嘱继续进行康复治疗，导致心脏在愈合过程中继续出血，最终于出院一周后因心包填塞而死亡。考虑案发当场双方力量对比情况，特别是盛春平所面临的不法侵害的严重程度，同时考虑成某某的死亡过程和原因，应当认为盛春平的防卫行为没有明显超过必要限度，符合正当防卫的限度条件。①

---

① 参见《涉正当防卫典型案例》，最高人民法院网，https：//www. court. gov. cn/zixun/xian-gqing/251621. html。

3. 主观条件：必须有防卫意图的存在（防卫意识——主观的正当化要素）

我国传统刑法理论认为，刑法之所以把正当防卫规定为正当行为，就是因为正当防卫客观上制止了不法侵害，保护了国家、社会和个人的合法权益，而且行为人在主观上也具有保护合法权利的意图。因此，具有防卫意识（主观的合法性要素）时，才成立正当防卫。

（1）防卫意图的内容

防卫意图是指防卫人在实施防卫行为时对其防卫行为以及行为的结果所具有的心理态度。防卫意图包括防卫认识与防卫意志两方面内容。防卫认识是指防卫人面临正在进行的不法侵害时，对不法侵害及防卫行为各方面因素的认识。防卫认识是防卫意图的前提和基础。防卫意志是指防卫人在防卫认识的基础上，进而决定实施防卫行为，并希望通过防卫行为达到某种结果的心理愿望。

《刑法》第20条规定，正当防卫的目的是通过给不法侵害人造成损害的方式制止正在进行的不法侵害行为，保护国家、公共利益、本人或者他人的人身、财产权利和其他权利。根据该规定可以看出，防卫意志包括以下两个层次：第一个层次的目的是给不法侵害人造成损害。防卫人在实施防卫行为时，认识到不法侵害的诸要素和防卫行为的诸要素，希望通过防卫行为给不法侵害人造成某种损害，如剥夺其生命、损害其健康、毁损其财产等。该目的只是防卫人的一个手段性目的，是防卫意志中较低层次的内容，而防卫意志还有第二个层次的内容，从而使其与犯罪目的有了本质的不同。第二个层次的目的是制止不法侵害，保护国家、公共利益、本人或者他人的人身、财产和其他权利。这是防卫行为最根本的目的，是防卫意志的核心。正是因为防卫意志第二层次内容的存在，才使防卫意志有了正当性，使正当防卫成为排除社会危害性的正当行为。防卫认识和防卫意志共同构成了防卫意图的全部内容。防卫认识是防卫意志的前提和基础，如果行为人没有形成防卫认识，防卫意志也就不可能产生，他所实施的行为也就不是防卫行为。防卫意志虽然基于防卫认识而产生，却是防卫意图的核心内容，它是决定正当防卫的合法性的关键因素。

（2）不具有防卫意图的行为

有的行为表面上虽然符合正当防卫的要件，与正当防卫也有共同之处，但却不具有正当防卫的主观条件——防卫意图，因而不是防卫行为，更不是正当防卫。这样的行为主要有以下几种：

第一，防卫挑拨。即出于加害对方的故意，故意挑逗对方向自己实施某种不法侵害行为，然后以正当防卫为借口对对方加以侵害的行为。对于防卫挑拨行为，应当依法追究行为人的法律责任；构成犯罪的，依照刑法相关规定处理。

第二，相互斗殴。即参与者在不法侵害故意的支配下，实施的具有连续性的互相侵害行为。斗殴双方主观上都有侵害对方的故意，客观上都实施了侵害对方的行为，所以任何一方都不得主张正当防卫的权利，不得借口实施正当防卫而继续实施其斗殴行为。

但是，在斗殴中，也可能出现正当防卫的前提条件，因而可能进行正当防卫。其一，在互相斗殴中，一方求饶或者逃走，另一方继续侵害的，斗殴事实上已经结束，前者可以进行正当防卫；其二，在一般性的轻微斗殴中，甲方突然使用杀伤力很强的凶器，乙方生命受到严重威胁的，由于乙方并不承诺对生命和身体的重大侵害，甲方的行为属于不法侵害，乙方可以进行正当防卫。

第三，偶然防卫。即行为人出于不法侵害的故意而实施了加害行为，但该行为在客观上偶然地发生了防卫效果的情形。该种情况属于故意犯罪。

案例1：陈天杰正当防卫案——正当防卫与相互斗殴的界分。2014年3月12日晚，被告人陈天杰和其妻子孙某某等水泥工在海南省三亚市某工地加班搅拌、运送混凝土。22时许，被害人周某某、容某甲、容某乙（殁年19岁）和纪某某饮酒后，看到孙某某一人卸混凝土，便言语调戏孙某某。陈天杰推着手推车过来装混凝土时，孙某某将被调戏的情况告诉陈天杰。陈天杰便生气地叫容某乙等人离开，但容某乙等人不予理会。此后，周某某摸了一下孙某某的大腿，陈天杰遂与周某某等人发生争吵。周某某冲上去要打陈天杰，陈天杰也准备反击，孙某某和从不远处跑过来的刘某甲站在中间，将双方架开。周某某从工地上拿起一把铁铲（长约2米，木柄），冲向陈天杰，但被孙某某拦住，周某某就把铁铲扔了，空手冲向陈天杰。孙某某在劝架时被周某某推倒在地，哭了起来，陈天杰准备上前去扶孙某某时，周某某、容某乙和纪某某先后冲过来对陈天杰拳打脚踢，陈天杰边退边用拳脚还击。接着，容某乙、纪某某从地上捡起钢管（长约1米，空心，直径约4厘米）冲上去打陈天杰，在场的孙某某、刘某甲、容某甲都曾阻拦，容某甲阻拦周某某时被挣脱，纪某某被刘某甲抱着，但是一直挣扎往前冲。当纪某某和刘某甲挪动到陈天杰身旁时，纪某某将刘某甲甩倒在地并持钢管朝陈天杰的头部打去。因陈天杰头戴黄色安全帽，钢管顺势滑下打到陈天杰的左上臂。在此过程中，陈天杰半蹲着用左手护住孙某某，右手拿出随身携带的一把折叠式单刃小刀（打开长约 15 厘米，刀刃长约 6 厘米）乱挥、乱捅，致容某乙、周某某、纪某某、刘某甲受伤。水泥工刘某乙闻讯拿着一把铲子和其他同事赶到现场，周某某、容某乙和纪某某见状便逃离现场，逃跑时还拿石头、酒瓶等物品对着陈天杰砸过来。容某乙被陈天杰持小刀捅伤后跑到工地的地下室里倒地，后因失血过多死亡。经鉴定，周某某的伤情属于轻伤二级；纪某某、刘某甲、陈天杰的伤情均属于轻微伤。海南省三亚市城郊人民法院一审判决、三亚市中级人民法院二审裁定认为：被害人容某乙等人酒后滋事，调戏被告人陈天杰的妻子，辱骂陈天杰，不听劝阻，使用足以严重危及他人人身安全的凶器殴打陈天杰。陈天杰在被殴打时，持小刀还击，致容某乙死亡、周某某轻伤、纪某某轻微伤，属于正当防卫，依法不负刑事责任。

典型意义：第一，准确区分正当防卫与相互斗殴。正当防卫与相互斗殴在外观上具有相似性，但性质存在本质差异。对于因琐事发生争执，引发打斗的，在判断行为人的行为是互殴还是防卫时，要综合考量案发的起因、对冲突升级是否有过错、是否使用或者准备使用凶器、是否采用明显不相当的暴力、是否纠集他人参与打斗等客观情节，准确判断行为人的主观意图和行为性质。本案中，陈天杰在其妻子孙某某被调戏、其被辱骂的情况下，面对冲上来欲对其殴打的周某某，陈天杰也欲还击，被孙某某和刘某甲拦开。陈天杰在扶劝架时被推倒在地的孙某某时，周某某、容某乙和纪某某先后冲过来对陈天杰拳打脚踢，继而持械殴打陈天杰。陈天杰持刀捅伤被害人时，正是被容某乙等人持械殴打的紧迫期间。因此，陈天杰是在其妻子被羞辱、自己被打后为维护自己与妻子的尊严、保护自己与妻子的人身安全，防止不法侵害而被动进行的还击，其行为属于防卫而非斗殴。第二，准确把握特殊防卫的起因条件。本案还涉及特殊防卫适用的相关问题。有观点提出，从双方关系和起因、容某乙等人选择打击的部位及强度来看，容某乙等人的行为不属于严重危及人身安全的暴力犯罪。根据刑法规定，不能要求只有在不法侵害已经对人身安全实际造成严重危害时才能进行特殊防卫，在不法侵害足以严重危及人身安全的情况下就可以进行特殊防卫。本案中，容某乙等人持械击打的是陈天杰的头部，是人体的重要部位，在陈天杰戴安全帽的情况下致头部轻微伤，钢管打到安全帽后滑到手臂，仍致手臂皮内、皮下出血，可见打击力度之大。在当时的情形下，陈天杰只能根据对方的人数、所持的工具来判断自身所面临的处境。容某乙、纪某某、周某某三人都喝了酒，气势汹汹，并持足以严重危及他人重大人身安全的凶器，在场的孙某某、刘某甲都曾阻拦，但孙某某阻拦周某某、刘某甲阻拦纪某某时均被甩倒。而且，陈天杰是半蹲着左手护住其妻孙某某、右手持小刀进行防卫的，这种姿势不是一种主动攻击的姿势，而是一种被动防御的姿势，且手持的是一把刀刃只有6厘米左右的小刀，只要对方不主动靠近攻击就不会被捅刺到。综上，应当认为本案符合特殊防卫的适用条件，陈天杰的防卫行为造成不法侵害人伤亡的，不属于防卫过当，不负刑事责任。第三，要准确把握正当防卫的对象条件。正当防卫必须针对不法侵害人进行。对于多人共同实施不法侵害的，既可以针对直接实施不法侵害的人进行防卫，也可以针对在现场共同实施不法侵害的人进行防卫。本案中，击打到陈天杰头部的虽然只是纪某某，但容某乙当时也围在陈天杰身边，手持钢管殴打陈天杰，亦属于不法侵害人，陈天杰可对其实行防卫。当时陈天杰被围打，疲于应对，场面混乱。容某乙等人持足以严重危及他人人身安全的凶器主动攻击陈天杰，严重侵犯陈天杰、孙某某的人身权利。此时，陈天杰用小刀刺、划正在对其围殴的容某乙等人，符合正当防卫的对象条件，属于正当防卫。①

案例2：杨建伟故意伤害、杨建平正当防卫案——准备工具防卫与准备工具斗殴的界分。被告人杨建伟系被告人杨建平胞弟，住处相邻。2016年2月28日中午1时许，杨建伟、杨建平坐在杨建平家门前聊天，因杨建平摸了经过其身边的一条狼狗而遭到狗的主人彭某某（殁年45岁）指责，兄弟二人与彭某某发生口角。彭某某扬言要找人报复，杨建伟即回应"那你来打啊"，后彭某某离开。杨建伟返回住所将一把单刃尖刀、一把折叠刀藏于身上。十分钟后，彭某某返回上述地点，其邀约的黄某、熊某某、王某持洋镐把跟在身后十余米。彭某某手指坐在自家门口的杨建平，杨建平未予理睬。彭某某接着走向杨建伟家门口，击打杨建伟面部一拳，杨建伟即持单刃尖刀刺向彭某某的胸、腹部，黄某、熊某某、王某见状持洋镐把冲过去对杨建伟进行围殴，彭某某从熊某某处夺过洋镐把对杨建伟进行殴打，双方打斗至杨建伟家门外的马路边。熊某某拳击，彭某某、黄某、王某持洋镐把，四人继续围殴杨建伟，致其头部流血倒地。彭某某持洋镐把殴打杨建伟，洋镐把被打断，彭某某失去平衡倒地。杨建平见杨建伟被打倒在地，便从家中取来一把双刃尖刀，冲向刚从地上站起来的彭某某，朝其胸部捅刺。杨建平刺第二刀时，彭某某用左臂抵挡。后彭某某受伤逃离，杨建平持刀追撵并将刀

① 参见《涉正当防卫典型案例》，最高人民法院网，https://www.court.gov.cn/zixun/xiangqing/251621.html。

扔向彭某某未中，该刀掉落在地。黄某、熊某某、王某持洋镐把追打杨建平，杨建平捡起该刀边退边还击，杨建伟亦持随身携带的一把折叠刀参与还击。随后黄某、熊某某、王某逃离现场。经法医鉴定，被害人彭某某身有七处刀伤，且其系被他人以单刃锐器刺伤胸腹部造成胃破裂、肝破裂、血气胸致急性失血性休克死亡。另杨建伟、黄某、熊某某均受轻微伤。湖北省武汉市中级人民法院二审判决认为：被告人杨建伟持刀捅刺彭某某等人，属于制止正在进行的不法侵害，其行为具有防卫性质；其防卫行为是造成一人死亡、二人轻微伤的主要原因，明显超过必要限度造成重大损害，依法应负刑事责任，构成故意伤害罪。被告人杨建平为了使他人的人身权利免受正在进行的不法侵害，而采取制止不法侵害的行为，对不法侵害人造成损害，属于正当防卫，不负刑事责任。杨建伟的行为系防卫过当，具有自首情节，依法应当减轻处罚。据此，以故意伤害罪判处被告人杨建伟有期徒刑四年，并宣告被告人杨建平无罪。

典型意义：双方因琐事发生争执、冲突，引发打斗，特别是一方事先准备工具的，究竟是防卫行为还是相互斗殴，准确界分存在一定困难。司法适用中，要注意把握正当防卫的意图条件，准确界分防卫行为与相互斗殴、准备工具防卫与准备工具斗殴，以准确认定正当防卫、防卫过当。第一，正当防卫必须出于免受不法侵害的正当动机。根据《刑法》第20条第1款的规定，正当防卫的意图既包括使本人的人身、财产和其他权利免受不法侵害，也包括使国家、公共利益或者他人的人身、财产和其他权利免受不法侵害。本案中，彭某某返回现场用手指向杨建平，面对挑衅，杨建平未予理会。彭某某与杨建伟发生打斗时，杨建平仍未参与。彭某某等四人持洋镐把围殴杨建伟并将其打倒在地，致其头部流血，双方力量明显悬殊，此时杨建平持刀刺向彭某某。杨建平的行为是为了制止杨建伟正在遭受的严重不法侵害，符合正当防卫的意图条件。彭某某被刺后逃离，黄某等人对杨建伟的攻击并未停止，杨建平继续追赶彭某某的行为应认定为正当防卫。综上，杨建平的行为系正当防卫，不负刑事责任。第二，妥当界分准备工具防卫与准备工具斗殴。实践中，防卫行为在客观上也可能表现为双方相互打斗，具有互殴的形式与外观。二者界分的关键就在于行为人是具有防卫意图还是斗殴意图。本案中，彭某某与杨建伟兄弟二人并不相识，突发口角，彭某某扬言要找人报复时，杨建伟回应"那你来打啊"，该回应不能认定杨建伟系与彭某某相约打斗。行为人为防卫可能发生的不法侵害，准备防卫工具的，不必然影响正当防卫的认定。杨建伟在彭某某出言挑衅，并扬言报复后，准备刀具系出于防卫目的。彭某某带人持械返回现场，冲至杨建伟家门口拳击其面部，杨建伟才持刀刺向彭某某胸、腹部，该行为是为了制止正在进行的不法侵害，应当认定为防卫行为。第三，把握正当防卫的限度条件以准确认定防卫过当。根据《刑法》第 20 条第 2 款的规定，防卫过当应当同时具备"明显超过必要限度"和"造成重大损害"两个条件，缺一不可。本案中，彭某某空手击打杨建伟面部，杨建伟此时并非面临严重的不法侵害，却持刀捅刺彭某某胸、腹部等要害部位，杨建伟的防卫行为明显超过必要限度。杨建伟的防卫行为并非制止彭某某空手击打的不法侵害所必需，从损害后果来看，彭某某要害部位多处致命刀伤系杨建伟所致，是其死亡的主要原因，杨建伟的防卫行为明显超过必要限度造成重大损害，属于防卫过当，构成故意伤害罪。具体而言，杨建伟对防卫行为明显超过必要限度造成重大损害主观上持故意，但对于造成死亡结果系过失，故对其防卫过当行为应当以故意伤害致人死亡作出评价。第四，妥当把握防卫过当的刑罚裁量。根据《刑法》第 20 条第 2 款的规定，防卫过当应当负刑事责任，但是应当减轻或者免除处罚。要综合考虑案件情况，特别是不法侵害人的过错，以确保刑罚裁量的准确和公正。本案中，杨建伟的防卫行为过当，构成故意伤害罪，对其减轻处罚，应当在三年以上十年以下有期徒刑的幅度内裁量刑罚。杨建伟明知他人报案，仍在案发现场等待，到案后能够如实供述主要犯罪事实，成立自首。综合考虑本案的犯罪事实、性质、情节和危害后果，以故意伤害罪判处杨建伟有期徒刑四年，符合社会公平正义观念，实现了法律效果与社会效果的有机统一。①

4. 对象条件：必须针对不法侵害人本人进行防卫

第一，共同不法侵害的情形：必须针对客观上正在进行不法侵害的人进行防卫。2020 年《最高人民法院、最高人民检察院、公安部关于依法适用正当防卫制度的指导意见》明确规定，对于多人共同实施不法侵害的，既可以针对直接实施不法侵害的人进行防卫，也可以针对在现场共同实施不法侵害的人进行防卫。

第二，可以针对不法侵害人的人身或者财产（不法侵害人将其作为不法侵害的手段或者工具）进行防卫。

第三，给不法侵害人造成损害或者危险；即使没有排除不法侵害，但仍给不法侵害人造成损害的，也可能是正当防卫。

---

① 参见《涉正当防卫典型案例》，最高人民法院网，https：//www. court. gov. cn/zixun/xian-gqing/251621. html。

第四，明知侵害人是无刑事责任能力人或者限制刑事责任能力人的，应当尽量使用其他方式避免或者制止侵害；没有其他方式可以避免、制止不法侵害，或者不法侵害严重危及人身安全的，可以进行反击。

5. 限度条件：必须没有明显超过必要限度造成重大损害

在认定防卫行为是否符合正当防卫的限度条件，成立正当防卫，即防卫行为是否"明显超过必要限度造成重大损害"时，应注意以下几点：

第一，认定正当防卫的限度条件时，应准确把握防卫行为是否"明显超过必要限度"。2020年《最高人民法院、最高人民检察院、公安部关于依法适用正当防卫制度的指导意见》明确规定，防卫是否"明显超过必要限度"，应当综合不法侵害的性质、手段、强度、危害程度和防卫的时机、手段、强度、损害后果等情节，考虑双方力量对比，立足防卫人防卫时所处情境，结合社会公众的一般认知作出判断。在判断不法侵害的危害程度时，不仅要考虑已经造成的损害，还要考虑造成进一步损害的紧迫危险性和现实可能性。不应当苛求防卫人必须采取与不法侵害基本相当的反击方式和强度。

第二，超过"必要限度"的防卫行为并不必然地违反正当防卫的限度条件，只有"明显超过"必要限度的防卫行为才能以防卫过当论处。"明显超过必要限度"包括以下情形：（1）防卫行为所保护的利益明显小于防卫行为给不法侵害人造成的损害。（2）不法侵害行为明显不具有紧迫性。防卫人却采取了急迫的防卫手段。（3）根据当时的客观环境，防卫人明显不必要采取给不法侵害人造成重大损害的防卫手段即可制止不法侵害，但防卫人却采取了这样的防卫手段。

第三，"明显超过必要限度"与"造成重大损害"是并列的，只有两者同时具备，才能认定为超过了正当防卫的限度条件。

案例：赵宇正当防卫案——"明显超过必要限度"的认定。2018年12月26日晚11时许，李某与在此前相识的女青年邹某一起饮酒后，一同到达福州市晋安区某公寓邹某的暂住处，二人在室内发生争吵，随后李某被邹某关在门外。李某强行踹门而入，谩骂殴打邹某，引来邻居围观。暂住在楼上的赵宇闻声下楼查看，见李某把邹某摁在墙上并殴打其头部，即上前制止并从背后拉拽李某，致李某倒地。李某起身后欲殴打赵宇，威胁要叫人"弄死你们"，赵宇随即将李某推倒在地，朝李某腹部踩一脚，又拿起凳子欲砸李某，被邹某劝阻住，后赵宇离开现场。经鉴定，李某腹部横结肠破裂，伤情属于重伤二级；邹某面部挫伤，伤情属于轻微伤。公安机关以赵宇涉嫌故意伤害罪立案侦查，侦查终结后，以赵宇涉嫌过失致人重伤罪向检察机关移送审查起诉。福建省福州市晋安区人民检察院认定赵宇防卫过当，对赵宇作出相对不起诉决定。福州市检察院经审查认定赵宇属于正当防卫，依法指令晋安区人民检察院对赵宇作出绝对不起诉决定。

典型意义：根据《刑法》第 20 条第 2 款的规定，防卫过当应当同时具备"明显超过必要限度"和"造成重大损害"两个条件，缺一不可。造成重大损害是指造成不法侵害人重伤、死亡，对此不难判断。实践中较难把握的是相关防卫行为是否明显超过必要限度，不少案件处理中存在认识分歧。司法适用中，要注意综合考虑案件具体情况，结合社会公众的一般认知，对防卫行为是否"明显超过必要限度"作出准确判断。第一，防卫过当仍属于防卫行为，只是明显超过必要限度并造成重大损害。本案中，李某强行踹门进入他人住宅，将邹某摁在墙上殴打其头部，赵宇闻声下楼查看，为了制止李某对邹某以强欺弱，出手相助，拉拽李某。赵宇的行为属于为了使他人的人身权利免受正在进行的不法侵害，而采取的制止不法侵害的行为，符合正当防卫的起因条件、时间条件、对象条件和意图条件等要件，具有防卫性质。第二，对防卫行为"明显超过必要限度"的判断，应当坚持综合考量原则。防卫是否"明显超过必要限度"，应当综合不法侵害的性质、手段、强度、危害程度和防卫的时机、手段、强度、损害后果等情节，考虑双方力量对比，立足防卫人防卫时所处情境，结合社会公众的一般认知作出判断。在判断不法侵害的危害程度时，不仅要考虑已经造成的损害，还要考虑造成进一步损害的紧迫危险性和现实可能性。不应当苛求防卫人必须采取与不法侵害基本相当的反击方式和强度，更不能机械地理解为反击行为与不法侵害行为的方式要对等，强度要精准。防卫行为虽然超过必要限度但并不明显的，不能认定为防卫过当。本案虽然造成了李某重伤二级的后果，但是，从赵宇的行为手段、行为目的、行为过程、行为强度等具体情节来看，没有"明显超过必要限度"。赵宇在阻止、拉拽李某的过程中，致李某倒地，在李某起身后欲殴打赵宇，并用言语威胁的情况下，赵宇随即将李某推倒在地，朝李某腹部踩一脚，导致李某横结肠破裂，属于重伤二级。从行为手段上看，双方都是赤手空拳，赵宇的拉拽行为与李某的不法侵害行为基本相当。从赵宇的行为过程来看，赵宇制止李某的不法侵害行为是连续的，自然而然发生的，是在当时场景下的本能反应。李某倒地后，并未完全被制服，仍然存在起身后继续实施不法侵害的现实可能性。此时，赵宇朝李某腹部踩一脚，其目的是阻止李某继续实施不法侵害，并没有泄愤报复等个人目的，应当认定为正当防卫。[①]

（三）防卫过当

1. 防卫过当的含义

防卫过当是指行为人在实施防卫行为时，明显超过必要限度造成重大损害的应当负刑事责任的犯罪行为。

2. 防卫过当的特征

（1）防卫过当和正当防卫一样具有行为的防卫性。（2）防卫过当具有客观的危害性和主观的罪过性，它不符合正当防卫的限度条件，客观上具有危害社会的特征，主观方面也存在着罪过，因而才构成了犯罪。这一特征是防卫过当区别于正当防卫的关键。

3. 防卫过当造成重伤、死亡的如何定罪

防卫过当不是独立的罪名。对于防卫过当应根据其符合的犯罪构成确定罪名，防卫人具有防卫意识前提下的防卫过当的责任形式一般是过失。故防卫过当致人死亡或者重伤的，一般应分别成立过失致人死亡罪与过失致人重伤罪。

行为人具有防卫意识，但同时对过当事实具有认识与希望或者放任的态度时，成立故意的防卫过当。虽然防卫意识与犯罪的故意是两种相反的态度，但是，二者是可能并存的。例如，面对他人实施盗窃行为时，防卫人明知只要将对方造成轻伤即可制止不法侵害、保护财产法益，却故意以造成重伤的防卫行为保护财产法益。对此，应认定为故意的防卫过当。

4. 防卫过当的责任：应当酌情减轻或者免除处罚

案例：被告人于欢的母亲苏某在山东省冠县工业园区经营山东源大工贸有限公司（以下简称源大公司），于欢系该公司员工。2014年7月28日，苏某及其丈夫于某1向吴某、赵某1借款100万元，双方口头约定月息10%。至2015年10月20日，苏某共计还款154万元。其间，吴某、赵某1因苏某还款不及时，曾指使被害人郭某1等人采取在源大公司车棚内驻扎、在办公楼前支锅做饭等方式催债。2015年11月1日，苏某、于某1再向吴某、赵某1借款35万元。其中10万元，双方口头约定月息10%；另外25万元，通过签订房屋买卖合同，用于某1名下的一套住房作为抵押，双方约定如逾期还款，则将该住房过户给赵某1。2015年11月2日至2016年1月6日，苏某共计向赵某1

[①] 参见《涉正当防卫典型案例》，最高人民法院网，https://www.court.gov.cn/zixun/xiangqing/251621.html。

还款 29.8 万元。吴某、赵某 1 认为该 29.8 万元属于偿还第一笔 100 万元借款的利息，而苏某夫妇认为是用于偿还第二笔借款。吴某、赵某 1 多次催促苏某夫妇继续还款或办理住房过户手续，但苏某夫妇未再还款，也未办理住房过户。2016 年 4 月 1 日，赵某 1 与被害人杜某 2、郭某 1 等人将于某 1 上述住房的门锁更换并强行入住，苏某报警。赵某 1 出示房屋买卖合同，民警调解后离去。同月 13 日上午，吴某、赵某 1 与杜某 2、郭某 1、杜某 7 等人将上述住房内的物品搬出，苏某报警。民警处警时，吴某称系房屋买卖纠纷，民警告知双方协商或通过诉讼解决。民警离开后，吴某责骂苏某，并将苏某头部按入座便器接近水面位置。当日下午，赵某 1 等人将上述住房内物品搬至源大公司门口。其间，苏某、于某 1 多次拨打市长热线求助。当晚，于某 1 通过他人调解，与吴某达成口头协议，约定次日将住房过户给赵某 1，此后再付 30 万元，借款本金及利息即全部结清。4 月 14 日，于某 1、苏某未去办理住房过户手续。当日 16 时许，赵某 1 纠集郭某 2、郭某 1、苗某、张某 3 到源大公司讨债。为找到于某 1、苏某，郭某 1 报警称源大公司私刻财务章。民警到达源大公司后，苏某与赵某 1 等人因还款纠纷发生争吵。民警告知双方协商解决或到法院起诉后离开。李某 3 接赵某 1 电话后，伙同么某、张某 2 和被害人严某、程某到达源大公司。赵某 1 等人先后在办公楼前呼喊，在财务室内、餐厅外盯守，在办公楼门厅外烧烤、饮酒，催促苏某还款。其间，赵某 1、苗某离开。20 时许，杜某 2、杜某 7 赶到源大公司，与李某 3 等人一起饮酒。20 时 48 分，苏某按郭某 1 要求到办公楼一楼接待室，于欢及公司员工张某 1、马某陪同。21 时 53 分，杜某 2 等人进入接待室讨债，将苏某、于欢的手机收走放在办公桌上。杜某 2 用污秽言语辱骂苏某、于欢及其家人，将烟头弹到苏某胸前衣服上，将裤子褪至大腿处裸露下体，朝坐在沙发上的苏某等人左右转动身体。在马某、李某 3 劝阻下，杜某 2 穿好裤子，又脱下于欢的鞋让苏某闻，被苏某打掉。杜某 2 还用手拍打于欢面颊，其他讨债人员实施了揪抓于欢头发或按压于欢肩部不准其起身等行为。22 时 07 分，公司员工刘某打电话报警。22 时 17 分，民警朱某带领辅警宋某、郭某 3 到达源大公司接待室了解情况，苏某和于欢指认杜某 2 殴打于欢，杜某 2 等人否认并称系讨债。22 时 22 分，朱某警告双方不能打架，然后带领辅警到院内寻找报警人，并给值班民警徐某打电话通报警情。于欢、苏某想随民警离开接待室，杜某 2 等人阻拦，并强迫于欢坐下，于欢拒绝。杜某 2 等人卡于欢颈部，将于欢推拉至接待室东南角。于欢持刃长 15.3 厘米的单刃尖刀，警告杜某 2 等人不要靠近。杜某 2 出言挑衅并逼近于欢，于欢遂捅刺杜某 2 腹部一刀，又捅刺围逼在其身边的程某胸部、严某腹部、郭某 1 背部各一刀。22 时 26 分，辅警闻声返回接待室。经辅警连续责令，于欢交出尖刀。杜某 2 等四人受伤后，被杜某 7 等人驾车送至冠县人民医院救治。次日 2 时 18 分，杜某 2 经抢救无效，因腹部损伤造成肝固有动脉裂伤及肝右叶创伤导致失血性休克死亡。严某、郭某 1 的损伤均构成重伤二级，程某的损伤构成轻伤二级。山东省聊城市中级人民法院于 2017 年 2 月 17 日作出（2016）鲁 15 刑初 33 号刑事附带民事判决，认定被告人于欢犯故意伤害罪，判处无期徒刑，剥夺政治权利终身，并赔偿附带民事原告人经济损失。宣判后，被告人于欢及部分原审附带民事诉讼原告人不服，分别提出上诉。山东省高级人民法院经审理于 2017 年 6 月 23 日作出（2017）鲁刑终 151 号刑事附带民事判决：驳回附带民事上诉，维持原判附带民事部分；撤销原判刑事部分，以故意伤害罪改判于欢有期徒刑五年。法院生效裁判认为：被告人于欢持刀捅刺杜某 2 等四人，属于制止正在进行的不法侵害，其行为具有防卫性质；其防卫行为造成一人死亡、二人重伤、一人轻伤的严重后果，明显超过必要限度造成重大损害，构成故意伤害罪，依法应负刑事责任。鉴于于欢的行为属于防卫过当，于欢归案后如实供述主要罪行，且被害方有以恶劣手段侮辱于欢之母的严重过错等情节，对于欢依法应当减轻处罚。原判认定于欢犯故意伤害罪正确，审判程序合法，但认定事实不全面，部分刑事判项适用法律错误，量刑过重，遂依法改判于欢有期徒刑五年。

裁判要点：（1）对正在进行的非法限制他人人身自由的行为，应当认定为《刑法》第 20 条第 1 款规定的"不法侵害"，可以进行正当防卫。（2）对非法限制他人人身自由并伴有侮辱、轻微殴打的行为，不应当认定为《刑法》第 20 条第 3 款规定的"严重危及人身安全的暴力犯罪"。（3）判断防卫是否过当，应当综合考虑不法侵害的性质、手段、强度、危害程度，以及防卫行为的性质、时机、手段、强度、所处环境和损害后果等情节。对非法限制他人人身自由并伴有侮辱、轻微殴打，且并不十分紧迫的不法侵害，进行防卫致人死亡重伤的，应当认定为《刑法》第 20 条第 2 款规定的"明显超过必要限度造成重大损害"。（4）防卫过当案件，如系因被害人实施严重贬损他人人格尊严或者亵渎人伦的不法侵害引发的，量刑时对此应予充分考虑，以确保司法裁判既经得起法律检验，也符合社会公平正义观念。①

---

① 参见《于欢故意伤害案》，中国法院网，https://www.chinacourt.org/article/detail/2018/06/id/3373086.shtml。

（四）特殊正当防卫

《刑法》第 20 条第 3 款规定："对正在进行行凶、杀人、抢劫、强奸、绑架以及其他严重危及人身安全的暴力犯罪，采取防卫行为，造成不法侵害人伤亡，不属于防卫过当，不负刑事责任。"

1. 特殊正当防卫所针对的只能是正在进行行凶、杀人、抢劫、强奸、绑架以及其他严重危及人身安全的暴力犯罪

（1）这种不法侵害必须是犯罪行为。条文中的杀人、抢劫、强奸、绑架主要是对暴力犯罪的列举，指具体犯罪行为而不是具体罪名，其中杀人仅限于故意杀人，对于转化型杀人、抢劫等能否进行特殊防卫应具体分析，关键在于是否严重危及人身安全，而不能以其行为最终成立何种罪名为标准得出结论。2020 年《最高人民法院、最高人民检察院、公安部关于依法适用正当防卫制度的指导意见》明确规定，下列行为应当认定为"行凶"：使用致命性凶器，严重危及他人人身安全的；未使用凶器或者未使用致命性凶器，但是根据不法侵害的人数、打击部位和力度等情况，确已严重危及他人人身安全的。虽然尚未造成实际损害，但已对人身安全造成严重、紧迫危险的，可以认定为"行凶"。

（2）这种犯罪行为必须严重侵犯了公民的人身安全。这里的人身安全应仅限于生命与重大的身体安全。例如，行为人以抢劫故意采用麻醉方法取得他人财物的，属于抢劫罪，但这种行为并非严重危及人身安全的暴力犯罪，对之进行防卫的，不适用特殊正当防卫的规定。

（3）这种严重侵犯人身安全的犯罪行为必须以暴力实施。对于非暴力犯罪、一般违法暴力行为、轻微暴力犯罪以及一般暴力犯罪实施的防卫，不适用特殊正当防卫的规定，仍然存在防卫过当的问题。

2. 特殊正当防卫没有必要限度，因而不存在防卫过当

案例 1：邱某某（女）和张某甲（男）案发时系夫妻关系，因感情不和、长期遭受家庭暴力而处于分居状态。二人之子张某乙 9 岁，右耳先天畸形伴听力损害，经三次手术治疗，取自体肋软骨重建右耳廓，于 2019 年 6 月 5 日出院。同年 7 月 2 日晚，邱某某与张某甲多次为离婚问题发生争执纠缠。次日凌晨 1 时许，张某甲到邱某某和张某乙的住所再次进行滋扰，并对邱某某进行辱骂、殴打，后又将张某乙按在床上，跪压其双腿，用拳击打张某乙的臀部，致其哭喊挣扎。邱某某为防止张某乙术耳受损，徒手制止无果后，情急中拿起床头的水果刀向张某甲背部连刺三刀致其受伤。邱某某遂立

即骑电动车将张某甲送医救治。经鉴定，张某甲损伤程度为重伤二级。检察机关以邱某某犯故意伤害罪提起公诉。法院生效裁判认为，为了使本人或者他人的人身权利免受不法侵害，对正在进行的家庭暴力采取制止行为，只要符合刑法规定的条件，就应当依法认定为正当防卫，不负刑事责任。本案中，邱某某因婚姻纠纷在分居期间遭受其丈夫张某甲的纠缠滋扰直至凌晨时分，自己和孩子先后遭张某甲殴打。为防止张某乙手术不足一月的再造耳廓受损，邱某某在徒手制止张某甲暴力侵害未果的情形下，持水果刀扎刺张某甲的行为符合正当防卫的起因、时间、主观、对象等条件。同时根据防卫人所处的环境、面临的危险程度、采取的制止暴力的手段、施暴人正在实施家庭暴力的严重程度、造成施暴人重大损害的程度以及既往家庭暴力史等因素进行综合判断，应当认定邱某某的正当防卫行为未超过必要限度，不负刑事责任。依法宣告邱某某无罪。

典型意义：（1）对反抗家庭暴力的行为，准确适用正当防卫制度进行认定。家庭暴力是指家庭成员之间以殴打、捆绑、残害、限制人身自由以及经常性谩骂、恐吓等方式实施的身体、精神等侵害行为，受害人大多数是女性和未成年人，相对男性施暴人，其力量对比处于弱势。人民法院充分运用法律，准确把握正当防卫的起因、时间、主观、对象等条件，结合《最高人民法院、最高人民检察院、公安部、司法部关于依法办理家庭暴力犯罪案件的意见》的相关规定，对遭受家庭暴力的妇女和儿童予以充分保护和救济，对其在紧急情况下的私力救济行为，符合刑法规定的，准确认定为正当防卫。（2）对反抗家庭暴力中事先准备工具的行为，进行正确评价。司法实践中对于事先准备工具的正当防卫行为的认定存在一定困难，在反家暴案件中应当考虑施暴行为的隐蔽性、经常性、渐进性的特点，以及受害人面临的危险性和紧迫性，对此予以客观评价。邱某某长期遭受家庭暴力，从其牙齿缺损和伤痕照片可见一斑，事发前因婚姻矛盾反复遭到张某甲纠缠直至凌晨时分。在报警求助及向张某甲之母求助均无果后，无奈打开家门面对暴怒的张某甲，邱某某在用尽求助方法、孤立无援、心理恐惧、力量对比悬殊的情形下准备水果刀欲进行防卫，其事先有所防备，准备工具的行为具有正当性、合理性。（3）应当以足以制止并使防卫人免受家庭暴力不法侵害的需要为标准，准确认定防卫行为是否过当。认定防卫行为是否"明显超过必要限度"，应当以足以制止并使防卫人免受家庭暴力不法侵害的需要为标准，根据防卫人所处的环境、面临的危险程度、采取的制止暴力的手段、施暴人正在实施家庭暴力的严重程度、造成施暴人重大损害的程度以及既往家庭暴力史等进行综合判断。邱某某在自己遭到张某甲辱骂、扇耳光殴打后，虽然手中藏有刀具，但未立即持刀反抗，而顺势放下刀具藏于床头，反映邱某某此时仍保持隐忍和克制。张某甲将其子张某乙按在床上殴打时，具有造成张某乙取软骨的肋骨受伤、再造耳廓严重受损的明显危险。邱某某考虑到其子第三次手术出院不足一月，担心其术耳受损，在徒手制止无果后，情急之中持刀对张某甲进行扎刺，制止其对张某乙的伤害，避免严重损害后果的行为具有正当性。判断邱某某的防卫行为是否明显超过必要限度，应当充分体谅一个母亲为保护儿子免受伤害的急迫心情，还应当充分考虑张某乙身体的特殊状况和邱某某紧张焦虑状态下的正常应激反应，不能以事后冷静的旁观者的立场，过分苛求防卫人"手段对等"，要求防卫人在孤立无援、高度紧张的情形之下作出客观冷静、理智准确的反应，要设身处地对事发起因、不法侵害可能造成的后果、当时的客观情境等因素进行综合判断，适当作有利于防卫人的考量和认定。从国际标准来看，联合国《消除对妇女一切形式歧视公约》及其一般性建议和联合国大会相关决议要求，"在案件审理过程中，应充分考虑性别因素并以受害人为中心"，在本案中，考虑到长期遭受家暴的受害人与施暴者之间形成的特殊互动模式，以及长期遭受家暴对受害人身心的特殊影响，受害人可能在认知和行为方面存在一些特殊状况。例如，受害人可能会误判施暴者的行为和后果，过度估计施暴者可能造成的伤害，并担心如果无法以一招取胜，将会遭受施暴者更加严重的伤害等。因此，在判定家暴受害者对施暴者采取的暴力行为是否过当时，需要考虑与平等非家暴关系主体之间的防卫程度认定存在不同之处。长期遭受家暴的经历以及其对受害人身心认知的影响应被纳入考量。因此，本判决符合国际准则的要求。①

案例 2：陈月浮正当防卫案——特殊防卫的具体适用。2009 年 1 月 25 日凌晨 2 时许，被害人陈某某酒后来到被告人陈月浮家，用随身携带的一把菜刀敲击陈月浮家铁门，叫陈月浮出来打架。陈月浮的妻子下楼，佯称陈月浮不在家。陈某某继续敲击铁门，陈月浮便下楼打开铁门，陈某某遂用菜刀砍中陈月浮脸部，致陈月浮轻伤。陈某某再次砍向陈月浮时，被陈月浮挡开，菜刀掉在地上，陈月浮上前拳击陈某某的胸部等部位，二人在地上扭打。后陈某某因钝性物体作用胸部致心包、心脏破裂致失血性休克死亡。广

---

① 参见《邱某某故意伤害案——制止正在进行的家庭暴力行为，符合刑法规定的认定为正当防卫，不负刑事责任》，中国法院网，https://www.chinacourt.org/article/detail/2023/06/id/7344655.shtml。

东省普宁市人民法院一审判决、揭阳市中级人民法院二审裁定认为：陈某某无故持刀上门砍伤陈月浮，陈月浮为了使本人的人身免受正在进行的不法侵害，对正在进行的危害人身安全的暴力犯罪采取防卫行为，造成不法侵害人陈某某死亡的，不属于防卫过当，不负刑事责任。

典型意义：根据《刑法》第 20 条第 3 款的规定，对正在进行行凶、杀人、抢劫、强奸、绑架以及其他严重危及人身安全的暴力犯罪，采取防卫行为，造成不法侵害人伤亡的，不属于防卫过当，不负刑事责任。司法适用中，要妥当把握特殊防卫的起因条件，准确理解和把握"行凶"。第一，根据刑法规定，特殊防卫的起因条件限于正在进行的行凶、杀人、抢劫、强奸、绑架以及其他严重危及人身安全的暴力犯罪。与一般防卫不同，特殊防卫起因条件的实质在于不法侵害系"严重危及人身安全"的暴力犯罪。需要注意的是，行凶、杀人、抢劫、强奸、绑架等不法侵害必须严重危及人身安全且系暴力犯罪，才能实行特殊防卫；相关不法侵害没有严重危及人身安全的，应当适用一般防卫的法律规定。对于相关不法侵害是否严重危及人身安全，应当注意从不法侵害是否具有暴力性、是否严重危及人身安全、是否达到犯罪程度等方面作出判断。本案中，陈某某无故持菜刀凌晨上门砍伤陈月浮，属于使用致命性凶器实施的严重危及他人人身安全的不法侵害，应当认定为"行凶"，对此陈月浮可以实行特殊防卫。第二，《刑法》第 20 条第 3 款规定的"行凶"，可以是使用致命性凶器实施的严重危及他人人身安全的行为，也可以是以其他形式实施的严重危及他人人身安全的行为。不法侵害人的具体故意内容不确定，但根据侵害行为发生的时间、地点及不法侵害人持有凶器判断，暴力侵害行为足以严重危及人身安全的，防卫人可以实行特殊防卫。本案中，陈某某持菜刀砍中陈月浮脸部致其轻伤，陈某某再次砍向陈月浮时被其挡开，菜刀掉到地上。此时，要求陈月浮被菜刀砍伤后保持高度冷静，在将行凶者打倒之后，还要仔细判断行凶者有没有继续行凶的能力，这对于在黑夜之中高度惊恐的防卫人，是强人所难。因此，综合考虑案件的具体情况，应当认为在陈某某菜刀掉到地上之后仍然可以实行防卫。第三，准确理解和把握正当防卫的刑法规定和立法精神，对于符合正当防卫认定条件的，坚决依法认定。实践中，受"死者为大"观念的影响，在处理因防卫致人死亡的案件时，办案机关往往面临外部压力，存有心理顾虑，以致有的情况下将原本属于正当防卫的行为认定为防卫过当，甚至连防卫因素也不予认定。这是极端错误的。作为司法机关，严格依法办案是天职，绝不能为了所谓的"息事宁人"牺牲法律原则。否则，既不利于维护法律的尊严，也不利于为全社会树立正确导向，对正当防卫人来说更是有失公正。对于确系正当防卫的案件，应当勇于担当，严格公正司法，坚决依法认定。实践证明，只有依法判决，才能赢得好的效果；只要依法判决，就能赢得好的效果。本案就是例证，依法宣判陈月浮不负刑事责任后，获得了社会公众的普遍肯定，弘扬了社会主义核心价值观，实现了法律效果与社会效果的有机统一。①

二、紧急避险

（一）紧急避险的概念

紧急避险，是指为了使国家、公共利益、本人或者他人的人身、财产和其他权利免受正在发生的危险，迫不得已而采用的损害另一个较小的合法利益的行为。

紧急避险的本质是避免现实危险、保护较大法益，是"正对正"的行为。

（二）紧急避险的条件

1. 起因条件：合法权益面临现实危险

所谓危险，是指国家、公共利益、个人的人身、财产或其他权利面临某种威胁，即将给合法权益造成损害的事实状态。紧急避险所面对的正是这种事实状态。

（1）危险的范围。危险的范围比正当防卫所面临的不法侵害要广泛得多，包括：第一，自然力量造成的危险；第二，动物侵袭造成的危险；第三，人的生理、病理原因所引起的危险；第四，人的危害行为所引起的危险等。

（2）危险的限定。现实危险不包括职务上、业务上负有特定责任的人所面临的对本人的危险。

（3）危险的现实性。如果本来不存在危险，行为人误以为存在危险，实施了所谓的避险行为，就是假想避险。对于假想避险，有过失的按过失犯

---

① 参见《涉正当防卫典型案例》，最高人民法院网，https://www.court.gov.cn/zixun/xiangqing/251621.html。

罪，无过失的按意外事件处理。

2. 时间条件：危险正在发生

所谓危险正在发生，是指从危险出现一直到危险结束之间的持续状态。

危险的出现，是指危险已经发生，这种危险已经对合法权益造成现实的威胁，此时如果不实行紧急避险，对合法权益的损害就不可避免。

危险的结束，是指危险对合法权益的威胁已经过去，损害已经造成且不会造成进一步损害，或者危险已经消失，不会再对合法权益造成损害的情形。在这种情形下，无论是否实施紧急避险，对于保护合法权益都已经毫无意义。即使实施了避险行为，也无助于保护合法权益免受危险的侵害或进一步侵害，即使不实行紧急避险，也不会使合法权益受到损害或受到更大损害。在危险已经结束后，不得再实行避险行为。

并非在危险正在发生时实施的"避险行为"是避险不适时，包括提前避险、拖后避险和延迟避险三种情况。在提前避险和拖后避险的情况下，行为人明知危险尚未开始或已经结束而损害第三人利益的，应承担故意的法律责任；行为人误以为危险已经开始或误以为危险尚未结束的，按认识错误的原则处理。至于延迟避险，即行为人在危险出现后实行避险行为且已经产生效果，但行为人误以为其避险行为并未产生效果，继续实施避险行为，对无辜第三者造成不应有损害的，应以认识错误的原则处理。

3. 主观条件：必须有避险意图的存在

《刑法》第21条规定，紧急避险的目的必须是"为了使国家、公共利益、本人或者他人的人身、财产和其他权利免受正在发生的危险"，可见，避险意图对于成立紧急避险具有决定性意义。所谓避险意图，是指避险人在实施避险行为时对其避险行为以及行为的结果所持有的心理态度。避险意图包括避险认识和避险意志两方面的内容。避险认识是指避险人面临正在发生的现实危险时，对危险及避险行为各方面因素的认识。避险认识是避险意图的前提和基础。避险意志是指避险人在避险认识的基础上，进而决定实施避险行为，并希望通过避险行为达到免受危险损害的心理愿望。避险意志包括以下两个层次：第一个层次的目的是给第三人造成损害。该层次的目的只处于较低层次，只是避险人的一个手段性目的，而避险意图根本目的的存在决定了避险人不具有犯罪人所具备的主观恶性。第二个层次的目的是避免危险的威胁，保护国家、公共利益、本人或者他人的人身、财产和其他权利。这是避险意图的核心内容，是避险行为的根本目的。该目的存在，使避险目的区别于犯罪目的而有了正当性，也使紧急避险区别于犯罪而成为正当行为。

避险认识与避险意志是避险意图中必不可少的两方面内容。避险认识是避险意图的前提和基础，没有产生避险认识，避险意图就不可能随之产生。避险意志是避险意图的核心内容，紧急避险就是行为人在避险意志的指导下实施的避免危险、保护合法权益的行为，避险意志是决定紧急避险合法性的关键因素。

4. 对象条件：必须损害无辜第三者的合法权益

紧急避险是通过对另一权益的损害来避免危险的，所以，紧急避险所造成的损害是对第三者利益的损害。第三者的利益，既包括个人的利益，也包括公共利益、社会利益和国家利益。

5. 方法条件：必须出于不得已损害第三者权益

在紧急避险的情况下，避险人所保护的合法权益固然有其正当性，但被避险行为损害的第三者权益也有其正当性，法律仍然应该对其予以保护。只是当合法权益面临危险时，这两个正当的权益势难两全，法律在迫不得已的情况下才允许避险人损害第三者的利益。因此，紧急避险必须在不得已的情况下实施。

不得已是指法益面临正在发生的危险时，没有其他合理办法可以排除危险，只有损害另一较小或者同等法益，才能保护面临危险的法益（补充性要件）。不得已具有以下两层含义：第一，危险已经迫在眉睫，行为人不当机立断采取措施，合法权益必然会受到损害。如果行为人虽然面临危险，但这种危险可能造成的损害并不是立即发生的，而是要过一段时间才可能发生，则不得实行紧急避险。相反，如果危险即将损害合法权益，避险行为则应该实施。第二，不得已是指客观上没有其他合理方法可以避免危险，或者虽然有其他方法可以避免危险，但行为人本人在当时却认识不到。所谓合理方法，是指正当防卫、消极逃避、寻求司法保护等为法律、道德和公序良俗所认可的方法。

6. 主体条件：职务上、业务上负有特定责任的人不能为了避免本人危险而实行紧急避险

现代社会生活中，有的人在职务上、业务上负有某种特定的责任，这种责任要求他们在面临危险时必须临危不惧、迎险而上，而不能以损害第三者利益的方式去避免本人所受的危险。

（1）职务上负有特定责任的人。是指依法从事公务的国家机关工作人员、军人等。这些人员由于职务的要求，在某些危险场合必须坚决地与危险作斗争，而不得消极地躲避，更不能为保护本人而以损害他人的方式实行紧

急避险。例如执勤的人民警察在面临犯罪人对自己进行侵害时，不能进行紧急避险。

（2）业务上负有特定责任的人。有的人因其从事的业务活动而承担了积极地排除危险、忍受危险给自己带来的威胁的义务。这些人在面临危险时不能消极地不履行自己的业务职责，更不得以损害其他合法权益的方式来保护自己，逃避职责。例如，发生火灾时，消防人员不能为了避免火灾对本人的危险，而采取紧急避险。

7. 限度条件：必须没有超过必要限度造成不应有的损害

《刑法》第 21 条第 2 款规定，"紧急避险超过必要限度造成不应有的损害的，应当负刑事责任"，因此，紧急避险的限度条件就是指避险行为不能超过必要限度造成不应有损害。

案例：2018 年 12 月 7 日晚上。为庆祝妻子生日，陈某邀请朋友到住处吃晚饭，自己也喝了红酒。到夜里 11 点多，陈某妻子想上楼休息，突然倒地口吐白沫、昏迷不醒，陈某随即让女儿拨打 120 求救。120 回复，附近没有急救车辆，要从别处调车，具体到达时间不能确定。因情况紧急，家人和邻居又没有驾照不能开车，出租车一时也联系不到，陈某只得自己驾驶私家车，将妻子送到了附近医院抢救。随后，陈某被警方当场查获。经鉴定，陈某血液中的酒精含量为 223mg/100mL，远超醉驾标准。公安机关固定相关证据后，将该案移送至检察院。检察院经审查认为，陈某醉酒后在道路上驾驶机动车，已经构成危险驾驶罪，诉请法院依照《刑法》第 133 条之一第 1款第 2 项之规定，对其以危险驾驶罪追究刑事责任。在法庭上，陈某对公诉机关指控的事实及罪名均无异议。他和辩护人提出，本案事出有因，他因妻子昏倒、120 急救车不能及时赶到，才开车送妻子就医；案发时已近深夜，路上行人较少，驾驶路途较近，未发生事故，社会危害性较小；他归案后如实供述，悔罪态度较好，无前科劣迹，请求对其从轻处罚。法院经审理后认为，虽然被告人陈某客观上实施了在道路上醉酒驾驶机动车的行为，但其行为构成紧急避险，依法不负刑事责任。法官表示，案发时，陈某认识到妻子正面临生命危险，迫不得已才醉酒驾驶的，属于在必要限度内实施避险行为，符合紧急避险的各项条件，他的行为也构成法律意义上的紧急避险，应不负刑事责任。基于这种共识，2019 年年底，检察院决定依法对陈某撤回起诉；数日后，法院裁定，依法准许检察机关撤回起诉。对于陈某的醉驾违法行为，在法院作出裁定之前，公安机关已经依法对其作出行政处罚：吊销其机动车驾驶证，且五年内不得重新取得机动车驾驶证。在本案当中，陈某妻子突然摔倒，昏迷不醒、口吐白沫，生命权益正处于威胁之中，可视作正在发生现实危险；当时陈某所在乡村有些偏远，医院一时间又不能及时派出救护车，他身边又无其他合法驾驶人，最后醉酒驾车的行为，实在是不得已而为之。从主观上看，被告人实施醉酒驾驶的行为，并没有危害社会公共安全的故意，反而具有使处于生命危险的妻子及时得到医治的良好动机。考虑到当时的具体情境，陈某实施醉驾对公共安全的损害程度相对较小，且未发生交通事故，符合紧急避险所需具备的多项条件。所以，应当认定陈某的行为属于紧急避险，无须承担刑事责任。① 这起案件披露之后，引发了舆论的高度关注。相关司法机关的做法也得到了肯定和好评，事实上，这一较为罕见的处理体现了司法机关执法办案的担当、定力、文明、善意，并为处理类似案件提供了标杆和指引。所谓紧急避险，主要指为了使国家、公共利益、本人或者他人的人身、财产和其他权利免受正在发生的危险，不得已采取的损害较小的另一方的合法利益，以保护较大的合法权益的行为。根据刑法规定，紧急避险行为造成损害的，不负刑事责任。紧急避险超过必要限度造成不应有的损害的，应当负刑事责任，但是应当减轻或者免除处罚。其实，现实生活中，人们常见的抢险救灾、救助他人的见义勇为行为，在刑法或民事法律中，将其视为紧急避险或者正当防卫。譬如，为抢救落水者在未经许可的情况下将他人船只开走就属于紧急避险。为制止或抓获抢劫者而将犯罪嫌疑人打伤就属于正当防卫。之所以豁免或者减轻紧急避险者的法律责任，主要在于其与抓小偷等"坏人"那样，都属于值得褒扬、鼓励、学习的善行义举。一方有难、八方支援是自古以来的传统美德，也是社会得以良性运转，人们安全感得以提升的重要力量。试想，如果看到他人处于危难之中或者遭遇危险时，人们都只是围观、拍照而不实施抢救、救助，那么整个社会将是多么冷漠可怕，任何人的安全感都将不复存在。此外，不强人所难作为衡量法律文明和进步的重要标准，主要指法律不能命令人们实施不可能实施的行为。其另外一种表述为"期待可能性"，指根据当时具体的情况期待行为人实施合法行为的可能性。如果根据当时的具体情况不能期待行为人实施合法行为，就不能让其承担刑事责任。具体到紧急避险行为中，避险人在不得已的紧急情况下，采取损害较小的合法权益而保护了较大的合法权益。其"不得已的紧急情况"正是法律不强人所难的"难处"。此时，如果依然苛

---

① 参见《"醉驾救妻"获不起诉！法院：构成紧急避险，不负刑事责任》，陕西法制网，https://baijiahao.baidu.com/s?id=1700791404938518500。

刻地要求避险人不损害较小的合法权益，其就无法保护较大的合法权益。或者说，两害相权取其轻时，不能期待避险人不损害较小的合法权益，否则，其就无法完成避险行为。进而言之，紧急避险的关键就在于牺牲较小的合法权益，如果不需要牺牲较小的合法权益就能保护较大的合法权益，也就不需要援引紧急避险来豁免行为人的法律责任。可以说，此案虽非重大案件，但其彰显的意义非同小可。其一，此案向公众普及了紧急避险这一较为陌生的词汇，并有助于激励更多人在他人陷入危难时敢于及时站出来，伸出援手。其二，此案让更多人看到，司法机关不仅肩负打击犯罪的重要职能，而且也肩负着保护合法权益，让无罪的人不受追究的职责。其三，此案也从某种程度凸显了文明、理性、善意、平和的执法理念已得到有效贯彻落实，让更多人感受到司法的温度和暖意，让更多人切实感受到实实在在的公平正义。①

（三）避险过当

1. 避险过当的含义

避险过当是指国家、公共利益、本人或者他人的合法权利面临正在发生的危险的威胁时，为保护合法权益而不得已实施了避险行为，损害了他人的合法权益，但其避险行为超过必要限度造成了不应有损害的行为。

2. 避险过当的特征

（1）避险过当与紧急避险同属避险行为的一种，是在紧急情况下为保护合法权益实施的，客观上也达到了保护合法权益的效果。（2）避险过当有客观的危害性和主观的罪过性，具有危害社会的一面，这是它与紧急避险的根本区别，也是避险过当应当负刑事责任的原因。从客观方面来看，避险过当超过了必要限度，给第三者的权益造成了不应有的损害；从主观方面来看，行为人虽然出于避险意图而实施了避险行为，但他对避险过当的后果仍具有罪过。

3. 避险过当的定罪量刑

避险过当并不是一个独立的罪名，对其定罪时仍应根据刑法分则中的有关规定确定其罪名。大致来说，避险过当可能触犯的罪名有故意杀人罪、过失致人死亡罪、故意伤害罪、过失重伤罪、故意毁坏财物罪、玩忽职守罪等。

---

① 史洪举：《醉驾救妻获不起诉：体现司法温度和暖意》，载《法制日报》2020年9月10日；法治网，http：//www.legaldaily.com.cn/commentary/content/2020-09/10/content_8303154.html。

4. 避险过当的责任：应当减轻或者免除处罚

《刑法》第 21 条第 2 款规定：紧急避险行为，造成损害的，不负刑事责任。紧急避险超过必要限度造成不应有的损害的，应当负刑事责任，但是应当减轻或者免除处罚。

第七章　刑罚的体系与制度

教学要点	思政元素	思政板块	教学方法
刑罚的目的 刑罚体系 死刑 死缓 驱逐出境 累犯 减刑	社会主义核心价值观之"公正"，中国特色社会主义刑事法治道路，理论自信、制度自信、文化自信	政治认同 家国情怀 法治意识 道德修养 文化素养	讲授式教学法 讨论式教学法 问题式教学法

一、刑罚的概念、功能与目的

（一）刑罚的概念

刑罚是刑法规定的，由国家审判机关对犯罪人适用的，以限制或剥夺其一定权益为内容的最严厉的强制性制裁方法。

1. 刑罚的内容是对犯罪人一定权益的限制和剥夺，给犯罪人造成痛苦，以惩罚犯罪，是最严厉的强制方法。严厉惩罚性是刑罚的本质属性之一。这有别于民事制裁、行政制裁，它可以剥夺犯罪人的一切权利，自由、财产、资格，甚至包括生命。

2. 刑罚只能由国家最高权力机关以成文法的方式制定，其他任何机关无权制定刑罚。

3. 刑罚只能由国家审判机关依照刑法的规定并依照法定程序才能适用，即由人民法院依照刑法、刑事诉讼法的规定加以适用。

4. 刑罚只适用于特定的对象，即犯罪人。

5. 刑罚只能由特定国家机关执行。

（二）刑罚的功能

所谓刑罚的功能，是指国家创制、裁量和执行刑罚对人们可能产生的积极作用。

1. 对犯罪人的功能

（1）剥夺功能。又称限制再犯功能，指剥夺犯罪人的某种权利或利益，使其丧失再次犯罪的能力和条件。

（2）惩罚功能。即给犯罪人带来一定的痛苦。是刑罚的应有之义，是报应的要求，也是实现特殊预防和一般预防的要求。

（3）教育改造功能。除死刑外，任何一种刑罚都有教育改造功能，以自由刑表现得最为充分。劳动改造、教育改造、感化、矫正，使其重新做人。

2. 对被害人的功能

被害人有惩罚犯罪人的强烈愿望，国家只有以刑罚惩罚了犯罪人，给犯罪人施加了他应得的痛苦，被害人才能尽快从犯罪给他造成的痛苦中解脱出来，平息其仇恨和愤怒，使被害人恢复心理平衡，避免私力复仇行为的发生。该功能就是对被害人的补偿和安抚功能。

3. 对社会的功能

（1）威慑功能。威慑功能包括个别威慑和一般威慑。个别威慑是指对犯罪人产生的威慑作用。一般威慑，是指刑罚对潜在的犯罪人产生的威慑功能，包括立法威慑、司法威慑和行刑威慑。

（2）教育、鼓励、鉴别功能。教育功能是指适用刑罚有助于强化公民的守法意识，教育公民遵纪守法。鼓励功能是指鼓励公民同犯罪行为作斗争，鼓励公民实施合法行为。鉴别功能是指使公民区分罪与非罪的界限，提高法律水平，减少和消除法盲犯罪的现象。这三者实际上是密不可分的。

（三）刑罚的目的

刑罚的目的，实际上就是国家制定、适用和执行刑罚的目的，即国家通过制定、适用和执行刑罚所希望达到的效果。刑罚的目的是预防犯罪，包括特殊预防和一般预防。

1. 特殊预防

特殊预防又称个别预防，是指通过刑罚预防已经实施了犯罪行为的犯罪人再次实施犯罪。特殊预防的对象是已经实施了犯罪行为的犯罪人。

特殊预防的作用表现在两个方面：

（1）剥夺与惩罚是预防犯罪分子再次犯罪的前提。剥夺犯罪分子的某种权利是刑罚的应有之义，是对犯罪人进行报应的必然要求，也是特殊预防的要求。通过剥夺其权利，使其无法再次实施犯罪。惩罚是报应的要求，也是特殊预防的要求。根据心理强制学说，惩罚意味着犯罪人在实施犯罪行为后应当付出一定代价，代价越小，再犯可能性越大，当代价大于犯罪的获利时，犯罪意念就会被遏制。刑罚通过惩罚使犯罪人感受到一定的痛苦，使其认识到犯罪带来的痛苦大于给其带来的快乐，从而使其不敢再次犯罪。

（2）教育和改造是特殊预防的根本措施。要从实质上解决问题，使犯罪人不再犯罪，还是需要解决其思想问题，使其不愿意再次犯罪。当然，要从根本上预防犯罪，需要消除产生犯罪的政治、经济、社会和文化条件，这只能作为一个终极目标。

特殊预防的方式包括三个方面，即剥夺、惩罚和改造，"剥夺"使其不能再犯，"惩罚"使其不敢再犯，"改造"使其不愿再犯。具体来讲：

（1）对于罪行极其严重的犯罪分子处死刑，彻底剥夺了其再次犯罪的能力。

（2）在适用剥夺自由刑时，犯罪人一定时间内与社会隔离，使他们失去了危害社会的机会。并且使他们感受到刑罚的痛苦，而不致再次危害社会。

（3）适用财产刑时剥夺了犯罪分子再次实施犯罪的物质条件，并且使其感到无利可图而不敢、不愿再次实施犯罪。

（4）独立适用资格刑时，或者适用限制自由刑时，剥夺了其政治权利或限制了其人身自由，可以在一定程度上预防其再次犯罪，如犯罪人无法利用其政治权利再次实施犯罪。

（5）适用各种刑罚措施都应重视对犯罪人的教育改造，除死刑外的其他刑法措施中也包含着教育、改造的功能，通过教育改造，使犯罪人成为遵纪守法的人，不致再危害社会。这是特殊预防最基本、最重要的方式。

2. 一般预防

一般预防，是指通过制定、适用和执行刑罚，威慑潜在的犯罪人，防止他们实施犯罪行为。一般预防的对象是潜在的犯罪人，包括危险分子、不稳定分子和被害人——被害人多具有强烈的报复念头，如果对其不进行疏导和防范，可能会酿成新的犯罪。所以被害人也是一般预防的对象。

一般预防的方式包括威慑、安抚和教育。

（1）通过制定和适用刑罚，威慑潜在的犯罪人，抑制他们的犯罪意念。心理强制和"罪刑价目表"。

（2）通过制定、适用和执行刑罚，表明国家和社会对犯罪不能容忍并应进行否定评价，应对犯罪人予以惩罚，从而安抚被害人及其亲属，对其心理进行补偿，防止报复性犯罪的发生。

（3）通过制定、适用和执行刑罚，提高人民群众的法制观念，鼓励他们积极和犯罪作斗争，预防犯罪的发生。

一般预防的实现：

（1）刑罚必然（不可避免）。对于一切犯罪，都应当科处刑罚，即使社会上发生的一切犯罪行为都受到刑罚的制裁。这是实现一般预防最重要的途径。犯罪人一般具有强烈的侥幸、投机、冒险心理，总是自认为其行为不可能被发觉。犯罪心理学研究表明，侥幸心理是支配犯罪发生的最重要的心理。刑罚必然则是破除侥幸心理的最重要途径。贝卡利亚曾经指出："对于犯罪最强有力的约束力量不是刑罚的严酷性，而是刑罚的必定性"，"即使刑罚是有节制的，它的确定性也比联系着一线不受处罚希望的可怕刑罚所造成的恐惧更令人印象深刻。"[①] 他认为，即使是严厉性受到一定限制的刑罚，也要比哪怕有一丝逃避惩罚希望的刑罚更让人感到恐惧，强调刑罚的确定性的威慑力要高于刑罚的严厉性。列宁也曾经指出："惩罚的警戒作用决不是看惩罚的严厉与否，而是看有没有人漏网。重要的不是严惩罪行，而是使所有的罪案都真相大白。"[②]

（2）刑罚及时。即一旦发生犯罪，应当在尽可能短的时间内将案件破获，将犯罪人交付审判，及时地判处并执行刑罚。刑罚越及时，一般预防的效果也就越明显。

（3）刑罚公开。包括立法公开和司法公开。让人们了解"罪刑价目表"，了解犯罪行为必然会受到制裁，了解刑罚的痛苦性，从而使刑罚起到威慑、安抚的效果。

（4）刑罚适当。这是罪责刑相适应原则的要求，也是实现一般预防的要求。刑罚过轻，不足以遏制潜在的犯罪人的犯罪意念，相反会促使他们实施犯罪，也不足以安抚被害人。刑罚过重，不符合文明发展的趋势，增强了

---

① ［意］切萨雷·贝卡利亚：《论犯罪与刑罚》，黄风译，中国大百科全书出版社，1993，第59—60页。

② 《列宁全集》（第4卷），人民出版社，1958，第356页。

犯罪人和社会公众对刑罚痛苦性的耐受力，造成对刑罚反应的迟钝，增加了犯罪的神秘感和吸引力，会促使人们同情犯罪人并对统治的合法性、合理性产生怀疑。所以，威慑并不能靠严刑峻法，而应当依靠刑罚适当。

二、刑罚的体系与种类

（一）刑罚体系

1. 刑罚体系的概念和特点

刑罚体系是指国家以有利于发挥刑罚的功能、实现刑罚的目的为指导原则，通过刑法的规定而形成的、由一定刑罚种类按其轻重程度而组成的序列。刑罚体系具有以下特点：

（1）刑罚体系的构成要素是具体的刑罚方法即刑种。

（2）构成刑罚体系要素的刑种是经过立法者选择而确定的，我国的刑种是立法者在总结长期以来我国各种刑事立法规定的刑罚种类及其运用效果的基础上选择确定的。

（3）构成刑罚体系要素的各刑种是依照一定的标准排列的，我国刑法中的刑罚体系主刑和附加刑都是按照各自的严厉程度由轻到重依次排列的。

（4）刑罚体系是由刑法明文规定的。首先，构成刑罚体系要素的刑种是由刑法明文规定的；其次，主刑与附加刑的分类是由刑法规定的；最后，刑罚种类的先后排列是刑法规定的。

（5）体系确立的依据是有利于刑罚功能的发挥和目的的实现。我国刑罚体系中，无论是刑种的选择，还是刑种的分类，抑或刑种的排列，都是立法者从有利于刑罚功能的发挥和刑罚目的的实现而确定的，不是随心所欲规定的。

2. 我国刑罚体系和特点

我国刑法共规定了 5 种主刑、4 种附加刑。

5 种主刑是：管制、拘役、有期徒刑、无期徒刑、死刑。

4 种附加刑是：罚金、剥夺政治权利、没收财产、对犯罪的外国人还规定了驱逐出境这种特殊的附加刑。

我国刑罚体系有以下几个特点：

（1）要素齐备、结构合理。要素齐备体现在刑种多样，轻重不等，有限制权利的，有剥夺的；有轻的、不予关押的，最重有处死刑的。结构合理首先体现在主刑与附加刑配合适用，主刑在先，附加刑在后，主次分明；其次各个刑种结构合理，各主刑或各附加刑之间的排列是按各自的严厉程度由轻到重。

（2）宽严相济、衔接紧凑。刑罚有十分严厉的——死刑，有很轻的——管制，轻重搭配，宽严相济。衔接紧凑，表现为拘役的上限 6 个月，与有期徒刑的下限 6 个月相衔接，有期徒刑的上限 15 年与无期徒刑也有衔接性。

（3）内容合理、方法人道。刑罚种类的设置符合中国国情，是多年来司法实践经验的总结，与其他国家的规定存有相似性，体现了刑罚轻缓化的趋势。我国刑法废除了肉刑、丑辱刑，即使死刑存在，但在执行上也越来越文明。人道性更重要的体现在刑罚的执行中，把犯罪人当人看待，尊重他们的人格，给予人道主义待遇。

（二）刑罚的种类

我国刑法中的刑罚分为主刑和附加刑，主刑共有 5 种，即死刑、无期徒刑、有期徒刑、拘役、管制；附加刑有 4 种，即罚金、没收财产、剥夺政治权利，对外国人犯罪，可以独立适用或者附加驱逐出境。总共 9 种刑罚。其中，主刑只能独立适用，不能附加适用；一个罪只能适用一个主刑，不能同时适用两个以上主刑。附加刑既可以附加主刑适用，也可以独立适用。

1. 主刑

根据《刑法》第 33 条规定，主刑包括管制、拘役、有期徒刑、无期徒刑与死刑。

（1）管制

管制是指对犯罪分子不予关押，但限制其一定的自由，依法实行社区矫正的刑罚方法。它是我国独有的一种轻刑，其具有以下特点与内容：

一是不予关押即不剥夺犯罪人的人身自由。

二是限制犯罪人的一定自由，使管制有别于免予刑罚处罚。根据《刑法》第 39 条的规定，限制自由的内容是：被判处管制的人，必须遵守法律、行政法规，服从监督；未经执行机关批准，不得行使言论、出版、集会、结社、游行、示威自由的权利；按照执行机关规定报告自己的活动情况；遵守执行机关关于会客的规定；离开所居住的市、县或者迁居，应当报经执行机关批准。但是，对犯罪人的劳动报酬不得进行限制，即对于被判处管制的犯罪分子，在劳动中应当同工同酬。

三是具有一定期限，不得对犯罪人进行无限期的管制。根据《刑法》

第 38 条、第 40 条与第 41 条、第 69 条的规定，管制的期限为 3 个月以上 2 年以下，数罪并罚时不得超过 3 年。管制的刑期从判决执行之日起计算；判决执行以前先行羁押的，羁押 1 日折抵刑期 2 日。

四是对被判处管制刑的犯罪人依法实行社区矫正。

五是可根据规定宣告禁止令（其期限不得少于 3 个月），禁止犯罪人在执行期间从事特定活动，进入特定区域、场所，接触特定的人。

（2）拘役

拘役是短期剥夺犯罪人的人身自由，就近执行并实行劳动改造的刑罚方法。其具有以下特点与内容：

一是剥夺犯罪人的人身自由。

二是具有一定的期限，是短期剥夺自由刑。根据《刑法》第 42 条、第 44 条及第 69 条的规定，拘役的期限为 1 个月以上 6 个月以下，数罪并罚时不得超过 1 年。拘役的刑期从判决执行之日起计算，判决执行以前先行羁押的，羁押 1 日折抵刑期 1 日。

三是由公安机关就近执行。拘役由公安机关在就近的拘役所、看守所或者其他监管场所执行。

四是享受一定的待遇。在执行期间，受刑人每月可以回家 1~2 天；参加劳动的，可以酌量发给报酬；可以适用缓刑。

（3）有期徒刑

有期徒刑是剥夺犯罪分人一定期限的人身自由，强制其进行劳动并接受教育改造的刑罚方法。其具有以下特点与内容：

一是剥夺犯罪人的人身自由。

二是具有一定的期限。根据《刑法》第 45 条、第 47 条与第 69 条的规定，有期徒刑的期限为 6 个月以上 15 年以下。数罪并罚时，总和刑期不满 35 年的，最高不能超过 20 年；总和刑期在 35 年以上的，最高不能超过 25 年。有期徒刑的刑期从判决执行之日起开始计算，判决执行以前先行羁押的，羁押 1 日折抵刑期 1 日。死缓减为有期徒刑时，有期徒刑的期限为 15 年以上 20 年以下。

三是执行机关为监狱或其他执行场所。

四是强制犯罪人参加劳动，接受教育改造。

（4）无期徒刑

无期徒刑是剥夺犯罪人的终身自由，强制其进行劳动并接受教育改造的刑罚方法。

无期徒刑是自由刑中最严厉的刑罚方法，其主要表现在剥夺犯罪人终身人身自由。无期徒刑的基本内容也是对犯罪人实行劳动改造。无期徒刑不可能孤立适用，根据《刑法》第57条的规定，对于被判处无期徒刑的犯罪分子，应当附加剥夺政治权利终身。

（5）死刑

死刑是剥夺犯罪人生命的刑罚方法，包括立即执行与缓期二年执行两种情况。

死刑适用的条件：

一是死刑只适用于罪行极其严重的犯罪分子。

二是对于应当判处死刑的犯罪分子，如果不是必须立即执行的，可以判处死刑同时宣告缓期二年执行。

三是不得违反法定程序适用死刑。死刑案件只能由中级以上人民法院进行一审，即基层人民法院不得判处被告人死刑。死刑除依法由最高人民法院判决的以外，都应当报请最高人民法院核准。中级人民法院判处死刑的第一审案件，被告人不上诉的，应当由高级人民法院复核后，报请最高人民法院核准；高级人民法院判处死刑的第一审案件被告人不上诉的，以及判处死刑的第二审案件，都应当报请最高人民法院核准。死刑缓期执行的，可以由高级人民法院判决或者核准。

不得适用死刑（含死缓）的犯罪人：

一是犯罪的时候不满18周岁的人。

二是审判的时候怀孕的妇女。对案件起诉到人民法院以前，被告人在羁押期间做人工流产的，应视为审判的时候怀孕的妇女，不能判处死刑；怀孕妇女因涉嫌犯罪在羁押期间自然流产后，又因同一事实被起诉、交付审判的，应当视为"审判的时候怀孕的妇女"，依法不适用死刑；在羁押期间已经怀孕的被告人，不论其是否自然流产或者经人工流产以及流产后移送起诉或审判期间的长短，都不应适用死刑；更不能为了判处死刑而强制怀孕的被告人做人工流产。

三是审判的时候已满75周岁的人，不适用死刑，但以特别残忍的手段致人死亡的除外。

死缓制度：

死缓是指对应当判处死刑但又不是必须立即执行的犯罪人，在判处死刑的同时宣告缓期二年执行，实行劳动改造，以观后效的制度。

适用死缓的法律后果：

一是在死刑缓期执行期间，如果没有故意犯罪的，2 年期满后，将死缓减为无期徒刑。

二是在死刑缓期执行期间，如果确有重大立功表现的，2 年期满后，将死缓减为 25 年有期徒刑。

三是在死刑缓期执行期间，如果故意犯罪、情节恶劣的，报请最高人民法院核准后执行死刑；对于故意犯罪未执行死刑的，死刑缓期执行的期间重新计算，并报最高人民法院备案。

死刑缓期执行的期间计算：

《刑法》第 51 条规定，死刑缓期执行的期间，从判决确定之日起计算。死刑缓期执行减为有期徒刑的刑期，从死刑缓期执行期满之日起计算。据此，死缓判决确定以前先行羁押的时间，不能计算在死缓的考验期之内。

死缓犯的限制减刑：

根据《刑法》第 50 条第 2 款的规定，对被判处死刑缓期执行的累犯以及因故意杀人、强奸、抢劫、绑架、放火、爆炸、投放危险物质或者有组织的暴力性犯罪被判处死刑缓期执行的犯罪分子，人民法院根据犯罪情节等情况可以同时决定对其限制减刑。

案例：2013 年 4 月至 2014 年 8 月，被告人王某通过网络聊天、电话联系等方式，或经张某（另案处理，已判刑）、侯某某（未满十四周岁）等人介绍，以暴力、胁迫等强制手段强行与多名未成年被害人发生性关系，或明知多名被害人是不满十四周岁的幼女仍与之发生性关系，先后对 14 名被害人实施奸淫 23 次，其中不满十四周岁的幼女 11 人。法院经审理认为，被告人王某采用暴力、胁迫手段强行与多名未成年被害人发生性关系，或明知多名被害人是未满十四周岁的幼女仍与其发生性关系，其行为已构成强奸罪。王某系累犯，依法应当从重处罚。被告人王某的行为致使被害人的身心受到极大摧残，其犯罪性质和情节极其恶劣，社会危害极大，罪行极其严重，应当予以严惩。依照《刑法》等相关规定，以强奸罪判处被告人王某死刑，剥夺政治权利终身。最高人民法院经复核，依法核准被告人死刑。

典型意义：本案系一起典型的利用网络平台，以威逼利诱等方式，利用未成年少女和幼女自我保护意识弱，对之实施性侵害的刑事案件。在本案中，王某预谋犯罪时即选择在校学生作为奸淫对象，被害人案发时均系小学或初中在校学生，其行为挑战社会伦理道德底线，主观动机极其卑劣。王某的行为虽未造成被害人重伤或死亡，但对被害人生理心理造成严重摧残，社会危害性极大，影响极其恶劣。对王某判处并执行死刑，是严格公正司法的必然要求，是彰显公平正义的必然要求。①

2. 附加刑

根据《刑法》第 34 条、第 35 条的规定，附加刑包括罚金、没收财产、剥夺政治权利以及对外国人犯罪时可适用的驱逐出境。

（1）罚金

罚金是指人民法院判处犯罪人向国家交纳一定数额金钱的刑罚方法。

罚金的适用方式：第一，选处罚金。在法定刑中，罚金和其他刑罚并列，这时如果适用罚金，只能独立适用。第二，单处罚金。只能判处罚金，不能适用其他刑罚。单位犯罪中对犯罪的单位只能适用单处罚金。犯罪情节较轻，适用单处罚金不致再危害社会并具有下列情形之一的，可以依法单处罚金：偶犯或者初犯，自首或者有立功表现的，犯罪时不满 18 周岁的，犯罪预备、中止或者未遂的，被胁迫参加犯罪的，全部退赃并有悔罪表现的；其他可以依法单处罚金的情形。第三，并处罚金。除了适用主刑外，还应当判处罚金。第四，并处或单处罚金。在这种情况下，罚金既可以附加适用，也可以单独适用。

判处罚金，应当根据犯罪情节决定罚金数额。从刑法对罚金数额的规定来看，主要有倍数罚金制、比例罚金制、定额罚金制和无限额罚金制四种方式。罚金的缴纳有四种方式：第一，罚金在判决指定的期限内一次或者分期缴纳。第二，强制缴纳。期满不缴纳的，强制缴纳。第三，随时交纳。对于不能全部缴纳罚金的，人民法院在任何时候发现被执行人有可以执行的财产，应当随时追缴。第四，减免缴纳。如果由于遭遇不能抗拒的灾祸缴纳确实有困难的，可以酌情减少或者免除。

案例：2023 年 3 月 2 日上午，大化县镇北派出所接到报警，称在大化县某巷有人在家中使用音响播放音乐，造成噪声扰民，当日 12 时许，派出所民警发现噪声来源于陆某家中。随后，民警进入陆某家中调查，但遭到陆某驱赶。陆某还从家中三楼窗户、五楼楼顶阳台等处，将板凳、斧头、菜刀、砖头等物品向楼下抛掷，砸中停放于道路上的警车。经大化县价格认证中心认定，警车车顶警示灯等部位的损失价格为 5220 元。法院认为，被告人陆某将板凳、斧头、菜刀、砖头等物品从楼上抛下，致使停放在楼下的警车损坏，犯罪情节严重，其行为已构成高空抛物罪。陆某刑罚执行完毕以

---

① 参见《被告人王某利用网络强奸被判死刑案》，中国法院网，https：//www.chinacourt.org/article/detail/2020/05/id/5230997.shtml。

后，在五年以内再犯应当判处有期徒刑以上刑罚之罪的，是累犯，依法应当从重处罚；陆某到案后如实供述自己的罪行，可以从轻处罚；陆某认罪认罚，依法可以从宽处理。法院判决被告人陆某犯高空抛物罪，判处有期徒刑十个月，并处罚金人民币 2000 元。通过高空抛物的行为发泄情绪，给他人带来安全隐患的同时，自己也将受到法律的严惩，希望大家能够抵制高空抛物行为，让更多人知道高空抛物的危害，共同维护我们"头顶上的安全"。①

（2）剥夺政治权利

剥夺政治权利是指人民法院判处剥夺犯罪人参加国家管理活动和政治活动的权利的刑罚方法。剥夺政治权利既可以单独适用，也可以附加适用。单独适用时，剥夺政治权利是一种轻刑，附加适用时，则是一种重刑。

剥夺政治权利主要是剥夺犯罪分子下列 4 项权利：①选举权和被选举权；②言论、出版、集会、结社、游行、示威自由的权利；③担任国家机关职务的权利；④担任国有公司、企业、事业单位和人民团体领导的权利。

剥夺政治权利的适用对象：必须剥夺政治权利的对象，有两类犯罪分子，一是主刑为死刑和无期徒刑的犯罪分子，二是危害国家安全的犯罪分子；可以附加适用的情形是，故意杀人、强奸、放火、爆炸、投毒、抢劫等严重破坏社会秩序的犯罪分子。

剥夺政治权利的期限有 4 种情况：①判处管制附加剥夺政治权利，剥夺政治权利的期限与管制的期限相等，同时执行；②判处拘役、有期徒刑附加剥夺政治权利或者单处剥夺政治权利的期限，为 1 年以上 5 年以下；③判处死刑、无期徒刑的犯罪分子，应当剥夺政治权利终身；④死刑缓期执行减为有期徒刑或者无期徒刑减为有期徒刑的，附加剥夺政治权利的期限改为 3 年以上 10 年以下。

（3）没收财产

没收财产是指人民法院判决没收犯罪人个人所有财产的部分或者全部的刑罚方法。没收财产是一种比较严厉的附加刑。它只能附加适用，不能独立适用。

法院判决没收财产时，可以判决没收部分财产，也可以判决没收全部财产。

没收全部财产的，应当对犯罪分子个人及其扶养的家属保留必需的生活费用。

---

① 参见《通过高空抛物发泄情绪 男子被判刑并处罚金》，中国法院网，https：//www.chinacourt.org/article/detail/2023/07/id/7391081.shtml。

在判处没收财产的时候，不得没收属于犯罪分子家属所有或者应有的财产。

没收财产以前犯罪分子所负的正当债务，需要以没收的财产偿还的，经债权人请求，应当偿还。

（4）驱逐出境

驱逐出境是强迫犯罪的外国人离开中国国（边）境的刑罚方法。作为一种特殊的附加刑，驱逐出境不具有普遍适用的价值，它只适用于犯罪的外国人。

驱逐出境有以下两种适用方式：①独立适用。它是针对那些犯罪情节比较轻的外国人，没有必要判处主刑的，可以单独判处驱逐出境。②附加适用。它是针对那些犯罪性质比较严重，判处了主刑或者其他附加刑的外国人，可以在主刑执行完结后适用驱逐出境。

案例：2023 年 10 月 11 日，澳大利亚籍人员成蕾在服刑期满后，被北京市国家安全局依法执行驱逐出境。成蕾，女，1975 年 6 月生，澳大利亚籍，原系境内媒体聘用人员。2020 年 5 月，成蕾受某境外机构人员攀拉，违反与聘用单位签署的保密条款，非法将工作中掌握的国家秘密内容通过手机提供给该境外机构。北京市国家安全局经立案侦查，于 2020 年 8 月对成蕾依法采取刑事强制措施。成蕾到案后，如实供述犯罪事实，自愿认罪认罚。北京市第二中级人民法院经开庭审理，以为境外非法提供国家秘密罪判处成蕾有期徒刑二年十一个月，附加驱逐出境。成蕾未提起上诉。[①]

三、刑罚裁量制度

（一）累犯

累犯是指因犯罪而受过一定的刑罚处罚，在刑罚执行完毕或者赦免以后，在法定期限内又犯应当判处一定刑罚之罪的犯罪人。累犯分一般累犯与特别累犯两种。

1. 一般累犯的概念及成立条件

《刑法》第 65 条第 1 款规定，被判处有期徒刑以上刑罚的犯罪分子，刑罚执行完毕或者赦免以后，在 5 年以内再犯应当判处有期徒刑以上刑罚之

---

① 参见《澳大利亚籍人员成蕾被国家安全机关依法执行驱逐出境》，中国法院网，https://www.chinacourt.org/article/detail/2023/10/id/7571003.shtml。

罪的，是累犯，应当从重处罚，但是过失犯罪和不满18周岁的人犯罪的除外。根据该规定，成立一般累犯应具备以下四个条件：

（1）实质条件：前罪和后罪都是故意犯罪。如果都是过失犯罪，或者有一个是过失犯罪，就不能成立累犯。

（2）刑度条件：前罪被判处有期徒刑以上刑罚，后罪应当被判处有期徒刑以上刑罚。有期徒刑以上刑罚，是指有期徒刑、无期徒刑和死刑。

（3）时间条件：后罪发生在前罪刑罚执行完毕或者赦免以后5年之内。

（4）限制条件：不满18周岁的人犯罪，不构成一般累犯。

被假释的犯罪人在假释考验期内再犯新罪的，被判处缓刑的犯罪人在缓刑考验期内再犯新罪的，以及被判处缓刑的犯罪人在缓刑考验期满后再犯新罪的，都不成立累犯。

案例：2021年1月至2022年6月，被告人罗某发为获取非法利益，在明知他人利用网络游戏平台进行赌博犯罪的情况下，通过他人建立具有赌博功能的网络游戏平台后出售，获取违法所得8万余元。同时，罗某发通过为他人提供启动、技术授权、服务器搬迁等技术支持服务，获取服务费6万余元。至案发，罗某发共获得违法所得14万余元。2021年11月、12月，被告人华某东为获取非法利益，与秦某峰（已判决）共同利用网络赌博平台组织他人赌博。秦某峰从罗某发处购买海贝赌博平台，华某东利用该平台通过微信群组织他人赌博，获利共计9294元，华某东分得违法所得7294元。安徽省界首法院审理后认为，被告人罗某发以营利为目的，建立赌博网站提供给他人组织赌博，并为他人提供技术支持服务，获利14万余元，情节严重；被告人华某东利用赌博网站组织他人赌博，二被告人的行为均构成开设赌场罪。被告人罗某发在刑罚执行完毕以后，五年以内再犯应当判处有期徒刑以上刑罚之罪，系累犯，对其从重处罚。被告人华某东到案后如实供述自己的犯罪事实，系坦白，且自愿认罪认罚，对其从轻处罚。综上，被告人罗某发、华某东犯开设赌场罪，分别判处有期徒刑六年、七个月，并各处罚金人民币6万元、5000元；被告人罗某发违法所得14万余元、被告人华某东违法所得7294元，予以追缴，上缴国库；被告人华某东VIVO手机一部、被告人罗某发苹果手机三部、便携式电脑三台、银行卡四张，予以没收，由扣押机关依法处理。①

---

① 参见《利用网络游戏平台开设赌场 两男子分别获刑》，中国法院网，https：//www.china-court.org/article/detail/2023/03/id/7220437.shtml。

2. 特别累犯的概念及成立条件

《刑法》第66条规定，危害国家安全犯罪、恐怖活动犯罪、黑社会性质的组织犯罪的犯罪分子，在刑罚执行完毕或者赦免以后，在任何时候再犯上述任一类罪的，都以累犯论处。根据该规定，成立特别累犯应具备以下三个条件：

（1）实质条件：前罪和后罪都是危害国家安全罪、恐怖活动犯罪、黑社会性质的组织犯罪。

（2）时间条件：后罪发生在前罪刑罚执行完毕或者赦免以后。

（3）限制条件：不满18周岁的人犯罪，不构成特别累犯。

3. 累犯的法律后果

（1）应当从重处罚；

（2）不能适用缓刑；

（3）不能适用假释。

（二）数罪并罚

数罪并罚是指对于一人在一定期限内犯有数罪的，在分别定罪量刑的基础上，依照一定的并罚原则和刑期计算方法，决定最终执行的刑罚的制度。

1. 数罪并罚的原则

（1）并科原则，又称相加原则，对数罪所判的刑罚简单地进行相加，执行的刑罚是各刑罚的总和。优点是最大限度地实现刑罚的公正，但弊端是根本没有考虑人的生命之有限性和犯罪人的承受程度，没有考虑预防犯罪的需要，无法有效地配置刑罚执行资源（监狱的有限性）。

（2）吸收原则。重罪之刑吸收轻罪之刑，执行的刑罚是数个刑罚中最重的刑罚。仅适用于被判处的犯罪中有死刑或者无期徒刑。

（3）限制加重原则。在决定执行的刑罚时，应当在数个刑罚中的最高刑以上、总和刑以下，选择一个适当的刑期。既可以实现刑罚的公正性，又可以实现刑罚的功利性，具有一定的合理性，但有时无法实现刑罚的公正。该原则可以适用于一切自由刑。

（4）折中原则，又称混合原则。上述三种原则都既有优点，又有缺点，所以各国一般都将三种原则结合起来，对不同的刑种采取不同的并罚方法，这就是折中原则。

2. 我国数罪并罚的原则

我国刑法对数罪并罚采取的是混合原则。

（1）对判处死刑和无期徒刑的，采取吸收原则。

（2）对于判处有期徒刑、拘役和管制的，采取限制加重原则，应当在总和刑期以下、数刑中最高刑期以上，酌情决定执行的刑期。有期徒刑总和刑期不满 35 年的，并罚后最高不超过 20 年，总和刑期在 35 年以上的，并罚后最高不超过 25 年；拘役并罚后最高不超过 1 年；管制并罚后最高不超过 3 年。

（3）数罪中有判处附加刑的，附加刑仍须执行。即对判处附加刑的，采取附加刑与主刑并科的原则。

3. 适用数罪并罚的不同情况

（1）判决宣告以前一人犯数罪的并罚

判决宣告以前一人犯数罪，并且数罪均已被发现时，根据《刑法》第 69 条规定的上述数罪并罚原则予以并罚。

（2）刑罚执行完毕以前发现漏罪的并罚——先并后减

《刑法》第 70 条规定：判决宣告以后，刑罚执行完毕以前，发现被判刑的犯罪分子在判决宣告以前还有其他罪没有判决的，应当对新发现的罪作出判决，把前后两个判决所判处的刑罚，依照《刑法》第 69 条的规定，决定执行的刑罚。已经执行的刑期，应当计算在新判决决定的刑期以内。这种方法称为"先并后减"。

（3）刑罚执行完毕以前又犯新罪的并罚——先减后并

《刑法》第 71 条规定：判决宣告以后，刑罚执行完毕以前，被判刑的犯罪分子又犯罪的，应当对新犯的罪作出判决，把前罪没有执行的刑罚和后罪所判处的刑罚，依照本法第 69 条的规定，决定执行的刑罚。这种方法称为"先减后并"。

如果犯罪人在刑罚执行期间又犯新罪，并且发现其在原判决宣告以前的漏罪，则先将漏罪与原判决的罪，根据《刑法》第 70 条规定的先并后减的方法进行并罚；再将新罪的刑罚与前一并罚后的刑罚还没有执行的刑期，根据《刑法》第 71 条规定的先减后并的方法进行并罚。

案例：被告人何某为达到利用幼女供他人嫖宿牟利的目的，单独或与他人伙同作案，使用诱骗、劫持手段，将被害人常某某（8 周岁）、有智力残疾的谢某某（13 周岁）、被害人杜某某（10 周岁）拘禁在出租房内。其间，何某多次对三名被害人实施奸淫，并致常某某轻伤、杜某某轻微伤。何某还拍摄三名被害人裸体照片及视频并通过 QQ 发布招嫖信息，强迫三名被害人卖淫。法院经审理认为，被告人何某采取诱骗、劫持等手段将不满十四周岁的幼女拘禁，后强奸并强迫其卖淫，其行为构成强奸罪、强迫卖淫罪；何某故意伤害他人身体健康，其行为还构成故意伤害罪，且具有强奸幼女多人、多次的情节，犯罪动机卑劣，性质、情节恶劣，手段残忍，人身危险性和社会危害性极大，罪行极其严重，应依法从重处罚。依照《刑法》等相关规定，以强奸罪判处被告人何某死刑，剥夺政治权利终身；以强迫卖淫罪判处有期徒刑十五年，并处罚金人民币 5 万元；以故意伤害罪判处有期徒刑二年六个月；决定执行死刑，剥夺政治权利终身，并处罚金人民币 5 万元。最高人民法院经复核，依法核准被告人何某死刑。何某已于 2019 年 7 月 24 日被执行死刑。

典型意义：性侵害未成年人的案件严重侵害未成年被害人的身心健康，严重影响广大人民群众安全感，性质恶劣，危害严重。对此类案件要坚决依法从重从快惩治，对罪行极其严重的，要坚决依法判处死刑，让犯罪分子受到应有制裁。近年来，犯罪分子利用网络实施犯罪的案件有所增加。未成年人辨别能力、防范意识相对较弱，更容易成为受害对象。本案警示我们，一定要加强网络监管，加强对未成年人的网络保护；网络企业要强化社会责任，切实履行维护网络安全、净化网络空间的法律义务；学校、家庭要加强对未成年人使用网络情况的监督，教育引导未成年人增强自我保护意识和能力。同时，本案也提示学校、老师、家庭、家长，一定要切实履行未成年人保护、监护法律责任。本案第三名被害人在上学途中被劫持，学校老师发现被害人未到校后及时通知家长，家长报案后，公安机关通过监控锁定犯罪分子的藏匿地点，及时解救了被害人，并将犯罪分子绳之以法，从而避免了犯罪分子继续为非作恶、更多未成年人受到侵害。[①]

（三）缓刑

缓刑，也称刑罚的暂缓执行，是指对已构成犯罪、应受刑罚处罚的犯罪人，在一定期限内附条件地不执行所判刑罚的制度。即对于被判处拘役、3 年以下有期徒刑的犯罪人，根据其犯罪情节和悔罪表现，如果暂缓执行刑罚没有再犯罪的危险，对所居住社区没有重大不良影响，就可以规定一定的考验期，暂缓刑罚的执行；如果犯罪人在考验期内遵守一定条件，原判刑罚就不再执行。

缓刑不同于死刑缓期执行。

① 参见《被告人何某强奸、强迫卖淫、故意伤害被判死刑案》，中国法院网，https：//www.chinacourt.org/article/detail/2020/05/id/5230993.shtml。

缓刑与对军人的"战时缓刑"具有区别。《刑法》第449条规定：在战时，对被判处3年以下有期徒刑没有现实危险宣告缓刑的犯罪军人，允许其戴罪立功，确有立功表现时，可以撤销原判刑罚，不以犯罪论处。

1. 缓刑的适用条件

（1）缓刑只适用于被判处拘役或者3年以下有期徒刑的犯罪人。①所谓被判处拘役或者3年以下有期徒刑，是就宣告刑而言，而不是指法定刑；②适用缓刑对犯罪性质（罪名）没有特别要求，只要宣告刑是3年以下有期徒刑或者拘役，都可以适用；③对被判处管制或者单处附加刑的，不能适用缓刑；④无论一罪还是数罪，只要被判处3年以下有期徒刑或者拘役的，都可以适用缓刑。

（2）根据犯罪人的犯罪情节和悔罪表现，适用缓刑没有再犯罪的危险。

（3）不是累犯和犯罪集团的首要分子。

（4）宣告缓刑对所居住社区没有重大不良影响。

2. 缓刑的考验期限与考察内容

（1）缓刑的考验期限

拘役的缓刑考验期限为原判刑期以上1年以下，但是不能少于2个月；有期徒刑的缓刑考验期限为原判刑期以上5年以下，但是不能少于1年。缓刑考验期限，从判决确定之日起计算。

（2）缓刑的考察内容

被宣告缓刑的犯罪人，应当遵守下列规定：①遵守法律、行政法规，服从监督；②按照考察机关的规定报告自己的活动情况；③遵守考察机关关于会客的规定；④离开所居住的市、县或者迁居，应当报经考察机关批准。

3. 缓刑考验期满

缓刑考验期满，是指犯罪人在缓刑考验期内，没有再犯新罪，没有发现判决宣告以前还有其他罪没有判决，没有情节严重的违反法律、行政法规或者国务院有关部门关于缓刑的监督管理规定，或者违反人民法院判决中的禁止令的行为，并且经过了考验期限。缓刑考验期满，原判的刑罚就不再执行，并公开予以宣告。

4. 缓刑的撤销

缓刑的撤销，是指由于犯罪人在缓刑考验期内，没有遵守法定条件，而将原判决宣告的缓刑予以撤销，使犯罪人执行原判刑罚甚至实行数罪并罚。缓刑的撤销包括三种情况：

一是被宣告缓刑的犯罪人，在缓刑考验期内犯新罪的，应当撤销缓刑，对新犯的罪作出判决，把前罪和后罪所判处的刑罚，依照《刑法》第 69 条的规定，决定执行的刑罚。如果原判决宣告以前先行羁押的，羁押日期应当折抵刑期。在这种情况下，即使在经过了缓刑考验期后才发现行为人在缓刑考验期内所犯新罪的，也应当撤销缓刑。

二是被宣告缓刑的犯罪人，在缓刑考验期内发现判决宣告以前还有其他罪没有判决的，应当撤销缓刑，对新发现的罪作出判决，把前罪和后罪所判处的刑罚，依照《刑法》第 69 条的规定，决定执行的刑罚。如果原判决宣告以前先行羁押的，羁押日期应当折抵刑期。

三是被宣告缓刑的犯罪人，在缓刑考验期内，违反法律、行政法规或者国务院有关部门关于缓刑的监督管理规定，或者违反人民法院判决中的禁止令，情节严重的，应当撤销缓刑，执行原判刑罚。

案例 1：曾因犯开设赌场罪被判处缓刑，缓刑考验期间再开设赌场，女子被撤销缓刑，数罪并罚。2020 年 12 月，被告人雍某某因犯开设赌场罪，被江西省丰城市人民法院判处有期徒刑一年九个月，缓刑二年三个月，并处罚金人民币 2 万元。2021 年 11 月至 2022 年 4 月 25 日，被告人雍某某在网络上通过微信，从微信好友处购买"斗牛"微信小程序"新漫游平台"的房卡，并利用平台开设"斗牛"赌博房间，组织大量参赌人员在该平台上参与"斗牛"赌博。雍某某发展赌博团伙财务人员二名，股东三名。该赌博团伙结算赌资共计 119557.14 元，非法获利 14300 元，其中雍某某非法获利 4000 元。江西省萍乡市湘东区人民法院经审理后认为，被告人雍某某利用网络平台开设赌场，邀集参赌人员参与赌博，其行为已构成开设赌场罪。被告人雍某某在缓刑考验期限内犯新罪，应当撤销缓刑，把前罪和后罪所判处的刑罚，数罪并罚。鉴于被告人在共同犯罪中的作用，及其具有坦白、认罪认罚、积极退赃等量刑情节，法院遂撤销被告人雍某某前罪缓刑部分，被告人雍某某因犯开设赌场罪，判处有期徒刑一年，并处罚金人民币 4000 元，与被告人雍某某犯开设赌场罪判处有期徒刑一年九个月，并处罚金人民币 2 万元数罪并罚，决定执行有期徒刑二年三个月，并处罚金人民币 2.4 万元。[①]

案例 2：被害人袁某于 2021 年 1 月 28 日通过被告人赵某在某融资贷款公司贷款 500000 元。同年 2 月 3 日，被告人赵某了解到被害人袁某有提前还贷的意愿，遂谎称其可以帮忙操作提前还贷免付利息，被害人袁某分别于同年 2

---

① 参见《两次开设赌场获刑 撤销缓刑数罪并罚》，中国法院网，https：//www.chinacourt.org/article/detail/2023/01/id/7116624.shtml。

月3日、2月22日、3月17日、4月2日，通过其银行账户向被告人赵某的银行账户转款200000元、100000元、100000元、30820.3元，于2021年5月12日通过支付宝向被告人赵某转款40000元，共计470820.3元，以上钱款均被被告人赵某用于偿还个人债务和日常开销。被告人赵某在收到被害人袁某第一笔转款后，因被害人袁某索要还贷凭证，被告人赵某伪造了一张金额为200000元的银行转款凭证，并谎称已代其提前还贷。后被害人袁某发现其银行卡每月仍有出账账单，遂与被告人赵某联系，被告人赵某承认其收款后未偿还贷款，谎称将钱拿给朋友投资。经双方协商，被告人赵某于2021年6月1日出具了一张借款金额为480000元的借条给被害人袁某，约定2021年6月7日归还200000元，剩余280000元于2021年6月27日归还，因被告人赵某未约定还款，被害人袁某遂向侦查机关报案。经核查，被告人赵某案发前向被害人袁某转款合计205360元。被告人赵某实际诈骗金额为265460.3元。另查明，浙江省诸暨市人民法院于2021年8月30日作出的刑事判决，以诈骗罪判处被告人赵某有期徒刑九个月，缓刑一年，并处罚金人民币1.2万元。被告人赵某于该判决宣告前已实施了本案诈骗行为，发现本案诈骗行为时，被告人赵某尚处于缓刑考验期限内。被告人赵某于2021年10月18日经侦查机关办案人员电话联系后投案。江西省宜春市袁州区人民法院经审理认为，被告人赵某以非法占有为目的，以虚构事实的方式骗取他人钱款合计265460.3元，数额巨大，其行为构成诈骗罪。公诉机关指控的罪名成立。被告人赵某在尚未受到讯问、未被采取强制措施的情况下，经侦查机关电话传唤后自动投案，如实供述自己的罪行，是自首，且愿意接受处罚，依法可以从轻处罚。被告人赵某在缓刑考验期内，发现判决宣告以前还有其他罪没有判决，应当撤销缓刑，将前罪与后罪所判处的刑罚数罪并罚。据此，法院遂依法判处被告人赵某有期徒刑四年，并处罚金人民币5万元；依法撤销被告人赵某原犯诈骗罪适用缓刑部分的刑事判决；与原犯诈骗罪，判处的有期徒刑九个月，并处罚金人民币1.2万元并罚，决定执行有期徒刑四年六个月，并处罚金人民币6.2万元；责令被告人赵某退赔被害人袁某265460.3元。[①]

案例3：2021年3月9日，被告人杜某某在河北省因犯销售假冒注册商标的商品罪被判处有期徒刑一年，缓刑二年。在缓刑考验期限内被北京市公安局通州分局民警发现其还有遗漏的犯罪事实。经查，在2017年11月至

---

① 参见《缓刑考验期内又诈骗 男子数罪并罚获刑四年半》，中国法院网，https://www.chinacourt.org/article/detail/2022/12/id/7051740.shtml。

12 月，被告人杜某某购买他人身份证并以该人名义在网上发布销售装载机的信息，后向赵某某销售"龙某"牌、"柳某"牌装载机各 1 辆，收取装载机定金及售车款共计人民币 273001 元；经鉴定，被告人杜某某销售的装载机系假冒"龙某"牌、"柳某"牌装载机。2018 年 8 月，被告人杜某某在网上发布销售"合力"牌叉车的信息，使用伪造的他人身份证、叉车合格证等材料，以他人名义签订叉车转让协议，向臧某甲销售 3 辆"合力"牌叉车，并通过其购买的他人银行账户收取售车款人民币 16 万元；经鉴定，上述叉车均系假冒"合力"牌叉车。后被告人杜某某于 2021 年 5 月 27 日被民警查获，向购车单位赔偿了部分经济损失。通州法院判决撤销原判对被告人杜某某宣告缓刑的部分，以销售假冒注册商标的商品罪判处被告人杜某某有期徒刑三年二个月，并处罚金人民币 20 万元，与前罪所判处的刑罚并罚，决定执行有期徒刑四年，并处罚金。

典型意义：本案是对职业售假者撤销缓刑判处实刑的典型案例。根据《刑法》第 77 条的规定，被宣告缓刑的犯罪分子，在缓刑考验期限内发现判决宣告以前还有其他罪没有判决的，应当撤销缓刑，对新发现的罪作出判决，把前罪和后罪所判处的刑罚，依法予以并罚，决定执行的刑罚。《最高人民法院关于依法加大知识产权侵权行为惩治力度的意见》规定，对于主要以侵犯知识产权为业等情形，依法从重处罚，一般不适用缓刑。本案中，被告人长期以销售假冒工业车辆为业，且在销售假冒注册商标的商品过程中同时具有购买他人身份证件以及购买伪造的身份证件的行为，应依法从严惩处。本案的判处，既体现了对职业售假者依法严惩的精神，也有力维护了商标权人和购买者的合法利益。[①]

5. 缓刑的其他注意事项

（1）缓刑的效力不及于附加刑。被宣告缓刑的犯罪分子，如果被判处附加刑，附加刑仍须执行。

（2）缓刑不是独立刑种，只是一种刑罚执行方法。

（3）缓刑犯可适用禁止令。宣告缓刑，可根据犯罪情况，同时禁止犯罪分子在缓刑考验期限内从事特定活动，进入特定区域、场所，接触特定的人。

---

① 参见《北京市通州区人民法院发布 2020—2022 年度依法审判侵犯知识产权犯罪 10 件典型案例之七：杜某某销售假冒注册商标的商品案——职业售假者被撤销缓刑判处实刑》，北大法宝网，http：//www. pkulaw. cn/case/pfnl_95b2ca8d4055fce1cb327d4098327039cdae5e4f62502c2dbdfb. html？keywords = % E7% BC% 93% E5% 88% 91&match = Exact。

案例1：2019年8月至2020年6月，被告人常某某未经注册商标的所有人许可，伙同他人在租用的徐州市某民宅用低价白酒灌装假冒上述注册商标的白酒800余箱并对外销售，非法经营额共计28万余元。法院另查明，2013年11月，被告人常某某曾因涉嫌生产、销售假酒被徐州市公安局云龙分局立案侦查。2014年6月，被告人常某某开设个体工商户泉山区某烟酒店。被告人常某某2017年8月至2018年12月还曾担任江苏今世缘酒业股份有限公司在安徽省砀山县的地区团购、酒店、流通渠道经销商，2019年1月1日后负责经营团购渠道。2020年6月，因其屡次违反经销规定，该公司与其终止合作。法院经审理，认定被告人常某某构成假冒注册商标罪，判处有期徒刑三年，并处罚金人民币19万元，同时禁止被告人常某某自刑罚执行完毕之日或者假释之日起三年内从事酒类产品及其包某的经营活动。

典型意义：本案系徐州市首例在知识产权刑事案件中对被告人适用从业禁止令的案件。从业禁止属于一种预防再犯罪措施，适用于利用职业便利实施犯罪或者实施违背职业要求的特定义务的犯罪并被判处刑罚的罪犯，系为了防止从事特定职业的犯罪分子在刑罚执行完毕或者假释之后，又继续从事原来的职业或者相关的职业，从而对公共利益或者社会秩序构成一定的危险。本案被告人2013年即曾因涉嫌生产、销售假酒被立案侦查，2014年设立了烟酒店从事白酒销售，2017年至2020年担任"国缘"等品牌白酒的经销商，其违背职业要求，采用以低价白酒灌装高档白酒的方式，实施了假冒多个品牌的制假售假行为，主观恶性较大，犯罪情节恶劣，对其适用从业禁止的预防性措施能够有效预防其再次犯罪，提升人民群众的安全感。[①]

案例2：2022年9月7日，被告人李某某在明知自己提供的两张银行卡是被用于非法转账隐匿赃款的情况下，仍为谋取经济利益，将自己的银行账户出借给他人使用。其间，被告人李某某提供刷脸行为，协助、配合组织者转移赃款。经查实，诈骗资金人民币3万余元流入被告人李某某提供的银行卡内。法院经审理认为，被告人李某某明知是犯罪所得却配合他人予以转移，其行为已构成掩饰、隐瞒犯罪所得罪。被告人李某某的犯罪行为与他人构成共犯，其提供银行卡，协助、配合组织者转移赃款，在整个犯罪过程中起次要、辅助作用，系从犯，应减轻处罚。对被告人李某某以掩饰隐瞒犯罪

[①] 参见《江苏省徐州市中级人民法院发布10起知识产权保护典型案例之三：常某某生产、销售假冒白酒适用从业禁止令案》，北大法宝网，http：//www.pkulaw.cn/case/pfnl_95b2ca8d4055fce1653794be669c2e4781914dfaa9e0ee5ebdfb.html？keywords=%E7%A6%81%E6%AD%A2%E4%BB%A4&match=Exact。

所得罪，判处有期徒刑一年，缓刑二年，并处罚金人民币 3000 元。禁止被告人李某某在缓刑考验期限内向银行业金融机构、非银行支付机构新开户（卡）；向网信、电信企业办理新入网（卡）；禁止使用银行账户（卡）非柜面业务、支付账户所有业务。确因生产、生活需要可申请保留一个账户（卡）及一部移动通信工具。

典型意义：本案是人民法院依法打击电信诈骗及其关联犯罪，对适用缓刑被告人，发布禁止令的典型案例。掩饰、隐瞒犯罪所得的行为，是电信网络诈骗犯罪中的重要一环，"卡农"帮助犯罪分子快速转移诈骗资金，致使上游犯罪无法及时查处的同时，也给被害人追赃挽损造成极大困难，必须坚决予以依法严惩。对被告人发布禁止令，有效预防被告人再犯同类犯罪，从源头上切断不法分子获取犯罪工具的途径，对于打击治理电信诈骗、保护人民群众的财产安全，具有重要意义。电信诈骗犯罪活动中，犯罪分子为了逃避追查，往往会利用他人的银行卡进行收款、转账。部分人员法律意识淡薄，为牟取非法利益，将自己的银行卡、电话卡出租、出借、出售给不法分子，甚至提供现场刷脸认证等方式，为电诈犯罪分子转移赃款提供便利。这些人处于电信诈骗犯罪链条最底端，为谋取蝇头小利而参与犯罪，却导致被害人被骗钱款难以追回，自己也必将受到法律的制裁。生活中切勿贪图小利，"帮"人终害己。①

案例 3：2021 年 1 月至 2 月，林某借其在某市某培训学校担任兼职教师的特殊职责和工作便利，物色和接近不满十四岁的幼女，以隐瞒身份相欺骗，以金钱财物相引诱，使用"生物测试""普通话测试"、签自愿性字条等套路先后诱骗、强迫不满十四周岁的被害人覃某、章某与其发生性关系。人民法院经审理认为，被告人林某应当知道被害人覃某、章某系未满十四周岁的幼女，采取强迫、诱骗等手段，多次与两名被害人发生性关系，情节恶劣，其行为构成强奸罪。林某系累犯，依法从重处罚。人民法院以被告人林某犯强奸罪判处有期徒刑十二年，剥夺政治权利二年；禁止被告人林某在五年内从事未成年人教育、培训、辅导的相关职业。

典型意义：课外教育系学校教育的有益补充，但由于行业监管不够健全，实践中发生了培训教师性侵未成年的案件。本案被告人利用教育和管理未成年人的工作便利，故意选择未成年学生进行引诱、哄骗并实施性侵害，

---

① 杜晓艺：《出借银行卡"帮"人终害己 张家口经开法院首发"两卡"禁止令》，中国法院网，https://www.chinacourt.org/article/detail/2023/11/id/7653774.shtml。

且系累犯，人民法院根据犯罪情况和预防再犯罪的需要，依法严厉惩处被告人并对其适用从业禁止措施，牢牢守住未成年人权益保护的司法防线。本案警示相关主管部门强化对教育培训行业的监管，家长和学校多关注孩子的学习和生活，加强对孩子的法治教育和性知识教育，帮助孩子提高自我保护能力。[①]

四、刑罚执行制度

(一) 减刑

1. 减刑的概念及类型

减刑是指对于被判处管制、拘役、有期徒刑、无期徒刑的犯罪分子，根据其在执行期间的悔改表现或者立功表现，而适当减轻其原判刑罚的制度。

减刑分为两种情况：一是可以减刑，即具备一定条件时，人民法院可以裁定减刑；二是应当减刑，即有重大立功表现时，人民法院应当减刑。从减刑的方法与效果来看，减刑也分为两种情况：一是将无期徒刑减为有期徒刑，这是刑种的变更；二是将管制、拘役、有期徒刑的刑期减少，不能变更刑种。

2. 减刑的适用条件

(1) 前提条件

只能对被判处管制、拘役、有期徒刑、无期徒刑的犯罪人减刑。这是可以减刑与应当减刑的共同前提条件。对于死缓依法减为无期徒刑或者有期徒刑的，附加刑的减轻，对缓刑考验期限的减短，不是《刑法》第 78 条规定的减刑。

(2) 实质条件

第一，可以减刑的实质条件是，犯罪人在刑罚执行期间，认真遵守监规，接受教育改造，确有悔改表现，或者有立功表现。

第二，应当减刑的实质条件是，犯罪人在刑罚执行期间，有重大立功表现。根据《刑法》第 78 条的规定，有下列重大立功表现之一的，应当减刑：①阻止他人重大犯罪活动的；②检举监狱内外重大犯罪活动，经查证属实的；③有发明创造或者重大技术革新的；④在日常生产、生活中舍己救人

---

① 参见《江西高院发布 2023 年未成年人权益保护十大典型案例》，法治时代网，http://www.pfcx.cn/index/index/n_show/id/131476.html。

的；⑤在抗御自然灾害或者排除重大事故中，有突出表现的；⑥对国家和社会有其他重大贡献的。这种重大立功表现，也不以其他悔改表现为前提。

3. 减刑的限度与幅度

《刑法》第 78 条第 2 款规定：减刑以后实际执行的刑期，判处管制、拘役、有期徒刑的，不能少于原判刑期的二分之一；判处无期徒刑的，不能少于 13 年。限制减刑的死刑缓期执行的犯罪分子，缓期执行期满后依法减为无期徒刑的，不能少于 25 年，缓期执行期满后依法减为 25 年有期徒刑的，不能少于 20 年。

4. 减刑的程序与减刑后的刑期计算

《刑法》第 79 条规定：对于犯罪分子的减刑，由执行机关向中级以上人民法院提出减刑建议书。人民法院应当组成合议庭进行审理，对确有悔改或者立功事实的，裁定予以减刑。非经法定程序不得减刑。

《刑法》第 80 条规定：无期徒刑减为有期徒刑的刑期，从裁定减刑之日起计算。

案例 1：罪犯邱某某在社区矫正期间，在河道救起一名落水小女孩，经公安局调查，确认罪犯邱某某的行为属于见义勇为行为。司法局认定罪犯邱某某有重大立功表现，据此向中级人民法院提请对罪犯邱某某减去有期徒刑两个月，缩短缓刑考验期两个月的建议。中级人民法院依法公开开庭审理此缓刑罪犯在社区矫正期间因重大立功、刑罚执行机关提请减刑的案件，人民检察院指派检察员出庭履行职务，检察机关认为罪犯邱某某的行为构成重大立功表现，符合减刑条件，同意执行机关提请减刑的意见。中级人民法院经审理查明，罪犯邱某某在社区矫正期间，严格遵守社区矫正监督管理规定，服从监管，确有悔改表现，其在社区矫正期间的重大立功表现有相关证据予以证实。中级人民法院认为，罪犯邱某某在缓刑考验期间，不顾自身安危、见义勇为的行为，应属在日常生产、生活中舍己救人的重大立功表现，符合减刑的法定条件，依法可以减刑，遂裁定减去罪犯邱某某有期徒刑两个月，缩减缓刑考验期两个月。①

案例 2：罪犯周某，男，因犯强奸罪，被判处有期徒刑七年，剥夺政治权利一年，赔偿附带民事诉讼原告人物质损失人民币 4829.83 元。判决发生法律效力后交付执行。2021 年 1 月 25 日，刑罚执行机关江苏省宜兴监狱以

---

① 参见《社矫对象因重大立功获减刑》，法治网，http：//www.legaldaily.com.cn/legal_case/content/2023 - 11/10/content_ 8926240. html。

该犯在服刑期间确有悔改表现为由，提请对其减去有期徒刑七个月，剥夺政治权利一年不变。无锡中院经审理查明，罪犯周某在服刑期间，虽于2019年1月、2019年6月、2019年11月、2020年4月、2020年10月获得表扬五次，但该犯系累犯，被判处赔偿附带民事诉讼原告人物质损失人民币4829.83元未履行，且本次犯罪的侵犯对象是未成年人，犯罪手段残忍，造成被害人呼吸功能障碍，出现窒息征象，构成人体轻伤二级。无锡中院认为罪犯周某不符合法定减刑条件，依法裁定不予减刑。

典型意义：减刑是国家的权力，是对罪犯改造的一种特殊奖励，更是为了实现刑罚目的。审理减刑案件，既注重罪犯交付执行后的一贯表现，同时也要注重审查罪犯犯罪的性质、具体情节、社会危害程度等，更要注重罪犯思想改造等主观方面表现。本案中，虽然罪犯周某的狱内表现符合减刑条件，但考虑到其1988年出生，从20岁开始，就因犯强奸罪进了监狱，接着在假释考验期内又犯强奸罪，刑满释放后不到一年再犯强奸罪，这次还将魔爪伸向了未成年人，对未成年人的身心都造成了极大的伤害，连四千多元的赔偿都至今未履行。事实证明，该犯虽经监狱一次次改造，但均未真正悔改，故应严格控制其减刑，督促其在服刑期内切实悔改，从思想上、行动上杜绝再犯意途，坚决维护未成年人健康成长的社会环境。①

（二）假释

1. 假释的概念

假释是指对于被判处有期徒刑、无期徒刑的部分犯罪人，在执行一定刑罚之后，确有悔改表现，没有再犯罪的危险，附条件地予以提前释放的制度。附条件，是指被假释的犯罪人，如果遵守一定条件，就认为原判刑罚已经执行完毕；如果没有遵守一定条件，就收监执行原判刑罚乃至数罪并罚。

2. 假释的适用条件

（1）前提条件：假释只适用被判处有期徒刑、无期徒刑的犯罪人。

（2）执行刑期条件：假释只适用于已经执行一部分刑罚的犯罪人。被判处有期徒刑的犯罪人、执行原判刑期二分之一以上，被判处无期徒刑的犯罪人、实际执行13年以上，才可以假释。根据《刑法》第81条的规定，如果有特殊情况，经最高人民法院核准，可以不受上述执行刑期的限制。

---

① 参见《江苏省无锡市中级人民法院发布8起减刑假释典型案例》，北大法宝网，https://pkulaw.com/pal/a3ecfd5d734f711dba2d52d923f144c67f8162f366f5eb59bdfb.html。

（3）实质条件：假释只适用于在刑罚执行期间，认真遵守监规，接受教育改造，确有悔改表现，提前释放后没有再犯罪的危险的犯罪人。

（4）消极条件：对累犯以及因故意杀人、强奸、抢劫、绑架、放火、爆炸、投放危险物质或者有组织的暴力性犯罪被判处 10 年以上有期徒刑、无期徒刑的犯罪分子，不得假释。

3. 假释的考验期限与考察内容

（1）假释的考验期限

有期徒刑的假释考验期限，为没有执行完毕的刑期；无期徒刑的假释考验期限为 10 年。假释考验期限，从假释之日起计算。

（2）假释的考察内容

被宣告假释的犯罪人，应当遵守下列规定：①遵守法律、行政法规，服从监督；②按照监督机关的规定报告自己的活动情况；③遵守监督机关关于会客的规定；④离开所居住的市、县或者迁居，应当报经监督机关批准。

4. 假释考验期满

被假释的犯罪人，如果在假释考验期限内，遵守一定条件，没有再犯新罪，没有发现判决宣告以前的漏罪，没有违反法律、行政法规或者国务院有关部门关于假释的监督管理规定，假释考验期满，就认为原判刑罚已经执行完毕，并公开予以宣告。

5. 假释的程序

根据《刑法》第 82 条的规定：对于犯罪人假释的，由执行机关向中级以上人民法院提出假释建议书，人民法院应当组成合议庭进行审理，对符合假释条件的，裁定予以假释。非经法定程序不得假释。

6. 假释的撤销

假释的撤销，是指由于犯罪人在假释考验期内，没有遵守法定条件，而将原判决宣告的假释予以撤销，使犯罪人执行原判刑罚甚至实行数罪并罚。假释的撤销包括三种情况：

（1）被假释的犯罪人，在假释考验期限内犯新罪的，应当撤销假释，按照《刑法》第 71 条规定的先减后并的方法实行数罪并罚。如果前罪为无期徒刑，则将新罪所判处的刑罚与前罪的无期徒刑实行并罚。需要说明的是，只要是在假释考验期内犯新罪，即使经过了假释考验期限后才发现新罪，也应当撤销假释，按照先减后并的方法实行数罪并罚。

（2）在假释考验期限内，发现被假释的犯罪人在判决宣告以前还有其他罪没有判决的，应当撤销假释，按照《刑法》第 70 条规定的先并后减的方法实行数罪并罚。值得注意的是，如果在假释考验期满后，才发现被假释的犯罪人在判决宣告以前还有其他罪没有判决的，不得撤销假释，只能对新发现的犯罪另行侦查、起诉、审判，不得与前罪的刑罚并罚。

（3）被假释的犯罪人，在假释考验期限内，有违反法律、行政法规或者国务院有关部门关于假释的监督管理规定的行为，尚未构成新的犯罪的，应当依照法定程序撤销假释，收监执行尚未执行完毕的刑罚。

案例1：罪犯夏某，男，因犯非国家工作人员受贿罪，被判处有期徒刑三年二个月，暂扣的赃款人民币1730000元予以没收，上缴国库。判决发生法律效力后交付执行。2021年9月13日，刑罚执行机关江苏省丁山监狱以该犯在服刑期间确有悔改表现、假释后没有再犯罪的危险、符合法定假释条件为由，提请对其假释。无锡中院经审理查明，罪犯夏某在服刑期间能认罪、悔罪，认真遵守法律法规及监规，接受教育改造；积极参加思想、文化、职业技术教育；积极参加劳动。该犯于2020年8月、2021年2月受到表扬二次，所处退赃、退赔人民币1730000元已全部履行。其原住所地社区矫正机构出具评估意见认为，其家人愿意接纳他，其妻子作为监督人愿意对其监管，有可靠的经济来源，具备对其适用社区矫正的条件。无锡中院认为，罪犯夏某符合法定假释条件，依法裁定对其予以假释。

典型意义：假释是有条件释放，在假释期间罪犯如果违反法律、行政法规或者国务院有关部门关于假释的监管规定，应当撤销假释。正确适用假释，不仅有利于调动罪犯改造的积极性，争取早日回归社会，更能在假释期间让其接受有关机关的有效监管，检验其是否真正有悔改表现。在审查假释案件时，人民法院应当综合考虑罪犯的原判刑罚、主观恶性、悔改表现、社会危险性及社会影响等方面因素依法裁定。本案中，罪犯夏某在服刑期间确有悔改表现，能自觉全部履行生效裁判中的财产性判项，已执行原判刑期二分之一以上，所在社区也同意接收，家人也提供担保愿意监督夏某的日常行为；另其系利用职务进行犯罪，非暴力犯或累犯，假释后已失去再次犯同类受贿罪的条件，对社会无现实危险性。综合考虑以上各项因素，并征求检察机关及当地社区矫正机关意见，法院判断其符合假释条件，裁定予以假释。同时在假释裁定送达日对其进行法制宣传，要求其继续遵守法律法规，做对社会有用之人。①

---

① 参见《江苏省无锡市中级人民法院发布8起减刑假释典型案例》，北大法宝网，https://pkulaw.com/pal/a3ecfd5d734f711dba2d52d923f144c67f8162f366f5eb59bdfb.html。

案例 2：罪犯聂某某，男，因犯猥亵儿童罪，被判处有期徒刑二年三个月。判决发生法律效力后交付执行。2019 年 3 月 18 日，刑罚执行机关江苏省丁山监狱以该犯已执行原判刑期二分之一以上，在服刑期间确有悔改表现，假释后没有再犯罪的危险为由，提请对其假释。无锡中院经审理查明，罪犯聂某某强行将在乡村小路边独自玩耍的七岁女孩拉进路边树林里，采用捂嘴、掐脖子等暴力手段，强行实施猥亵；导致被害人产生严重的心理阴影、被害妄想症，经常做噩梦，学习成绩下滑。该犯虽于 2018 年 10 月获得一次表扬，但在假释案件审理期间，本院对其提讯时，其仍未认识到自己行为的社会危害性。另查明，罪犯聂某某原住所地社区矫正机构出具调查评估意见认为该犯基本具备社区矫正的条件。无锡中院认为罪犯聂某某不符合法定假释条件，依法裁定不予假释。

典型意义：未成年人代表着祖国的未来，民族的希望，保护未成年人的身心健康，保障未成年人的合法权益，是全社会的责任，人民法院更是义不容辞。在司法审判实践中，要坚持未成年人利益最大化原则，坚决打击损害少年儿童权益、侵害少年儿童身心健康的违法行为，确保少年儿童依法得到特殊保护、优先保护。本案中，罪犯聂某某猥亵的是不满十周岁的儿童，致使该儿童的身心受到严重伤害，故应从严把握对该犯的假释。根据该犯的犯罪情节、认罪态度，无法认定其假释后没有再犯罪的社会危害性。因此，依法裁定对其不予假释。[①]

[①] 参见《江苏省无锡市中级人民法院发布 8 起减刑假释典型案例》，北大法宝网，https://pkulaw. com/pal/a3ecfd5d734f711dba2d52d923f144c67f8162f366f5eb59bdfb. html。

第八章　国家安全的刑法保护

教学要点	思政元素	思政板块	教学方法
间谍罪	社会主义核心价值观之"爱国"，国家认同，总体国家安全观之国家安全，职业伦理与素养	政治认同 家国情怀 法治意识 道德修养 文化素养	讨论式教学法
为境外窃取、刺探、收买、非法提供国家秘密、情报罪			问题式教学法
叛逃罪			案例教学法

一、总体国家安全观

国家安全是民族复兴的根基，社会稳定是国家强盛的前提。在准确把握国家安全形势变化新特点新趋势的基础上，以习近平同志为核心的党中央统揽国家安全全局，创造性提出总体国家安全观。必须坚定不移贯彻总体国家安全观，把维护国家安全贯穿党和国家工作各方面全过程，确保国家安全和社会稳定。习近平同志指出，贯彻落实总体国家安全观，必须既重视外部安全，又重视内部安全，对内求发展、求变革、求稳定、建设平安中国，对外求和平、求合作、求共赢、建设和谐世界；既重视国土安全，又重视国民安全，坚持以民为本、以人为本，坚持国家安全一切为了人民、一切依靠人民，真正夯实国家安全的群众基础；既重视传统安全，又重视非传统安全，构建集政治安全、国土安全、军事安全、经济安全、文化安全、社会安全、科技安全、信息安全、生态安全、资源安全、核安全等于一体的国家安全体系；既重视发展问题，又重视安全问题，发展是安全的基础，安全是发展的条件，富国才能强兵，强兵才能卫国；既重视自身安全，又重视共同安全，打造命运共同体，推动各方朝着互利互惠、共同安全的目标相向而行。①

---

① 习近平：《坚持总体国家安全观 走中国特色国家安全道路》，中国共产党新闻网，http：//cpc. people. com. cn/xuexi/n/2015/0720/c397563 – 27331861. html。

中国国家安全领域主要包括政治安全、国土安全、军事安全、经济安全、文化安全、社会安全、科技安全、网络安全、生态安全、资源安全、核安全、海外利益安全、生物安全、太空安全、极地安全和深海安全领域。总体国家安全观是一个内容丰富、开放包容、不断发展的思想体系，其核心要义可以概括为五大要素和五对关系：五大要素就是要以人民安全为宗旨，以政治安全为根本，以经济安全为基础，以军事、科技、文化、社会安全为保障，以促进国际安全为依托。五对关系就是既重视发展问题，又重视安全问题；既重视外部安全，又重视内部安全；既重视国土安全，又重视国民安全；既重视传统安全，又重视非传统安全；既重视自身安全，又重视共同安全。总之，厘清五大要素、把握五对关系，是理解总体国家安全观的关键所在。

二、刑法对国家安全的保护

根据《中华人民共和国国家安全法》（以下简称《国家安全法》）第2条的规定，国家安全是指国家政权、主权、统一和领土完整、人民福祉、经济社会可持续发展和国家其他重大利益相对处于没有危险和不受内外威胁的状态，以及保障持续安全状态的能力。《国家安全法》第二章"维护国家安全的任务"部分对政治安全、国土安全、军事安全、经济安全、金融安全、文化安全、资源安全、网络安全等多个领域的安全任务进行了明确。《国家安全法》第15条第2款规定，国家防范、制止和依法惩治任何叛国、分裂国家、煽动叛乱、颠覆或者煽动颠覆人民民主专政政权的行为；防范、制止和依法惩治窃取、泄露国家秘密等危害国家安全的行为；防范、制止和依法惩治境外势力的渗透、破坏、颠覆、分裂活动。

刑法对危害国家安全罪的规定包含12个条文，涉及12个罪名。这12个犯罪具体可分为三种类型：第一，危害国家、颠覆国家政权的犯罪，具体包括：背叛国家罪，分裂国家罪，煽动分裂国家罪，武装叛乱、暴乱罪，颠覆国家政权罪、煽动颠覆国家政权罪，资助危害国家安全犯罪活动罪。第二，叛变、叛逃的犯罪，具体包括：投敌叛变罪、叛逃罪。第三，间谍、资敌的犯罪，具体包括：间谍罪，为境外窃取、刺探、收买、非法提供国家秘密、情报罪，资敌罪。

（一）间谍罪

1. 概念

参加间谍组织，接受间谍组织及其代理人的任务，或者为敌人指示轰击目标，危害国家安全的行为。根据刑法的规定，间谍罪是行为犯，并不以实际上发生法定的危害结果作为犯罪成立的要件，只要实施了间谍行为，即构成本罪。

2. 构成特征

犯罪客体是国家安全，具体为国家秘密和情报方面的安全以及国内政治、经济和社会的安定。犯罪客观方面表现为实施以下三种间谍行为：一是参加间谍组织，二是接受间谍组织及其代理人的任务，三是为敌人指示轰击目标。具备上述三种间谍行为之一的，即成立间谍罪。就第一、二种行为而言，由于间谍组织是指外国政府或者境外的敌对势力建立的旨在收集我国情报（含国家秘密），进行颠覆破坏活动等，危害我国国家安全和利益的组织，其行为无疑侵犯的是国家秘密和情报方面的安全以及国内政治、经济和社会的安定；就第三种行为而言，为敌人指示轰击目标，通过轰击国内设施而破坏国内的政治、经济和社会的安定，并进而使国家的安全和利益受到侵犯，是敌人进行破坏和颠覆活动的具体表现。就此而言，间谍罪所侵犯的直接客体是国家秘密和情报方面的安全以及国内政治、经济和社会的安定。犯罪主体为一般主体。犯罪主观方面为直接故意，即明知是间谍组织而有意参加，明知是间谍任务而有意接受，明知对方是敌人而向其指示轰击目标，追求危害国家安全的结果发生。

《中华人民共和国反间谍法》第 4 条规定，本法所称间谍行为，是指下列行为：（一）间谍组织及其代理人实施或者指使、资助他人实施，或者境内外机构、组织、个人与其相勾结实施的危害中华人民共和国国家安全的活动；（二）参加间谍组织或者接受间谍组织及其代理人的任务，或者投靠间谍组织及其代理人；（三）间谍组织及其代理人以外的其他境外机构、组织、个人实施或者指使、资助他人实施，或者境内机构、组织、个人与其相勾结实施的窃取、刺探、收买、非法提供国家秘密、情报以及其他关系国家安全和利益的文件、数据、资料、物品，或者策动、引诱、胁迫、收买国家工作人员叛变的活动；（四）间谍组织及其代理人实施或者指使、资助他人实施，或者境内外机构、组织、个人与其相勾结实施针对国家机关、涉密单位或者关键信息基础设施等的网络攻击、侵入、干扰、控制、破坏等活动；（五）为敌人指示攻击目标；（六）进行其他间谍活动。间谍组织及其代理人在中华人民共和国领域内，或者利用中华人民共和国的公民、组织或者其他条件，从事针对第三国的间谍活动，危害中华人民共和国国家安全的，适用本法。

案例1：被告人吴某某，男，案发前系某机场航务与运行管理部运行指挥员。2020年7月，被告人吴某某通过自己及其姐姐、哥哥等人的闲鱼账号在"闲鱼"软件承接跑腿业务，某间谍组织代理人"鱼总"通过"闲鱼"软件的自动回复号码搜索添加了被告人吴某某的微信。后吴某某在金钱诱惑下被"鱼总"发展，并接受其要求吴某某提供政府机关重要人员到某机场的行程信息，被告人吴某某利用自己在该机场运行管理部担任运行指挥员的便利，多次刺探、截获政府机关重要人员的行程信息，并通过境外聊天软件发送给"鱼总"，共收取"鱼总"提供的间谍经费人民币2.6万余元。经鉴定，被告人吴某某为间谍组织代理人"鱼总"提供的信息涉1项机密级军事秘密、2项秘密级军事秘密。最终，吴某某因犯间谍罪被判处有期徒刑十三年，剥夺政治权利四年。①

案例2：1985年出生的陈伟原为我国某军工科研院所下属公司的一名网络管理员。某日，陈伟在公司门口"偶遇"了一名叫彼得的外国人。彼得自称是一名技术专家，想购买一些技术资料，并许以高额报酬。在高额报酬诱惑下，陈伟凭借从事网络管理的工作便利和权限，窃取并向境外间谍情报机关提供了该科研院所文件共5500多份，其中机密级146份、秘密级1753份，以及其他大量内部文件。2019年3月，北京市第二中级人民法院以间谍罪判处陈伟无期徒刑，剥夺政治权利终身。②

案例3：梁成运（英文名JOHN SHING－WAN LEUNG），男，1945年5月1日出生，香港永久性居民身份证号码××，港澳居民来往内地通行证号码××，美国护照号码××。他曾经是香港著名的房地产商人，拥有多个公司和项目，涉及房地产、酒店、旅游、金融等领域。他还曾经担任过香港房屋委员会主席、香港旅游发展局主席、香港贸易发展局副主席等职务，与香港政界、商界、社会团体有着广泛的联系和影响力。然而，在这些光鲜亮丽的身份背后，梁成运却隐藏着一个惊人的秘密：他是美国中央情报局（CIA）的特工。据检方指控，梁成运自1997年起就开始与美国情报机构接触，并于2000年正式被招募为特工。他利用自己在香港和内地的商业活动和社会关系，收集和传递了大量涉及中国国家安全和利益的机密信息，包括中国政治、经济、军事、外交、科技等方面的情况。他还利用自己在香港社

① 参见《检察机关依法惩治危害国家安全犯罪典型案例》，中华人民共和国最高人民检察院，https：//www. spp. gov. cn/xwfbh/wsfbt/202204/t20220416_ 554500. shtml#。
② 参见《国家安全不容挑战！金钱诱惑让陈伟沦为外国间谍被判死缓》，今日头条，https：//www. toutiao. com/article/6754535808889258510/？ channel&source = news&wid = 1691724090905。

会团体中的地位和影响力，参与和支持了一些反对中国中央政府和香港特别行政区政府的活动，破坏了香港的社会稳定和法治秩序。梁成运的间谍活动持续了 20 多年，直到 2021 年 4 月被苏州市国家安全局依法采取强制措施。2023 年 5 月 15 日，苏州市中级人民法院一审公开宣判，认定梁成运犯间谍罪，判处无期徒刑，剥夺政治权利终身，并处没收个人财产人民币 50 万元。梁成运间谍案是近年来中国公开审判的一起重大间谍案件，也是香港回归以来首次曝光的香港商人涉嫌从事间谍活动的案件。这起案件揭示了美国情报机构对中国进行渗透和破坏的阴谋和手段，也警示了中国公民要增强国家安全意识和防范意识，不要被境外势力利用和蒙骗，不要做出背叛祖国和民族利益的事情。同时，这起案件也展示了中国国家安全机关的高效能力和坚决态度，体现了中国维护国家安全和主权的决心和信心。①

（二）为境外窃取、刺探、收买、非法提供国家秘密、情报罪

1. 概念

为境外的机构、组织、人员窃取、刺探、收买、非法提供国家秘密或者情报的行为。

2. 构成特征

犯罪客体是国家安全。保守国家秘密是宪法规定的中国公民的一项基本权利和义务。国家秘密是指关系国家的安全和利益，依法定程序确定、在一定时间内只限于一定范围的人员知悉的事项。它包括国家事务的重大决策、国防建设和武装力量活动、外交和外事活动，以及对外承担保密义务、国民经济和社会发展、科学技术、维护国家安全活动和追究刑事犯罪活动方面以及其他经国家保密工作部门确定的泄露后可能损害国家在政治、经济、国防、外交等领域的安全和利益的秘密事项。政党中的秘密事项也应属于国家秘密。国家秘密的密级分为绝密、机密、秘密三级。情报是指除国家秘密以外的涉及国家政治、经济、军事、科技等方面尚未公开或不宜公开泄露的、影响国家安全和利益的情况和材料。犯罪客观方面表现为为境外机构、组织人员、窃取、刺探、收买、非法提供国家秘密或者情报的行为。境外，是指中华人民共和国领域以外或者领域以内中华人民共和国政府尚未实施行政管辖的地域，包括港澳台地区。境外机构、组织，是指港澳台地区和外国的机

---

① 参见《揭秘间谍梁成运：从香港商人到美国特工》，快资讯，https://www.360kuai.com/pc/991801cfddfffb921？cota＝3&kuai＿so＝1&sign＝360＿57c3bbd1&refer＿scene＝so＿1。

构、组织及其在中华人民共和国境内设立的分支（代表）机构和分支组织。如外国的政府、军队以及其他国家机关在中国境内设置的机构、社团以及其他企事业组织，也包括外国驻华使领馆、办事处，以及商社、新闻机构等。境外个人，是指居住在外国和港澳台地区的人，以及居住在中华人民共和国境内不具有中华人民共和国国籍的人。这里所说的居住，不论是否取得永久居住权或长期居住权，还是短期居住，都应视为居住。窃取，是指使用秘密手段盗窃属于国家秘密或者情报的资料或物品的行为。刺探，是指通过各种渠道、使用各种手段，非法探知国家秘密或者情报资料的行为。收买，是指用金钱、色情和其他物质利益等手段向掌握国家秘密或者情报的人员获取国家秘密或者情报资料或者物品的行为。非法提供，是指国家秘密持有者或知悉者非法出卖、交付、告知其他不应知悉该项国家秘密或者情报的人的行为。只要行为人实施上述四种行为其中之一的，就构成犯罪。犯罪主体为一般主体，犯罪主观方面表现为故意。

案例 1：被告人陈某某系某职业技术学院学生。2020 年 2 月中旬，陈某某通过"探探" App 平台结识了境外人员"涵"。陈某某在明知"涵"是境外人员的情况下，为获取报酬，于 2020 年 3 月至 7 月，按照"涵"的要求，多次前往军港等军事基地，观察、搜集、拍摄涉军装备及部队位置等信息，并通过微信、坚果云、rocket.chat 等软件发送给"涵"。陈某某先后收受"涵"通过微信、支付宝转账的报酬共计人民币 1 万余元以及鱼竿、卡西欧手表等财物。经密级鉴定，陈某某发送给"涵"的图片涉及 1 项机密级军事秘密、2 项秘密级军事秘密和 2 项内部事项。最终，陈某某因犯为境外刺探、非法提供国家秘密罪被判处有期徒刑六年，剥夺政治权利二年，并处没收个人财产人民币 1 万元。①

案例 2：黄某某，案发前系婚纱摄影师。2019 年 7 月，被告人黄某某通过微信聊天与境外人员"琪姐"结识。在"琪姐"的指示下，于 2019 年 7 月至 2020 年 5 月，黄某某利用在某军港附近海滩从事婚纱摄影的便利，使用专业照相器材、手机等远景拍摄军港周边停泊的军舰，为了避免暴露自己，黄某某还采用欺骗、金钱引诱等方式委托他人为自己拍摄该军港附近海湾全景。黄某某以每周 2～3 次的频率，累计拍摄达 90 余次，其中涉及军港军舰照片 384 张。黄某某将拍摄的照片通过网络以共用网盘、群组共享等方

---

① 参见《检察机关依法惩治危害国家安全犯罪典型案例》，中华人民共和国最高人民检察院，https://www.spp.gov.cn/xwfbh/wsfbt/202204/t20220416_ 554500. shtml#。

式发送给境外人员"琪姐",共收取对方提供的报酬人民币 4 万余元。经鉴定,涉案照片涉及绝密级秘密 3 项、机密级秘密 2 项。最终,黄某某因犯为境外刺探、非法提供国家秘密罪被判处有期徒刑十四年,剥夺政治权利五年,并处没收个人财产人民币 4 万元。[①]

(三)叛逃罪

1. 概念

国家机关工作人员在履行公务期间,擅离岗位,叛逃境外或者在境外叛逃的行为;或者掌握国家秘密的国家工作人员叛逃境外或者在境外叛逃的行为。

2. 构成特征

犯罪客体是国家安全。犯罪客观方面表现为在履行公务期间,擅离岗位,叛逃境外或者在境外叛逃的行为。首先,必须是在履行公务期间叛逃,危害了国家安全的,才构成犯罪。若不是在履行公务期间叛逃,也没有危害国家安全的,则不能构成犯罪。其次,必须是擅离岗位叛逃,没有离开自己工作岗位的,不可能成为叛逃行为。最后,要有叛逃行为,包括两个方式:一是在境内履行公务期间叛逃至境外,二是在境外履行公务期间叛逃。叛逃境外或者在境外叛逃,是指在境内实施背叛国家、逃往境外或者在境外实施背叛国家的出逃行为。犯罪主体是特殊主体,为国家机关工作人员和掌握国家秘密的国家工作人员。犯罪主观方面为直接故意。

案例:1958 年出生的王丕宏,曾任我国某航空研究所副总设计师,硕士研究生学历,原籍中国陕西,他的妻子赵汝芹,同样曾是该研究所的技术人员。在研究所工作期间,王丕宏组织并参与了多项国家重点涉密项目的研制,而赵汝芹也参与了国家某项涉密项目的研究工作,两人均为掌握国家秘密的国家工作人员。从 1999 年开始,王丕宏和赵汝芹就开始预谋移民某西方国家,他们向单位隐瞒情况,伪造材料,私自申领因私护照,并通过移民中介公司办理了移民该国的全部手续。2002 年春节期间,两人利用回陕西探亲的机会,携子秘密前往该西方国家,并于 2005 年取得该国国籍。王丕宏到达国外后,一直在该国从事着航空领域相关工作。由于掌握我国大量科研机密,又在国外从事相同领域工作,王丕宏夫妇的叛逃,对我国军事安

---

① 参见《检察机关依法惩治危害国家安全犯罪典型案例》,中华人民共和国最高人民检察院,https://www.spp.gov.cn/xwfbh/wsfbt/202204/t20220416_554500.shtml#。

全、科技安全造成重大威胁。2017 年王丕宏夫妇在离境近 16 年后，用外籍身份入境，回陕西老家探亲。2017 年 11 月，在西安咸阳国际机场，王丕宏、赵汝芹夫妇落网。2019 年 11 月，洛阳市中级人民法院以叛逃罪判处王丕宏有期徒刑三年，赵汝芹有期徒刑两年。①

---

① 参见《河南两起间谍案曝光：军工专家出卖国家秘密，涉密人员私自移民国外》，百度，https：//baijiahao. baidu. com/s? id = 1664181574985823228。

第九章　人身安全的刑法保护

教学要点	思政元素	思政板块	教学方法
故意杀人罪 故意伤害罪	社会主义核心价值观之"自由、平等、和谐、友善",生命价值,人格尊严	法治意识 道德修养 文化素养	讲授式教学法 讨论式教学法
非法拘禁罪 绑架罪 拐卖妇女、儿童罪			问题式教学法 讨论式教学法 案例教学法
诬告陷害罪 侮辱罪 诽谤罪			问题式教学法 讨论式教学法
强奸罪 负有照护职责 人员性侵罪	社会主义核心价值观,人格尊严,职业伦理与素养		讲授式教学法 案例教学法
遗弃罪 虐待罪	社会主义核心价值观,家庭美德		问题式教学法

一、生命健康安全的刑法保护

(一)　故意杀人罪

1. 概念

故意非法剥夺他人生命的行为。故意杀人罪是最严重也是最古老的犯罪。

2. 构成特征

犯罪客体是他人的生命权利。犯罪客观方面表现为非法剥夺他人生命的行为。(1) 行为对象为"他人",故自杀行为不成立本罪。人的生命,始于出生,终于死亡。尸体不能成为故意杀人罪的对象。行为人由于对事实的认识错误,误认尸体为活人而进行"杀害"的,在刑法理论上称为对象不能犯，只有具有导致活人死亡的可能性时（如尸体附近有其他人），才能按故意杀人未遂处理，否则不应认定为故意杀人罪。（2）必须具有剥夺他人生命的行为即杀人行为，其特点是直接或者间接作用于人的肌体，使人的生命在自然死亡时期之前终结。（3）剥夺他人生命的行为必须具有非法性。消极的安乐死，是指对濒临死亡的患者，经其承诺，不采取治疗措施（包括撤除人工的生命维持装置）任其死亡的安乐死；这种行为不成立故意杀人罪。积极的安乐死，是缩短患者生命手段的安乐死，即为了免除患者的痛苦，而提前结束其生命的方法，应以故意杀人罪论处。犯罪主体必须是已满12周岁，具有辨认和控制自己行为能力的自然人。犯罪主观方面是故意，包括直接故意与间接故意，即明知自己的行为会发生他人死亡的危害结果，并且希望或者放任这种结果的发生。

3. 故意杀人罪的认定

（1）注意相关条文对故意杀人罪的规定

根据《刑法》第 238 条、第 247 条、第 248 条、第 289 条、第 292 条的规定，对非法拘禁使用暴力致人死亡的，刑讯逼供或暴力取证致人死亡的，虐待被监管人致人死亡的，聚众"打砸抢"致人死亡的，聚众斗殴致人死亡的，应以故意杀人罪论处。这些条文属于拟制规定，而非注意规定。

（2）对与自杀有关的案件应具体分析，区别处理

①相约自杀。即二人以上相互约定自愿共同自杀的行为。如果相约双方均自杀身亡，不存在刑事责任问题；如果相约双方各自实施自杀行为，其中一方死亡，另一方自杀未遂，未遂一方也不负刑事责任；如果相约自杀，由其中一方杀死对方，继而自杀未遂的，应以故意杀人罪论处，但量刑时可以从轻处罚。

②引起他人自杀。即行为人所实施的某种行为引起他人自杀身亡。

第一，正当行为引起他人自杀的，不存在刑事责任问题。

第二，错误行为或者轻微违法行为引起他人自杀的，也不成立犯罪。不能因为引起了他人自杀，就将其错误行为或者轻微违法行为当作犯罪行为处理。

第三，严重违法行为引起他人自杀身亡，将严重违法行为与引起他人自杀身亡的后果进行综合评价，达到了犯罪的社会危害程度时，应当追究刑事责任。如诽谤他人，行为本身的情节并不严重，但引起他人自杀身亡，便可综合起来认定行为的情节严重，将该行为以诽谤罪论处。

第四，犯罪行为引起他人自杀身亡，但对自杀身亡结果不具有故意时，

应按先前的犯罪行为定罪并从重处罚。例如，强奸妇女引起被害妇女自杀的，以强奸罪从重处罚。

第五，少数结果加重犯包括自杀的，按照结果加重犯的法定刑处罚。如暴力干涉婚姻自由引起被害人自杀的。

③教唆或帮助自杀。教唆自杀，是指行为人故意用引诱、怂恿、欺骗等方法，使他人产生自杀意图。以相约自杀为名诱骗他人自杀的，也是一种教唆自杀的行为。帮助自杀，是指在他人已有自杀意图的情况下，帮助他人实现自杀意图。只有当教唆、帮助（与共同犯罪中的教唆、帮助不是等同概念）自杀的行为，具有间接正犯性质时，才能认定为故意杀人罪。首先，欺骗不能理解死亡意义的儿童或者精神病患者等人，使其自杀的，属于故意杀人罪的间接正犯。其次，凭借某种权势或利用某种特殊关系，以暴力、威胁或者其他心理强制方法，使他人自杀身亡的，成立故意杀人的间接正犯，应以故意杀人罪论处。例如，组织和利用邪教组织制造、散布迷信邪说，指使、胁迫其成员或者其他人实施自杀行为的，邪教组织成员组织、策划、煽动、教唆、帮助邪教组织人员自杀的，应以故意杀人罪论处。最后，行为人教唆自杀的行为使被害人对法益的有无、程度、情况等产生错误，其对死亡的同意无效时，也应认定为故意杀人罪。例如，医生欺骗患者说："你最多只能活三个月，而且一周后开始剧烈疼痛。"进而使其自杀的，患者对自杀的同意无效，对医生应认定为故意杀人罪。

案例1：被告人乐燕系非婚生子女，自幼由其祖父母抚养，十六岁左右离家独自生活，有多年吸毒史，曾因吸毒被行政处罚。2011年1月乐燕生育一女李梦某（殁年2岁，生父不详）后，与李文某同居。2012年3月乐燕再育一女李某（殁年1岁）。在李文某于2013年2月27日因犯罪被羁押后，乐燕依靠社区发放的救助和亲友、邻居的帮扶，抚养两个女儿。乐燕因沉溺于毒品，疏于照料女儿。2013年4月17日，因乐燕离家数日，李梦某由于饥饿独自跑出家门，社区干部及邻居发现后将两幼女送往医院救治，乐燕于当日将两女接回。2013年4月底的一天下午，乐燕将两幼女置于其住所的主卧室内，留下少量食物、饮水，用布条反复缠裹窗户锁扣并用尿不湿夹紧主卧室房门以防止小孩跑出，之后即离家不归。乐燕离家后曾多次向当地有关部门索要救助金，领取后即用于在外吸食毒品、玩乐，直至案发仍未曾回家。6月21日，社区民警至乐燕家探望时，通过锁匠打开房门后发现李梦某、李某已死于主卧室内。经法医鉴定，两被害人无机械性损伤和常见毒物中毒致死的依据，不排除其因脱水、饥饿、疾病等因素衰竭死亡。6月

21日，公安机关将乐燕抓获归案。经司法鉴定，乐燕系精神活性物质（毒品）所致精神障碍，作案时有完全刑事责任能力。江苏省南京市人民检察院以被告人乐燕犯故意杀人罪提起公诉。南京市中级人民法院经审理认为，被告人乐燕身为两被害人的生母，对被害人负有法定的抚养义务。乐燕明知两年幼的被害人无人抚养照料，其不尽抚养义务必将会导致两被害人因缺少食物和饮水而死亡，但仍然将两被害人置于封闭房间内，仅留少量食物和饮水，离家长达一个多月，不回家抚养照料两被害人，在外沉溺于吸食毒品、打游戏机和上网，从而导致两被害人因无人照料饥渴而死。乐燕主观上具有放任被害人死亡的间接故意，客观上造成两被害人死亡的结果，其行为构成故意杀人罪。公诉机关指控被告人乐燕的罪名成立。乐燕在负有抚养义务、具备抚养能力的情况下，不履行抚养义务，造成两被害人死亡，情节特别恶劣，后果特别严重，鉴于被告人乐燕审判时系怀孕的妇女，且归案后认罪态度较好，依照刑法规定，认定被告人乐燕犯故意杀人罪，判处其无期徒刑，剥夺政治权利终身。本案即2013年媒体广为报道的"南京饿死两名女童案"。本案中，被告人乐燕提出自幼未受到父母的关爱，未接受良好的教育，归案后认罪态度较好，请求法庭对其从轻处罚。

本案的审理向社会昭示：抚育未成年子女不但是人类社会得以繁衍发展所必须遵循的最基本的人伦准则，更是每一位父母应尽的法定义务与责任，个人的文化、受教育程度、经济条件乃至境遇的不同，均不能成为逃避义务的理由。乐燕的成长经历固然值得同情，但不能成为其不履行法定义务、漠视生命的借口，而本案的审理也反映出我们的社会应当进一步加强对儿童、老人等弱势群体的保护与救助。①

案例2：被告人姚某某（女）和被害人方某某（男）系夫妻关系，二人婚后育有四个子女。方某某与姚某某结婚十余年来，在不顺意时即对姚某某拳打脚踢。2013年下半年，方某某开始有婚外情，在日常生活中变本加厉地对姚某某实施殴打。2014年8月16日中午，方某某在其务工的浙江省温州市某厂三楼员工宿舍内因琐事再次殴打姚某某，当晚还向姚某某提出离婚并要求姚某某独自承担两个子女的抚养费用。次日凌晨，姚某某在绝望无助、心生怨恨的情况下产生杀害方某某的想法。姚某某趁方某某熟睡之际，持宿舍内的螺纹钢管猛击其头部数下，又拿来菜刀砍切其颈部，致方某某当

---

① 参见《乐燕故意杀人案》，中国法院网，https：//www.chinacourt.org/article/detail/2014/05/id/1305019.shtml；刑事审判参考第990号案例：乐燕故意杀人案。

场死亡。作案后，姚某某拨打 110 报警并留在现场等待警察到来。案发后，被害人方某某的父母表示谅解姚某某的行为并请求对姚某某从轻处罚。法院生效裁判认为，姚某某因不堪忍受方某某的长期家庭暴力而持械将其杀死，其行为已构成故意杀人罪。根据被告人的供述以及在案十位证人的证言，应当认定方某某在婚姻生活中对姚某某实施了长期的家庭暴力。被告人姚某某对被害人方某某实施的家庭暴力长期以来默默忍受，终因方某某逼迫其离婚并独自抚养两个未成年子女而产生反抗的念头，其杀人动机并非卑劣；姚某某在杀人的过程中虽然使用了两种凶器并加害在被害人的要害部位，并承认有泄愤、报复的心理，但结合家暴问题专家的意见，姚某某属于家庭暴力受暴妇女，其采取杀害被害人这种外人看似残忍的行为，实际上有其内在意识：是为了避免遭受更严重家暴的报复。姚某某作案后没有逃匿或隐瞒、毁灭罪证，而是主动打电话报警，归案后如实供述自己的犯罪事实，并带领侦查人员找到作案使用的菜刀，具有认罪、悔罪情节。姚某某的作案手段并非特别残忍、犯罪情节并非特别恶劣，可以认定为故意杀人"情节较轻"。姚某某具有自首情节，被害人方某某的父母对姚某某表示谅解，鉴于姚某某尚有四个未成年子女需要抚养，因此对姚某某给予较大幅度的从轻处罚。综上，对被告人姚某某以故意杀人罪，判处有期徒刑五年。①

典型意义：（1）2015 年 3 月 2 日，最高人民法院、最高人民检察院、公安部、司法部共同发布了我国第一个全面的反家庭暴力刑事司法指导性文件《关于依法办理家庭暴力犯罪案件的意见》（以下简称《反家暴意见》），在该意见第 20 条中，较为全面地规定了由家庭暴力引发的杀害、伤害施暴人案件的处罚。本案系首例适用两高两部《反家暴意见》将受暴妇女以暴制暴的情形认定为故意杀人"情节较轻"的案件。本案深入了解被告人姚某某作为受暴妇女的特殊心理和行为模式，全面把握姚某某在本案中的作案动机、犯罪手段以及量刑情节，明确认定姚某某属于故意杀人"情节较轻"，对其作出有期徒刑五年的判决。（2）本案系全国首例家暴问题专家证人意见被判决采纳的案件。本案在开庭时聘请具有法学和心理学专业知识的人员出庭向法庭提供专家意见。家庭暴力问题专家出庭接受各方质询，可以向法庭揭示家庭暴力问题的本质特征以及家庭暴力关系中施暴人和受暴人的互动模式，帮助法庭还原案件中涉及家庭暴力的事实真相，尤其是家庭暴力

---

① 参见《姚某某故意杀人案——受暴妇女因不堪忍受家庭暴力而杀死施暴人的，可认定为故意杀人"情节较轻"》，中国法院网，https://www.chinacourt.org/article/detail/2023/06/id/7344626.shtml。

对受暴人心理和行为模式造成的影响，从而协助法庭准确认定案件的起因、过错责任以及家暴事实与犯罪行为之间的因果关系等与定罪量刑密切相关的重要事实，避免法官因缺乏关于家庭暴力关系中双方的互动模式给受暴人的心理和行为造成的影响等方面的专业知识可能导致错误裁判的风险。在庭审中，专家证人出庭接受了控、辩双方的质询并就家庭暴力的特征、表现形式、受暴人与施暴人在亲密关系中的互动模式以及受暴妇女、施暴人特殊的心理、行为模式等家庭暴力方面的专业知识向法庭做了客观、充分的解释。法庭根据被告人行为，结合专家证人在庭上提供的对受暴妇女的一般性规律意见，认定被告人姚某某在杀人的过程中虽然使用了两种凶器并加害在被害人的要害部位，但其采取上述手段杀害被害人更主要的还是为了防止被害人未死会对其施以更加严重的家庭暴力的主观动机。在涉家暴刑事案件审理中引入专家证人证言，对其他地方法院审理类似案件具有重要的借鉴意义。从国际标准来看，联合国《消除对妇女一切形式歧视公约》及其一般性建议和联合国大会相关决议要求，"在案件审理过程中，应充分考虑性别因素并以受害人为中心"。本案专家证人证言中也描述了在长期遭受家庭暴力下对受害人的影响。根据世界卫生组织的研究表明，长期家暴可能给家暴受害人带来各种严重的身心影响，如个体在长期遭受无法逃脱的负面刺激或困境后，逐渐丧失对改变自身状况的信念和动力，产生无助和无能为力的心态称为习得性无助，这些影响在家庭暴力事件发生时，有可能会影响妇女对暴力程度、危险性和预期结果的认知，以及影响他们所采取的对策、行为的判断力。本判决符合这一国际准则。

案例3：2023年5月30日，福建省高级人民法院对吴谢宇故意杀人、诈骗、买卖身份证件上诉一案二审公开宣判，裁定驳回上诉，维持原判。福建省福州市中级人民法院一审认定：吴谢宇悲观厌世，曾产生自杀之念，其父病故后，认为母亲谢某某生活已失去意义，于2015年上半年产生杀害谢某某的念头，并网购作案工具。同年7月10日17时许，吴谢宇趁谢某某回家换鞋之际，持哑铃杠连续猛击谢某某头面部数下致其死亡，清理清洗现场后潜逃。后吴谢宇编造谢某某陪同其出国交流学习的事实，以需要生活费、学费、财力证明等理由骗取亲友人民币144万元用于个人挥霍。为逃避侦查，吴谢宇还购买了十余张身份证件，用于隐匿身份。福州市中级人民法院对吴谢宇以故意杀人罪、诈骗罪、买卖身份证件罪数罪并罚，决定执行死刑，剥夺政治权利终身，并处罚金人民币10.3万元。宣判后，吴谢宇提出上诉。福建省高级人民法院2023年5月19日公开开庭审理查明的事实与一审一致。福建省高级人民法院认为，吴谢宇的行为已构成故意杀人罪、诈骗罪、买卖身份证件罪。吴谢宇因自己的错误认知产生杀母恶念，作案前精心预谋，准备作案工具，谋划杀人手段以及对作案现场的布置和清理，作案手段极其残忍，作案后伪造谢某某笔迹制造谢某某存活的假象骗取亲友钱款，网购他人身份证件并毁坏随身手机卡以逃避侦查，将骗得的钱款用于挥霍，毫无认罪、悔罪之意。吴谢宇的行为严重挑战法律，违背伦理道德，践踏人类社会正常情感，社会影响极其恶劣，罪行极其严重。综合全案证据，吴谢宇作案时具有完全的辨认能力和控制能力。一审判决认定的事实清楚，证据确实、充分，定罪准确，量刑适当。审判程序合法。裁定驳回上诉，维持原判。对吴谢宇的死刑裁定依法报请最高人民法院核准。[①] 吴谢宇因犯故意杀人罪、诈骗罪和买卖身份证件罪三罪并罚，被判处死刑，并剥夺政治权利终身。

"90后""北大学子""学霸"等标签与"弑母"联系在一起，始终都无法让人相信。吴谢宇为了杀害自己的母亲，精心预谋，网购工具，锤杀母亲，清理现场后潜逃多年。其行为违背人伦，践踏道德底线，社会影响极其恶劣，确属罪行极其严重，依法当处死刑。从本案案情来看，吴谢宇事前的预谋、事中的冷静、事后的现场处置与出逃，都表明其完全具备刑法意义上的辨认能力和控制能力，是其法制观念缺失、道德品质败坏、是非对错标准严重错误、漠视他人生命等酿成如此惨案和悲剧。从刑事程序上，该案已经二审裁判，但留给社会思考的是如何培养人的健全人格。难以想象一个具备正常人格的人会如此残忍地对待自己的母亲。该案也再次给家庭、学校和社会敲响了警钟，在关心孩子身体发育和学业长进的同时，一定要重视其健全人格的塑造。在孩子的求学阶段，学业成绩的优异可能掩盖其人格、情感等方面的缺陷。吴谢宇案的发生，刑事责任后果由其自身承担，但其家庭遭受毁灭、学校优质教学资源付之东流和社会人伦观念被践踏等影响不会随着案结而消失。在谴责吴谢宇弑母恶行的同时，应透过该案看到人格塑造对于个人成长、家庭和睦、社会稳定的重要意义。[②]

---

① 参见《死刑！吴谢宇弑母案二审维持原判》，中国法院网，https：//www.chinacourt.org/article/detail/2023/05/id/7316209.shtml。

② 赖早兴：《吴谢宇故意杀人、诈骗、买卖身份证件案》，载《人民法院报》2023年1月6日第4版。

（二）故意伤害罪

1. 概念

故意非法损害他人身体健康的行为。

2. 构成特征

犯罪客体是他人的身体健康权。犯罪客观方面表现为非法损害他人身体健康的行为：（1）行为对象是他人的身体。伤害自己身体的，不成立故意伤害罪；自伤行为侵犯了社会利益而触犯了刑法规范时，可能构成犯罪（如战时自伤罪）。（2）实施了伤害行为。伤害，一般是指非法损害他人身体健康的行为。只有侵害了他人生理机能的行为，才属于伤害。伤害行为既可以是作为，也可以是不作为；伤害行为既可以是有形的，也可以是无形的。伤害行为的结果也是多种多样的，根据我国刑法的规定，伤害结果的程度分为轻伤、重伤与伤害致死。（3）伤害行为必须具有非法性，因正当防卫、紧急避险而伤害他人，因治疗上的需要为病人截肢，体育运动项目中规则所允许的伤害等，都不构成犯罪。基于他人承诺伤害他人身体的行为，对造成重伤的认定为故意伤害罪（聚众斗殴罪）。故意伤害致人死亡或者以特别残忍手段致人重伤造成严重残疾的犯罪主体是已满12周岁，具有辨认控制能力的自然人；故意伤害致人轻伤的犯罪主体则必须已满16周岁，并具有辨认控制能力。犯罪主观方面必须出自故意，包括直接故意和间接故意两种故意形式。

3. 故意伤害罪的认定

（1）根据《刑法》第238条、第247条、第248条、第289条、第292条、第333条的规定，对非法拘禁使用暴力致人伤残的，刑讯逼供或暴力取证致人伤残的，虐待被监管人致人伤残的，聚众"打砸抢"致人伤残的，聚众斗殴致人重伤的，非法组织或强迫他人出卖血液造成伤害的，应以故意伤害罪论处。

（2）故意伤害致死的成立，客观上要求伤害行为与死亡结果之间具有直接性因果关系，主观上要求行为人对死亡没有故意，但具有预见可能性。既然是伤害致死，当然应将死亡者限定为伤害的对象，即只有导致伤害的对象死亡时才能认定为伤害致死。但对于伤害的对象不能做僵硬的理解，尤其应注意事实认识错误的处理原则。易言之，在伤害对象与死亡者不是同一人的情况下，应根据行为人对死亡者的死亡是否具有预见可能性以及有关事实认识错误的处理原则来认定是否伤害致死。①如果行为人甲对被害人乙实施伤害行为，虽然没有发生打击错误与对象认识错误，但明知自己的行为会同时伤害丙却仍然实施伤害行为，因而造成丙死亡的，应认定为故意伤害致死。②如果行为人 A 本欲对被害人 B 实施伤害行为，但由于对象认识错误或者打击错误，而事实上对 C 实施伤害行为，导致 C 死亡的，应认定为故意伤害致死。③如果行为人张三对李四实施伤害行为，既没有发生事实认识错误，也不明知自己的行为会同时伤害王五，由于某种原因致使王五死亡的，则难以认定张三的行为成立故意伤害致死。

案例：被告人李某离婚后，长期将女儿被害人桂某某（殁年 10 岁）寄养于其姨妈家中；2019 年 12 月，李某将桂某某接回家中，与其同居男友被告人杨某共同生活。李某与杨某时常采用打骂手段"管教"桂某某。2020 年 2 月 6 日中午，因发现桂某某偷玩手机，李某、杨某便让桂某某仅穿一条内裤在客厅和阳台罚跪至 2 月 8 日中午，并持续采取拳打脚踢、用皮带和跳绳抽打、向身上浇凉水等方式对桂某某进行体罚，其间仅让桂某某吃了一碗面条、一个馒头，在客厅地板上睡了约 6 个小时。2 月 8 日 14 时许，桂某某出现身体无力、呼吸减弱等情况，李某、杨某施救并拨打 120 急救电话，医生到达现场，桂某某已无生命体征。经鉴定，桂某某系被他人用钝器多次击打全身多处部位造成大面积软组织损伤导致创伤性休克死亡。法院生效裁判认为，李某、杨某故意伤害他人身体，致一人死亡，其行为已构成故意伤害罪。李某、杨某在共同故意伤害犯罪中均积极实施行为，均系主犯。判处李某死刑，缓期二年执行，剥夺政治权利终身；判处杨某无期徒刑，剥夺政治权利终身。①

典型意义：（1）以管教为名，对未成年子女实施家庭暴力造成严重后果的，不予从轻处罚。李某与杨某作为 10 岁女童的母亲和负有共同监护义务的人，明知被害人尚在成长初期，生命健康容易受到伤害，本应对孩子悉心呵护教养。但却在严冬季节，让被害人只穿一条内裤，在寒冷的阳台及客厅，采取拳打脚踢、绳索抽打、水泼冻饿、剥夺休息等方式，对被害人实施 48 小时的持续折磨，造成被害人全身多部位大面积软组织损伤导致创伤性休克而死亡。综观全案，对孩子进行管教，只是案发的起因，不能达到目的时，单纯体罚很快变为暴虐地发泄。法院认为李某与杨某犯罪故意明显，犯

---

① 参见《李某、杨某故意伤害案——管教子女并非实施家暴行为的理由，对子女实施家庭暴力当场造成死亡的应认定为故意伤害罪》，中国法院网，https：//www. chinacourt. org/article/detail/2023/06/id/7344642. shtml。

罪手段残忍，后果极其严重，对其不予从轻处罚。判决昭示司法绝不容忍家庭暴力，彰显对人的生命健康尊严，特别是对未成年人的保护。（2）连续实施家庭暴力当场造成被害人重伤或死亡的，以故意伤害罪定罪处罚。依据最高人民法院、最高人民检察院、公安部、司法部 2015 年印发的《关于依法办理家庭暴力犯罪案件的意见》第 17 条相关规定，虽然实施家庭暴力呈现出经常性、持续性、反复性的特点，但其主观上具有放任伤害结果出现的故意，且当场造成被害人死亡，应当以故意伤害罪定罪处罚。

二、人身自由安全的刑法保护

（一）非法拘禁罪

1. 概念

故意非法拘禁他人或者以其他方法非法剥夺他人人身自由的行为。

2. 构成特征

犯罪客体是他人的人身自由权利，犯罪客观方面表现为非法剥夺他人身体自由的行为。

（1）作为行为对象的"他人"没有限制，但必须是具有身体活动自由的自然人。如果某人没有认识到自己被剥夺自由，就表明行为没有妨害其意思活动，因而没有侵犯其人身自由；换言之，本罪的对象必须认识到自己被剥夺自由的事实。

（2）行为的特征是非法拘禁他人或者以其他方法非法剥夺他人的身体自由。概言之，非法剥夺人身自由包括两类：一类是直接拘束他人的身体，剥夺其身体活动自由，如捆绑他人四肢，使用手铐拘束他人双手；另一类是间接拘束人的身体，剥夺其身体活动自由，即将他人监禁于一定场所，使其不能或明显难以离开、逃出。①剥夺人身自由的方法既可以是有形的，也可以是无形的。②无论是以暴力、胁迫方法拘禁他人，还是利用他人的恐惧心理予以拘禁（如使被害人进入货车车厢后高速行驶，使之不敢轻易跳下车），均不影响本罪的成立。③使用欺诈方法剥夺他人自由的，如果违反了被害人的现实意识，侵害了其身体活动自由，依然成立非法拘禁罪。④非法拘禁还可能由不作为成立，即负有使被害人逃出一定场所的法律义务的人，故意不履行义务的，也可能成立非法拘禁罪。非法拘禁是一种持续行为，该行为在一定时间内处于持续状态，使他人在一定时间内失去身体自由。时间持续的长短原则上不影响本罪的成立，只影响量刑。但时间过短、瞬间性的剥夺人身自由的行为，则难以认定为本罪。

（3）剥夺人身自由的行为必须具有非法性，不具有违法阻却事由。①司法机关根据法律规定，对于有犯罪事实和重大嫌疑的人，依法采取拘留、逮捕等限制人身自由的强制措施的行为，阻却违法性。但发现不应拘捕时，借故不予释放，继续羁押的，或者故意超期羁押的，应认定为非法拘禁罪。②公民将正在实行犯罪或犯罪后及时被发觉的、通缉在案的、越狱逃跑的、正在被追捕的人，依法扭送至司法机关的，阻却违法性。③依法强制医疗精神病患者的，也不成立犯罪。④为了防止凶暴的醉汉危害他人的生命或身体，不得已拘束其身体的行为，不构成犯罪。⑤被害人基于真实的自由意志，嘱托或同意将自己置于特定场所的，阻却拘禁行为的违法性。⑥行为人实施欺骗行为，使被害人基于动机的错误同意剥夺自己的人身自由的，不影响其同意的效力，同样阻却拘禁行为的违法性。但在被害人知道真相要求移动身体时，行为人依然剥夺其人身自由的，则成立非法拘禁罪。犯罪主体为一般主体，犯罪主观上只能出于故意。行为人明知自己的行为会发生剥夺他人身体自由权利的危害结果，并希望或者放任这种结果的发生，但不以出卖、勒索财物为目的。

3. 非法拘禁罪的认定

（1）非法拘禁行为与结果又触犯其他罪名的，应根据其情节与有关规定处理。例如，以非法绑架、扣留他人的方法勒索财物的，成立绑架罪；以出卖为目的非法绑架妇女、儿童的，构成拐卖妇女、儿童罪；收买被拐卖的妇女、儿童后，非法剥夺其人身自由的，应实行数罪并罚。

（2）《刑法》第238条规定：非法拘禁他人或者以其他方法非法剥夺他人人身自由的，处三年以下有期徒刑、拘役、管制或者剥夺政治权利。具有殴打、侮辱情节的，从重处罚。犯前款罪，致人重伤的，处三年以上十年以下有期徒刑；致人死亡的，处十年以上有期徒刑。使用暴力致人伤残、死亡的，依照本法第234条、第232条的规定定罪处罚。为索取债务非法扣押、拘禁他人的，依照前两款的规定处罚。国家机关工作人员利用职权犯前三款罪的，依照前三款的规定从重处罚。

①"具有殴打、侮辱情节的，从重处罚"是一项基本规定，应当适用于第1款、第2款、第3款。但在行为人非法拘禁他人，使用暴力致人伤残、死亡的情况下，则不能再适用"具有殴打情节的，从重处罚"的规定。如果侮辱行为表现为暴力侮辱，则不能再适用"具有侮辱情节的，从重处

罚"的规定，否则违反了禁止重复评价的原则。如果侮辱行为表现为暴力以外的方式，则应适用"具有侮辱情节的，从重处罚"的规定。

②非法拘禁致人重伤、死亡，是指非法拘禁行为本身致被害人重伤、死亡（结果加重犯），重伤、死亡结果与非法拘禁行为之间必须具有直接的因果关系（直接性要件）。行为人在实施基本行为之后或之时，被害人自杀、自残、自身过失等造成死亡、伤残结果的，因缺乏直接性要件，不认定为结果加重犯。但是，由于非法拘禁会引起警方的解救行为，故正常的解救行为造成被害人伤亡的，具备直接性要件，应将伤亡结果归责于非法拘禁者，成立结果加重犯。当然，如果警方判断失误，导致其解救行为造成被拘禁者伤亡的，则不能认定为结果加重犯。此外，行为人对重伤、死亡结果必须具有预见可能性。行为人明知某种拘禁行为本身会导致他人死亡，却实施该拘禁行为，因而致人死亡的，成立非法拘禁罪与故意杀人罪的想象竞合犯。

③非法拘禁（使用暴力）致人死亡，应分为三种情形处理：第一，非法拘禁致人死亡，但没有使用超出拘禁行为所必需的范围的暴力的，以非法拘禁罪的结果加重犯论处。第二，如果行为人在非法拘禁过程中，产生杀人故意并实施杀人行为的，应以非法拘禁罪和故意杀人罪实行并罚（因为非法拘禁罪是持续犯，当拘禁行为成立犯罪时，就已经既遂。在非法拘禁既遂并持续期间，行为人侵犯被害人的另一法益的，理当认定为独立的新罪。例如，在非法拘禁期间强奸被害人的，当然应以非法拘禁罪与强奸罪实行并罚）。第三，非法拘禁使用超出拘禁行为所必需的范围的暴力致人死亡，而没有杀人故意的，适用《刑法》第238条第2款后段的规定认定为故意杀人罪。

④为索取债务非法扣押、拘禁他人的，必须适用《刑法》第238条第1款、第2款的规定。即为索取债务非法扣押、拘禁他人，致人重伤、死亡的，成立非法拘禁罪的结果加重犯；使用暴力致人伤残、死亡的，应认定为故意伤害罪、故意杀人罪。

⑤国家机关工作人员利用职权犯本罪的，从重处罚。

案例：2021年1月初，被害人胡某先后从被告人管某经营的汽车租赁公司，租赁了两辆高档轿车。在租期内，造成了两辆车发生了故障，管某遂将车辆送至修理厂维修，并支付了数万元的维修费。修完后车，管某认为这些费用应由胡某承担，为此，管某多次打电话联系胡某，胡某也答应承担责任，但就是没钱。后经多次索要，也未能拿到一分修理费，对此，管某特别不满，并暗自表示将找人对其进行一番教育。当月 22 日凌晨，被告人管某找到金某、郝某、闻某及牛某（另案处理），以索要修车款名义，将胡某强行带至汽车租赁公司。其间，管某、牛某、金某用拳脚、塑料手拍殴打胡某。当晚，管某等人驾车找了合租车辆的另外两个人，但因协商未果而遭到报警，胡某才回到家中。23 日 16 时许，管某、金某、闻某与牛某四人以同样方式将胡某强行带至公司，继续催促胡某还款。其间，胡某支付维修费 4500 元，第二天晚上 8 时，胡某回到家中，又支付了 2500 元修车费。31 日 21 时许，管某、金某、闻某和牛某以同样方式将胡某强行带至公司。管某、牛某、金某对胡某实施殴打，管某、牛某指使郝某看管胡某打电话借钱。次日 9 时，胡某家属报警，管某、闻某、郝某被公安机关抓获归案，管某协助公安机关抓获金某。后经刑事技术鉴定，胡某所受损伤为轻微伤。黑龙江省大庆高新技术产业开发区法院经审理认为，被告人管某、金某、闻某、郝某为索要合法债务多次非法拘禁他人，并对他人实施殴打，四人行为均已构成非法拘禁罪。四被告人系共同犯罪，其中管某在共同犯罪中起主要作用，系主犯；其他三人在共同犯罪中起次要作用，系从犯，可从轻处罚。被告人管某协助公安机关抓获金某，系立功，可从轻处罚。管某、金某、闻某、郝某已赔偿被害人经济损失，并取得谅解，可酌情从轻处罚。四被告人归案后能如实供述犯罪事实，系坦白且自愿认罪认罚，可从宽处理。据此，根据四被告人犯罪事实、性质、情节及对社会的危害程度，法院遂以非法拘禁罪分别判处管某、金某、闻某、郝某有期徒刑一年、九个月、七个月、七个月。[①]

俗话说"欠债还钱，天经地义"，但讨债、索要债权，也要合情、合理、合法。以非法拘禁他人等非法手段索要债务，不仅不合理，甚至还可能违法构成犯罪，因此，索债要合情合理，也要合法，切勿让有理变成了无理。发生经济纠纷、债务纠纷、合同纠纷，应坚持合理合法、互相礼让原则协商处理，或通过司法渠道到法院起诉，由法院裁决。如果采取极端的手段，则容易触犯法律，并将承担相应法律后果。债权人为达到讨债的目的而故意损害债务人的人身财产权益，在讨债时采取了非法的方式，如本案非法限制债务人人身自由、殴打伤害债务人等，结果使自己从受害者变成了加害者，最终不仅自己的债权没有得到有效讨回，相反，还会因此承担刑事责任，进入牢房，得不偿失。

---

① 参见《拘禁方式索合法债务 受害变加害四人全获刑》，中国法院网，https://www.china-court.org/article/detail/2023/05/id/7285491.shtml。

（二）绑架罪

1. 概念

利用被绑架人的近亲属或者其他人对被绑架人安危的忧虑，以勒索财物或满足其他不法要求为目的，使用暴力、胁迫或者麻醉方法劫持或以实力控制他人的行为。

2. 构成特征

犯罪客体是被绑架人在本来的生活场所的安全与行动自由。犯罪客观方面表现为使用暴力、胁迫或者麻醉方法劫持或以实力控制他人。绑架的对象是任何他人（包括妇女、儿童和婴幼儿乃至行为人的子女或者父母）。绑架的实质是使被害人处于行为人或第三者的实力支配下；绑架不要求使被害人离开原来的生活场所。绑架行为应具有强制性，即使用暴力、胁迫或者麻醉方法控制他人。对于缺乏或者丧失行动能力的被害人，行为人采取偷盗、引诱等方法使其处于行为人或第三者实力支配下的，也可能成立绑架罪。例如，以勒赎为目的，偷盗婴幼儿的，成立绑架罪。犯罪主体必须是已满16周岁，具有辨认控制能力的自然人。已满14周岁不满16周岁的人实施绑架行为，故意杀害被绑架人的，应认定为故意杀人罪。犯罪主观上只能出于故意；具有利用被绑架人的近亲属或其他人对被绑架人安危的忧虑的意思；以勒索财物或满足其他不法要求为目的。如果行为人绑架他人是为了直接向被绑架人索取财物，则不构成本罪，而应认定为抢劫罪。行为人出于其他目的、动机以实力支配他人后，才产生勒索财物意图进而勒索财物的；收买被拐卖的妇女、儿童后，以暴力、胁迫手段对其进行实力控制，进而向其近亲属或有关人员勒索财物或提出其他不法要求的，这两种行为也成立绑架罪。

案例1：2018年9月，柳某向被害人陈某父亲陈某某借款10万元未果，便萌生绑架陈某来勒索陈某某300万元赎金的想法。之后，柳某邀请邓某、孟某共同绑架陈某。2019年1月8日早上，三人驾车来到西湖区某小区，由柳某在被害人家楼下电梯口守候，孟某、邓某在旁边的消防通道等候。在陈某下楼上学时，柳某在楼道内抱住陈某腿部，并压在陈某身上，孟某、邓某协助其将陈某往楼道内拖拽，并帮忙制服陈某。陈某在挣扎过程中极力喊叫，孟某持刀恐吓陈某，在此过程中刺伤陈某臀部。后因陈某外婆在楼上呼喊陈某名字，三人担心事情败露，遂逃离现场。经鉴定，被害人陈某的伤势程度为轻微伤。案发后，三被告人于2019年1月28日被民警抓获归案。江西省南昌市西湖区人民法院经审理认为，被告人柳某、邓某、孟某三人以勒索财物为目的，绑架一名未成年人，致被害人轻微伤，其行为均已构成绑架罪。三被告人已经着手实施犯罪，由于其意志以外的原因而未得逞，系未遂，对被告人柳某可以从轻处罚，对被告人邓某、孟某可以减轻处罚。三被告人归案后，如实供述了自己的罪行，系坦白，依法可从轻处罚。遂根据被告人犯罪的事实、性质、情节等，依法以绑架罪，判处三被告人有期徒刑十年至八年不等，并处相应罚金。[①]

案例2：被告人肖克臣与肖生坤（另案处理）预谋用网络实施绑架，并租赁广东省佛山市南海区里水镇一房屋用于作案。2013年6月13日晚，肖克臣以外出游玩为名，将通过手机微信"摇一摇"结识的被害人梁某某（女，时年15岁）骗出后，与肖生坤一起将梁某某骗至租赁房屋内。二人持美工刀威吓并用胶带捆绑梁某某，肖生坤从梁的手提包内搜得现金350元、小米手机1部。其间，肖克臣强行奸淫了梁某某。而后，二人打电话联系梁某某的母亲，索得赎金2万元。后即逃离现场。广东省佛山市南海区人民法院经审理认为，被告人肖克臣结伙以勒索财物为目的绑架他人，绑架过程中又违背被害人意志，强行与被害人发生性关系，其行为分别构成绑架罪、强奸罪，依法应当数罪并罚。肖克臣曾因诈骗罪被判处有期徒刑，刑满释放后不到半年又犯罪，系累犯，依法应当从重处罚。依照刑法有关规定，认定被告人肖克臣犯绑架罪，判处有期徒刑十一年，剥夺政治权利三年，并处罚金人民币1万元；犯强奸罪，判处有期徒刑四年六个月，决定执行有期徒刑十四年，剥夺政治权利三年，并处罚金人民币1万元。宣判后，被告人肖克臣提出上诉。佛山市中级人民法院经依法审理，裁定驳回上诉，维持原判。

典型意义：本案是一起利用网络交友实施绑架、强奸犯罪的案件。随着网络应用的发展和日渐普及，网络社交平台，特别是网络聊天工具，为人际交往带来了极大便利。与此同时，因其公共性、匿名性、便捷性等特点，网络交友也成为不法分子实施犯罪的新平台，由此引发的刑事案件呈上升趋势。一些年轻女性和青少年缺乏防范意识和能力，往往容易成为不法侵害的对象。本案中，被告人肖克臣伙同他人预谋绑架，事先租赁作案场所，通过微信搜索功能，选定尚未成年的女网友作为作案对象，借外出游玩之名骗出后绑架、强奸，犯罪性质恶劣，情节后果严重，社会危害性大，又系累犯，

---

① 参见《借钱未果纠集他人绑架小孩 男子获刑十年》，中国法院网，https://www.china-court.org/article/detail/2019/08/id/4252159.shtml。

人民法院依法对其所犯之罪从重处罚。一方面显示了人民法院严厉打击利用网络实施犯罪的坚定立场，另一方面通过真实案例警示公众，网络交友要保持警惕，不要轻信陌生人，特别是广大青少年和年轻女性，要不断提高防范意识和能力，保护自己及家人的人身和财产不受侵犯。①

（三）拐卖妇女、儿童罪

1. 概念

以出卖为目的，拐骗、绑架、收买、贩卖、接送、中转、窝藏妇女、儿童的行为。本罪是选择性罪名，可分解为拐卖妇女罪与拐卖儿童罪。

2. 构成特征

犯罪客体是妇女、儿童的人身自由和人格尊严，同时侵犯了他人的婚姻家庭关系。犯罪对象是已满 14 周岁的少女和成年的妇女（国籍不限），以及不满 14 周岁的男女儿童（包括不满 1 周岁的婴儿，1~6 周岁的幼儿）。犯罪客观方面表现为实施了拐骗、绑架、收买、贩卖、接送、中转、窝藏妇女、儿童的行为。（1）出卖捡拾的婴儿的，成立拐卖儿童罪。（2）出卖亲生子女或者所收养的子女的行为，只要是将子女作为商品出卖，所换取的是子女的身价的，就应认定为拐卖妇女、儿童罪。（3）以贩卖牟利为目的"收养"子女的，应以拐卖儿童罪处理。（4）同时实施上述几种行为的，或者既拐卖妇女又拐卖儿童的，只构成一罪，不实行数罪并罚。（5）如果拐卖行为得到了妇女的同意，阻却行为的违法性，不构成犯罪；拐卖儿童的，即使征得儿童同意的，也成立拐卖儿童罪。犯罪主体是一般主体，即已满 16 周岁，具有辨认控制能力的自然人。已满 14 周岁不满 16 周岁的人拐卖妇女、儿童的不成立犯罪，但是，如果在拐卖妇女、儿童的过程中强奸妇女或者奸淫幼女的，则以强奸罪论处。犯罪主观上只能出于故意，而且必须以出卖为目的，至于实际上"营利"与否，甚至"贩卖"中赔钱，亦不影响本罪的成立。本罪属于继续犯，所以在卖出之前，他人阻碍国家机关工作人员解救的，成立本罪共犯，而不是阻碍国家机关工作人员解救被收买的妇女、儿童罪或者妨害公务罪。

3. 拐卖妇女、儿童罪的认定

（1）拐卖妇女罪与诈骗罪的界限。行为人与妇女通谋，将该妇女介绍

---

① 参见《被告人肖克臣绑架、强奸案》，中国法院网，https://www.chinacourt.org/article/detail/2014/10/id/1464567.shtml。

与某人成婚，获得钱财后，行为人与该妇女双双逃走的（"放鸽子"），如果诈骗数额较大，应以诈骗罪论处，不能认定为拐卖妇女罪。此外，有的行为人以介绍对象为名，获取他人钱财后便携款携物潜逃的，也只能认定为诈骗行为，不构成拐卖妇女、儿童罪。

（2）拐卖妇女、儿童罪与绑架罪的界限。拐卖妇女、儿童罪包括以出卖为目的绑架妇女、儿童的行为，故二者有相似之处。其区别在于：①犯罪目的不同：前者以出卖为目的；后者以勒索财物或满足其他不法要求为目的。②对象不同：前者的对象仅限于妇女、儿童；后者的对象可以是任何人。

（3）既遂标准。通常只要被害人转移至行为人或第三者的实力支配范围内，即为既遂。但出卖捡拾儿童的，出卖亲生子女的，收买被拐卖的妇女、儿童后才产生出卖犯意进行出卖妇女、儿童的，应以出卖了被害人为既遂标准。

（4）以不同目的偷盗婴幼儿的行为应根据不同目的而有不同定性：①以出卖为目的，偷盗婴幼儿的，是拐卖儿童罪；②以勒索财物为目的偷盗婴幼儿的，成立绑架罪；③不以出卖为目的，拐骗不满14周岁的未成年人，脱离家庭或者监护人的，成立拐骗儿童罪。

案例1：1988年9月，被告人蓝树山伙同同案被告人谭汝喜（已判刑）等人在广西壮族自治区南宁市，将被害人向某某（女，时年22岁）拐带至福建省大田县，经林传溪（另案处理，已判刑）等人介绍，将向某某出卖。1989年6月，蓝树山伙同黄日旭（另案处理，已判刑），经"邓八"（在逃）介绍，将被害人廖某（男，时年1岁）从广西壮族自治区宾阳县拐带至大田县，经林传溪介绍，将廖某出卖。此后至2008年间，蓝树山采取类似手段，单独或伙同他人在广西宾阳县、巴马县等12个县，钦州市、凭祥市、贵港市、河池市等地，先后将被害人韦某某、黄某某等33名3岁至10岁男童拐带至福建省大田县、永春县，经林传溪、苏二妹（另案处理，已判刑）和同案被告人郭传贴、涂文仕、陈建东（均已判刑）等人介绍，将其出卖。蓝树山拐卖妇女、儿童，非法获利共计50余万元。广西壮族自治区河池市中级人民法院经审理认为，蓝树山为牟取非法利益，拐卖妇女、儿童，其行为已构成拐卖妇女、儿童罪。虽然蓝树山归案后坦白认罪，但其拐卖妇女、儿童人数多，时间长，主观恶性极深，社会危害极大，情节特别严重，不足以从轻处罚。依照刑法有关规定，以拐卖妇女、儿童罪判处被告人蓝树山死刑，剥夺政治权利终身，并处没收个人全部财产。宣判后，蓝树山提出上诉。广西壮族自治区高级人民法院经依法审理，裁定驳回上诉，维持原判，并依法报请最高人民法院复核。最高人民法院经依法复核，核准蓝树山死刑。罪犯蓝树山已被依法执行死刑。

典型意义：对于拐卖妇女、儿童犯罪，我国司法机关历来坚持从严惩治的方针，其中，偷盗、强抢、拐骗儿童予以出卖，造成许多家庭骨肉分离，对被拐儿童及其家庭造成巨大精神伤害与痛苦，在社会上易引发恐慌情绪，危害极大，更是从严惩治的重点。本案中，被告人蓝树山拐卖妇女 1 人，拐骗儿童 34 人予以出卖，不少儿童被拐十多年后才得以解救，回到亲生父母身边。众多家长为寻找被拐儿童耗费大量时间、金钱和精力，其中有 1 名被拐儿童亲属因伤心过度去世。综合考虑，蓝树山所犯罪行已属极其严重，尽管有坦白部分拐卖事实的从轻处罚情节，法院对其亦不予从轻处罚。①

案例 2：被告人杨恩光、李文建伙同田沈忠、张兴祥、李春飞等人（均系同案被告人，已判刑），先后以嫖娼为名，在云南省河口县一些宾馆、酒店，采用暴力手段，强行将越南籍妇女被害人阮某桃、阮某恒等 17 人带至云南省富宁县、砚山县、广南县、马关县等地，通过赵阿林、何万周（均系同案被告人，已判刑）等联系，转卖给当地村民。其中，杨恩光参与作案 6 起，拐卖妇女 12 人，李文建参与作案 7 起，拐卖妇女 14 人。云南省红河哈尼族彝族自治州中级人民法院经审理认为，杨恩光、李文建等人采用暴力、胁迫的方式绑架妇女后出卖，其行为构成拐卖妇女罪，均应依法惩处。在共同犯罪中，杨恩光、李文建提起犯意，具体负责联系买家交易及分配赃款，起主要作用，系主犯。杨恩光系累犯，应从重处罚。依照刑法有关规定，以拐卖妇女罪分别判处被告人杨恩光、李文建死刑，缓期二年执行，剥夺政治权利终身，并处没收个人全部财产；以拐卖妇女罪分别判处田沈忠、张兴祥、李春飞等人无期徒刑，剥夺政治权利终身，并处没收个人全部财产；其他同案被告人分别被判处十五年至四年不等有期徒刑，并处没收个人全部财产或罚金。宣判后，杨恩光、李文建提出上诉。云南省高级人民法院经依法审理，裁定驳回上诉，维持原判。

典型意义：本案被害人身份特殊，均系越南籍妇女，且多数在我国境内从事卖淫活动，本属依法整顿治理的对象，但被害人的特殊身份并不影响我国司法机关对拐卖妇女涉案人员的定罪量刑。本案两名被告人被判处死缓，

① 参见《2015 年 2 月 27 日，最高法发布惩治拐卖妇女儿童犯罪典型案例》，最高人民法院网，https：//www.court.gov.cn/zixun/xiangqing/13549.html。

三名被告人被判处无期徒刑，彰显了我国司法机关依法严厉打击、遏制一切形式拐卖妇女犯罪的决心。案发后，我国司法机关依照我国缔结和参加的有关国际条约的规定，积极履行所承担的国际义务，将被解救妇女妥善安置，并及时与有关外事部门联系，提供司法协助和司法救助，将被解救妇女全部安全地送返国籍国。①

案例3：熊某富、张某分夫妻二人共育有子女4人。2019年4月20日，张某分又生育一子，因家庭经济困难，又为非法获利，熊某富提议将刚出生的男婴卖给他人，在征得张某分的同意后，熊某富与他人联系拐卖事宜，后雇用司机从云南省富宁县出发，于2019年5月29日到达福建省华安县，经协商后以9.8万元的价格将婴儿卖给由居间人蔡某生介绍的邓某柏、邓某清，后邓某柏、邓某清将婴儿带回漳平市抚养。居间人蔡某生向熊某富、张某分收取介绍费3000元，向邓某柏、邓某清收取介绍费5000元。2020年5月26日，邓某柏、邓某清经依法传唤到案；2020年6月12日23时许，熊某富、张某分在广州市白云区被漳平市公安局民警抓获；2020年6月18日，蔡某生在福建省华安县被抓获。福建省漳平市人民法院审理后认为，被告人熊某富、张某分为获取非法利益，拐卖儿童1名，其行为已构成拐卖儿童罪。被告人邓某柏、邓某清通过被告人蔡某生的居间介绍，收买被拐卖的儿童1名并予以抚养，其行为均已构成收买被拐卖的儿童罪。被告人熊某富、张某分到案后能如实供述自己的罪行，系坦白，且自愿认罪认罚，依法可以从轻处罚。被告人张某分在共同犯罪中起次要作用，系从犯，依法应当减轻处罚。被告人蔡某生有犯罪前科，应酌情从重处罚。被告人邓某柏、邓某清、蔡某生到案后能如实供述自己的罪行，自愿认罪认罚，可从轻处罚。法院以生父熊某富犯拐卖儿童罪，判处有期徒刑五年，并处罚金6000元；生母张某分犯拐卖儿童罪，判处有期徒刑三年，缓刑三年六个月，并处罚金3000元；收买人邓某柏犯收买被拐卖的儿童罪，判处有期徒刑九个月，缓刑一年三个月；收买人邓某清犯收买被拐卖的儿童罪，判处有期徒刑九个月，缓刑一年三个月；居间介绍人蔡某生犯收买被拐卖的儿童罪，判处有期徒刑十一个月，缓刑一年六个月。②

典型意义：本案是一起以非法获利为目的出卖亲生子女构成拐卖儿童罪

① 参见《2015年2月27日，最高法发布惩治拐卖妇女儿童犯罪典型案例》，最高人民法院网，https://www.court.gov.cn/zixun/xiangqing/13549.html。
② 参见《夫妻俩以9.8万元卖掉亲生儿子 福建漳平法院判处买卖双方及居间介绍人刑罚》，中国法院网，https://www.chinacourt.org/article/detail/2021/07/id/6161798.shtml。

的典型案例。当前，在司法机关严厉打击下，采取绑架、抢夺、偷盗、拐骗等手段控制儿童后进行贩卖的案件明显下降，一些父母出卖、遗弃婴儿，以及"人贩子"收买婴儿贩卖的现象仍多发高发。对于父母将子女私自送给他人收取钱财的案件，如果行为人具有非法获利的目的，就应该以拐卖儿童罪论处。本案中，被告人熊某富、张某分夫妻将1名亲生儿子卖给他人，熊某富联系居间介绍人寻找买家，雇用司机亲自送儿子并且明码标价，收取数额较高的钱财。根据上述事实与情节，足以认定熊某富、张某分虽家庭经济困难但非无力抚养才被迫将孩子送养，而是将孩子作为商品，将孩子出卖作为牟利手段来获取非法利益。人民法院据此认定熊某富、张某分的行为构成拐卖儿童罪，对参与犯罪的收买人、居间介绍人，根据各自地位、作用、责任大小，分别判处轻重不等的刑罚，体现了人民法院对于以非法获利为目的出卖亲生子女犯罪坚决依法惩处的鲜明态度。

案例4：2006年至2008年，被告人马守庆伙同被告人宋玉翠、宋玉红、宋空军（均已判刑）等人，以出卖为目的，向侯会华、侯树芬、师江芬、师小丽（均另案处理，已判刑）等人从云南省元江县等地收买儿童，贩卖至江苏省连云港市、山东省临沂市等地。其中马守庆作案27起，参与拐卖儿童37人，其中1名女婴在从云南到连云港的运输途中死亡。马守庆与宋玉翠、宋玉红、宋空军共同实施部分犯罪，在其中起组织、指挥等主要作用。案发后，公安机关追回马守庆等人的犯罪所得22.6万元。江苏省连云港市中级人民法院经审理认为，马守庆以出卖为目的拐卖儿童，其行为已构成拐卖儿童罪。马守庆参与拐卖儿童37人，犯罪情节特别严重，且系主犯，应依法惩处。据此，依照刑法有关规定，以拐卖儿童罪判处被告人马守庆死刑，剥夺政治权利终身，并处没收个人全部财产。宣判后，马守庆提出上诉。江苏省高级人民法院经依法审理，裁定驳回上诉，维持原判。最高人民法院经依法复核，核准马守庆死刑。罪犯马守庆已被依法执行死刑。

典型意义：本案是一起由拐卖犯罪团伙实施的特大贩婴案件。本案犯罪时间跨度长，被拐儿童人数多达37人，且均是婴儿。在收买、贩卖、运输、出卖婴儿的诸多环节，"人贩子"视婴儿为商品，缺少必要的关爱、照料；有的采取给婴儿灌服安眠药、用塑料袋、行李箱盛装运输等恶劣手段，极易导致婴儿窒息伤残或者死亡，本案中即有1名婴儿在被贩运途中死亡。实践中，不法分子在贩运途中遗弃病婴的情形亦有发生。人民法院综合考虑马守庆拐卖儿童的犯罪事实、性质、情节和危害后果，对其依法判处死刑，符合罪责刑相一致原则。①

三、人格名誉安全的刑法保护

(一) 诬告陷害罪

1. 概念

故意捏造犯罪事实，向公安、司法机关或者有关国家机关告发，意图使他人受刑事追究，情节严重的行为。

2. 构成特征

犯罪客体是他人的人身权利和司法机关的正常活动。犯罪客观方面表现为捏造他人犯罪的事实，向公安、司法机关或者有关国家机关告发，足以引起司法机关的追究活动，情节严重。（1）行为对象为"他人"。第一，虚告自己犯罪的，不成立本罪；第二，虚告虚无人的，不成立本罪，但告发足以使司法机关确认对象，就成立本罪；第三，诬告没有达到刑事法定年龄或者没有责任能力的人犯罪的，成立本罪；第四，形式上诬告单位犯罪，但可能导致对自然人进行刑事追诉的，成立本罪。（2）行为与结果的内容为，向公安、司法机关或有关国家机关告发捏造的（虚构的）犯罪事实，足以引起司法机关的追究活动。第一，必须自发诬告，在公安、司法机关调查取证时，作虚假陈述的，并不成立诬告陷害罪。第二，实行行为的内容是，向有权行使刑事追究活动的公安、司法机关，或者向事实上能够对被诬陷人采取限制、剥夺人身自由等措施的机关告发捏造的犯罪事实（虚假告发）（告发之前的"捏造事实"不是本罪的实行行为。例如，告发之前打印他人"犯罪"资料，撰写"控告信"等行为，不是本罪的实行行为）。如将所捏造的犯罪证据交付公安机关，向检察院口头"控告"他人犯罪。利用刑事案件的被害人、其他单位或个人诬告他人的，只有当被害人、其他单位或个人，向上述公安、司法等机关转达、移送告发资料、信息时，才是诬告陷害罪实行行为的着手。捏造犯罪事实，既包括凭空捏造犯罪事实，也包括在发生了犯罪事实的情况下捏造"犯罪人"，还包括将不构成犯罪的事实夸大为犯罪事实，其共同点是违背客观真实捏造虚假犯罪事实。行为人虽然具有诬告陷

---

① 参见《2015 年 2 月 27 日，最高法发布惩治拐卖妇女儿童犯罪典型案例》，最高人民法院网，https://www.court.gov.cn/zixun/xiangqing/13549.html。

害的故意，但所告发的事实偶然符合客观事实的，不成立诬告陷害罪。利用流传的虚假事实作虚假告发的，也成立本罪。例如，明知他人私下散布的是虚假的犯罪事实，但故意向司法机关告发的，构成诬告陷害罪。但是，虚假告发他人违反《中华人民共和国治安管理处罚法》的，不成立诬告陷害罪。第三，告发行为足以引起公安、司法机关刑事追究活动：从告发方式与告发内容两个方面进行判断。虽然不要求告发的内容具有详细情节与证据，但仅向司法机关声称"某人是罪犯"或者向"110"报警称"某地有人犯罪"的，并不成立诬告陷害罪。（3）由于本罪的犯罪客体是他人的人身权利，故征得他人同意或者经他人请求而诬告他人犯罪的，阻却违法性，不成立诬告陷害罪。（4）成立本罪还需要情节严重。犯罪主体为一般主体。犯罪主观构成要件包括故意与特定目的：第一，责任形式为故意，要求行为人明知自己所告发的确实是虚假的犯罪事实。当行为人估计某人实施了犯罪行为，认识到所告发的犯罪事实仅具有可能性时而予以告发的，不认定为本罪。由于不处罚过失诬告行为，所以，错告或检举失实的，不成立犯罪。第二，必须具有使他人受到刑事追究的目的（意图）；但不要求将该目的作为其行为的唯一目的或者主要目的，只要行为人存在该目的即可。"意图使他人受刑事追究"，不等同于意图使他人受刑罚处罚。行为人虽然明知自己的诬告行为不可能使他人受刑罚处罚，但明知自己的行为会使他人被刑事拘留、逮捕等，意图使他人成为犯罪嫌疑人而被立案侦查的，也应认定为"意图使他人受刑事追究"。

案例：2019 年 11 月，海口市某物资工贸有限公司股东吴某，因不服海南省海口市龙华区人民法院对该公司抵押资产的拍卖和执行，故意捏造法官在执行过程中收受 300 万元贿赂，并多次向有关部门举报，意图使被举报法官接受组织调查，受到刑事追究。该举报内容经海口市龙华区监察委员会调查确认不属实。吴某为达到非法目的，捏造事实，恶意诬告法官收受巨额贿赂，意图使法官受到刑事追究，情节严重，应当予以刑事处罚。2023 年 3 月 15 日，海南省海口市秀英区人民检察院指控被告人吴某犯诬告陷害罪，向海南省海口市秀英区人民法院提起公诉。2023 年 6 月 16 日，海口市秀英区人民法院依据《刑法》第 243 条第 1 款之规定，以诬告陷害罪，判处吴某有期徒刑一年。

典型意义：诉讼当事人应当实事求是反映问题，理性合法表达诉求，不得故意捏造事实，诬告陷害执法办案人员。针对诬告陷害法官的恶劣行为，人民法院会同纪检监察、公安、检察等部门，不断完善常态化保护机制，发现一起、查处一起，持续释放严惩诬告陷害法官的强烈信号，为法官依法公正履职创造良好环境。①

（二）侮辱罪

1. 概念

使用暴力或者其他方法，公然贬损他人人格，破坏他人名誉，情节严重的行为。本罪的性质是侵犯他人的名誉。

2. 构成特征

犯罪客体是他人的人格尊严和名誉权。人格尊严权和名誉权是公民的基本人身权利。所谓人格尊严，是指公民基于自己所处的社会环境、地位、声望、工作环境、家庭关系等各种客观条件而对自己或他人的人格价值和社会价值的认识和尊重。所谓名誉，是指公民在社会生活中所获得的名望声誉，是一个公民的品德、才干、信誉等在社会生活中所获得的社会评价。所谓名誉权，是指以名誉的维护和安全为内容的人格权。本罪的犯罪对象，只能是自然人，而非单位。侮辱法人以及其他团体、组织，不构成侮辱罪。在公众场合以焚烧、毁损、涂画、玷污、践踏等方式侮辱中华人民共和国国旗、国徽的，应以侮辱国旗、国徽罪依法追究刑事责任。犯罪客观方面表现以暴力或其他方法公然贬损他人人格、破坏他人名誉，情节严重的行为。（1）侮辱他人的行为。行为的主要手段有：①暴力侮辱人身，这里所讲的暴力，仅指作为侮辱的手段而言。例如，以粪便泼人，以墨涂人，强剪头发，强迫他人做有辱人格的动作等，而不是指殴打、伤害身体健康的暴力。如果行为人有伤害他人身体健康的故意和行为，则应以伤害罪论处。②采用言语进行侮辱，即用恶毒刻薄的语言对被害人进行嘲笑、辱骂，使其当众出丑，难以忍受，如口头散布被害人的生活隐私、生理缺陷等。③文字侮辱，即以大字报、小字报、图画、漫画、信件、书刊或者其他公开的文字等方式泄露他人隐私，诋毁他人人格，破坏他人名誉。（2）侮辱行为必须公然进行。所谓"公然"侮辱，是指当着第三者甚至众人的面，或者利用可以使不特定人或多数人听到、看到的方式，对他人进行侮辱。公然并不一定要求被害人在场。如果仅仅面对着被害人进行侮辱，没有第三者在场，也不可能被第三者知悉，则不构成侮辱罪。因为只有第三者在场，才能使被害人的外部名誉受

---

① 参见《吴某诬告陷害法官被判刑案》，中国法院网，https：//www.chinacourt.org/article/detail/2023/11/id/7660523.shtml。

到破坏。（3）侮辱对象必须是特定的人。特定的人既可以是一人，也可以是数人，但必须是具体的，可以确认的。在大庭广众之中进行无特定对象的谩骂，不构成侮辱罪。死者不能成为本罪的侮辱对象，但如果行为人表面上侮辱死者，实际上是侮辱死者家属的，则应认定为侮辱罪。（4）公然侮辱他人的行为还必须达到情节严重的程度才能构成本罪。虽有公然侮辱他人的行为，但不属于情节严重，只属于一般的民事侵权行为。所谓情节严重，主要是指手段恶劣，后果严重等情形，如强令被害人当众爬过自己的胯下；当众撕光被害人衣服；给被害人抹黑脸、挂破鞋、戴绿帽强拉游街示众；当众胁迫被害人吞食或向其身上泼洒粪便等污秽之物；当众胁迫被害人与尸体进行接吻、手淫等猥亵行为；因公然侮辱他人致其精神失常或者自杀身亡；多次侮辱他人，使其人格、名誉受到极大损害；对执行公务的人员、妇女甚至外宾进行侮辱，造成恶劣的影响；等等。犯罪主体是一般主体。犯罪主观方面表现为直接故意，并且具有贬损他人人格，破坏他人名誉的目的。

案例 1：2016 年 11 月 3 日，江歌在日本留学期间遭其室友刘鑫的前男友陈世峰杀害。2017 年 12 月 20 日，陈世峰被日本东京地方裁判所判处有期徒刑 20 年。该案引起了网民的广泛关注和评论。网民谭斌通过其新浪微博账号"Posh – Bin"，发布系列与江歌案有关的文章及漫画。江秋莲认为上述漫画和文章对江歌及其本人构成侮辱、诽谤，遂以谭斌犯侮辱罪、诽谤罪向上海市普陀区人民法院提起自诉。普陀区法院一审以侮辱罪判处谭斌有期徒刑一年，以诽谤罪判处有期徒刑九个月，决定执行有期徒刑一年六个月。一审宣判后，自诉人江秋莲、被告人谭斌均向上海二中院提出上诉。上海二中院经审理查明，2018 年 2 月 25 日，谭斌通过新浪微博账号"Posh – Bin"发布他人创作的标题为《甜心宝贝 miss 奖@ b！tch》的系列漫画，公然丑化江秋莲形象，侮辱江秋莲人格。经公证，该系列漫画浏览数为 24600 余次。2018 年 9 月 25 日和 2018 年 10 月 18 日，谭斌通过新浪微博账号"Posh – Bin"，先后发布标题为《江秋莲自己克死女儿江歌，不能怨任何人》（截至 2019 年 7 月 10 日浏览数为 8000 余次）和标题为《江秋莲七百多天了还不安生，你想念你家鸽子就去买瓶敌敌畏就 ok 啦》（截至 2019 年 7 月 10 日浏览数为 4000 余次）的博文，在该两篇文章的首部附上江歌遗照，在该遗照上添加文字"婊子、臭货""活该死你，江秋莲作恶克死你"，并在文中以"贱妇""可怜人有可恨处"等语言对江秋莲进行侮辱、谩骂。2018 年 9 月 24 日至 10 月 30 日以及 2019 年 3 月 12 日至 15 日，谭斌通过微博账号"Posh – Bin"，先后发布 17 篇微博短文（浏览数为 43700 余次），连续辱骂江秋莲,称江秋莲为社会毒瘤、人渣等。陈世峰杀害江歌案,经中国驻日本大使馆领事部认证的该案裁判文书认定,陈世峰的杀人目标是刘鑫而非江歌,江歌系在现场无辜被杀。2018 年 2 月 12 日和 2019 年 3 月 15 日,谭斌通过新浪微博账号"Posh - Bin",发布标题为《深度解析江秋莲的谎言与诡计! 正义必然不属于你》的博文,捏造江歌是陈世峰情敌而遭陈杀害的事实。经统计,阅读该文微博用户总数为 26931 人。经公证,该文浏览数达 34 万余次。上海二中院认为,随着自媒体的普及,每个人都拥有自己发声的渠道,信息的发布门槛大幅度降低。但是互联网不是法外之地,每位网民都应当尊重权利应有的法律界限,不能侵犯他人的合法权益。如其言行不当,构成犯罪的,应当承担相应的刑事责任。谭斌得知江歌在日本被杀事件后,非但不表示同情,反而从 2018 年起通过网络对原本素不相识的江歌及江歌之母江秋莲进行侮辱、诽谤,公然贬低、损害他人人格,破坏他人名誉,情节严重,其行为已构成侮辱罪、诽谤罪,依法应予数罪并罚。上海二中院裁定驳回江秋莲、谭斌的上诉,维持原判。①

案例 2:2018 年 8 月 20 日,被告人常某一之子在德阳某游泳馆游泳时,因与安某某发生碰撞后向安某某做吐口水动作,被安某某丈夫乔某某将头按入水中并掌掴。常某一闻讯与安某某、乔某某发生争执,并进入游泳馆女更衣室与安某某发生肢体冲突。公安民警接警后调解未果。次日上午,常某一、周某(另案处理)到乔某某单位反映上述情况,要求对乔某某作出处理,并拍摄该单位公示栏中乔某某姓名、职务、免冠照片等;下午,被告人常某一和被告人常某二(常某一堂妹)等人到安某某单位,要求立即处理安某某,并吵闹、言语攻击安某某,引发群众围观。常某一通过安某某单位微信公众号获取其姓名、单位、职务、免冠照片截图。此后,被告人常某一、常某二和被告人孙某某(常某一表妹)将乔某某、安某某的相关个人信息与上述游泳池事件视频关联,通过微信群、微博发布带有情绪性、侮辱性的帖文和评论,并推送给多家网络媒体。涉案游泳池事件被多家媒体报道、转载,在网络上引发大量针对乔某某、安某某的诋毁、谩骂。其间,乔某某、安某某通过他人与常某一联系协商未果。同月 25 日,安某某服药自杀,经抢救无效死亡。四川省绵竹市人民检察院对常某一等提起公诉。四川

① 参见《上海二中院终审宣判江歌母亲诉网民侮辱、诽谤案 维持一审判决 被告人辱骂他人、捏造事实处刑一年半》,中国法院网,https://www.chinacourt.org/article/detail/2020/10/id/5549331.shtml。

省绵竹市人民法院一审判决认为：被告人常某一、常某二、孙某某利用涉案泳池冲突事件煽动网络暴力，公然贬损被害人人格、损坏被害人名誉，造成被害人安某某不堪负面舆论的精神压力而自杀身亡。综合考虑各被告人在共同犯罪中所起作用、自首、悔罪表现以及被害人乔某某过错情况，以侮辱罪判处被告人常某一有期徒刑一年六个月；被告人常某二有期徒刑一年，缓刑二年；被告人孙某某有期徒刑六个月，缓刑一年。宣判后，被告人常某一提起上诉。四川省德阳市中级人民法院裁定驳回上诉，维持原判。

典型意义：与线下暴力直接造成人身伤害不同，网络暴力主要通过发布、传播信息，损害他人名誉、尊严等人格权益，实质是语言暴力。由于网络的特殊性，加之网络暴力信息"夺人眼球"，所涉信息极易在互联网空间被海量放大，快速扩散、发酵形成舆论风暴。网络暴力所引发的群体性网络负面言论，使被害人面对海量信息的传播而无所适从、无从反抗，导致"社会性死亡"甚至精神失常、自杀等严重后果。近年来，网络暴力引发的悲剧接连发生，亟须依法予以严惩。本案是网络暴力引发严重后果的案件，行为人发布侮辱性言论，并通过网络推送，引发大量针对被害人的网络诋毁、谩骂，造成被害人自杀的严重后果，社会影响恶劣。基于此，办案机关依法适用公诉程序，以侮辱罪对三名被告人定罪判刑。[①]

（三）诽谤罪

1. 概念

故意捏造并散布虚构的事实，足以贬损他人人格，破坏他人名誉，情节严重的行为。

2. 构成特征

犯罪客体是他人的人格尊严和名誉权。犯罪客观方面表现为行为人实施捏造并散布某种虚构的事实，足以贬损他人人格、名誉，情节严重的行为。（1）须有捏造某种事实的行为，即诽谤他人的内容完全是虚构的。如果散布的不是凭空捏造的，而是客观存在的事实，即使有损于他人的人格、名誉，也不构成本罪。（2）须有散布捏造事实的行为。所谓散布，就是在社会公开的扩散。散布的方式基本上有两种：一种是言语散布；另一种是文字，即用大字报、小字报、图画、报刊、图书、书信等方法散布。所谓

---

① 参见《依法惩治网络暴力违法犯罪典型案例》，最高人民法院网，https://www.court.gov.cn/zixun/xiangqing/413002.html。

"足以贬损",是指捏造并散布的虚假事实,完全可能贬损他人的人格、名誉,或者事实上已经给被害人的人格、名誉造成了实际损害。如果散布虚假的事实,但并不可能损害他人的人格、名誉,或无损于他人的人格、名誉,则不构成诽谤罪。(3)诽谤行为必须是针对特定的人进行的,但不一定要指名道姓,只要从诽谤的内容上知道被害人是谁,就可以构成诽谤罪。如果行为人散布的事实没有特定的对象,不可能贬损某人的人格、名誉,就不能以诽谤罪论处。(4)捏造事实诽谤他人的行为必须属于情节严重的才能构成本罪。虽有捏造事实诽谤他人的行为,但没有达到情节严重的程度,则不能以本罪论处。所谓情节严重,主要是指多次捏造事实诽谤他人的;捏造事实造成他人人格、名誉严重损害的;捏造事实诽谤他人造成恶劣影响的;诽谤他人致其精神失常或导致被害人自杀的等情况。犯罪主体是一般主体。犯罪主观方面表现为故意,行为人明知自己散布的是足以损害他人名誉的虚假事实,明知自己的行为会发生损害他人名誉的危害结果,并且希望这种结果的发生。行为人的目的在于败坏他人名誉。如果行为人将虚假事实误认为是真实事实加以扩散,或者把某种虚假事实进行扩散但无损害他人名誉的目的,则不构成诽谤罪。

案例1:2020年7月7日18时许,被告人郎某在杭州市余杭区良渚街道某快递驿站内,使用手机偷拍正在等待取快递的被害人谷某,并将视频发布在某微信群。被告人何某使用微信号冒充谷某与自己聊天,后伙同郎某分别使用各自微信号冒充谷某和快递员,捏造谷某结识快递员并多次发生不正当性关系的微信聊天记录。为增强聊天记录的可信度,郎某、何某还捏造"赴约途中""约会现场"等视频、图片。2020年7月7日至16日,郎某将上述捏造的微信聊天记录截图数十张及视频、图片陆续发布在该微信群,引发群内大量低俗、淫秽评论。之后,上述偷拍的视频以及捏造的微信聊天记录截图被他人合并转发,并相继扩散到110余个微信群,群成员总数共计2万余人,引发大量低俗评论,多个微信公众号、网站等对上述聊天记录合辑转载推文,总阅读数2万余次,影响了谷某的正常工作生活。谷某向公安机关报案后,郎某、何某主动到公安机关接受调查,承认前述事实。公安机关对郎某、何某行政拘留,并发布警情通报辟谣。2020年8月至12月,此事经多家媒体报道并引发网络热议,其中仅微博话题"被造谣出轨女子至今找不到工作"阅读量就达4.7亿、讨论5.8万人次。该事件在网络上的广泛传播给广大公众造成不安全感,严重扰乱网络社会公共秩序。案发后,被告人郎某、何某对被害人谷某进行了赔偿。浙江省杭州市余杭区人民法院审理后认为，被告人郎某、何某出于寻求刺激、博取关注等目的，捏造损害他人名誉的事实，在信息网络上散布，造成该信息被大量阅读、转发，严重侵害了被害人谷某的人格权，影响其正常工作生活，使其遭受一定经济损失，社会评价也受到一定贬损，属于捏造事实通过信息网络诽谤他人且情节严重，二被告人的行为均已构成诽谤罪，公诉机关指控的罪名成立。鉴于二被告人的犯罪行为已并非仅仅对被害人谷某造成影响，其对象选择的随机性，造成不特定公众恐慌和社会安全感、秩序感下降；诽谤信息在网络上大范围流传，引发大量淫秽、低俗评论，虽经公安机关辟谣，仍对网络公共秩序造成很大冲击，严重危害社会秩序，公诉机关以诽谤罪对二被告人提起公诉，符合法律规定。考虑到二被告人具有自首、自愿认罪认罚等法定从宽处罚情节，能主动赔偿损失、真诚悔罪，且系初犯，无前科劣迹，适用缓刑对所居住社区无重大不良影响等具体情况，法院对公诉机关建议判处二被告人有期徒刑一年，缓刑二年及辩护人提出适用缓刑的意见，予以采纳。法院当庭宣判，分别以诽谤罪判处被告人郎某、何某有期徒刑一年，缓刑二年。①

案例 2：被告人吴某某在网络平台上以个人账号"飞哥在东莞"编发故事，为开展地产销售吸引粉丝、增加流量。2021 年 11 月 19 日，吴某某在网上浏览到被害人沈某某发布的"与外公的日常"帖文，遂下载并利用帖文图片在上述网络账号上发布帖文，捏造"73 岁东莞清溪企业家豪娶 29 岁广西大美女，赠送礼金、公寓、豪车"。上述帖文信息在网络上被大量转载、讨论，引起网民对沈某某肆意谩骂、诋毁，相关网络平台上对上述帖文信息的讨论量为 75608 条、转发量为 31485 次、阅读量为 4.7 亿余次，造成极恶劣社会影响。此外，被告人吴某某还针对闵某捏造并在网上发布诽谤信息。广东省东莞市第一市区人民检察院以诽谤罪对吴某某提起公诉。广东省东莞市第一人民法院判决认为：被告人吴某某在信息网络上以捏造事实诽谤他人，情节严重，且严重危害社会秩序。综合被告人犯罪情节和认罪认罚情况，以诽谤罪判处被告人吴某某有期徒刑一年。该判决已发生法律效力。

典型意义：传统侮辱、诽谤多发生在熟人之间。为了更好地保护当事人的隐私，最大限度修复社会关系，刑法将此类案件规定为告诉才处理，并设置了"严重危害社会秩序和国家利益"的例外情形。随着网络时代的到来，

---

① 参见《杭州"取快递女子被造谣出轨"案一审宣判 二被告人捏造并散布损害他人名誉的事实被以诽谤罪判刑》，中国法院网，https://www.chinacourt.org/article/detail/2021/05/id/6021436.shtml。

侮辱、诽谤的行为对象发生重大变化。以网络暴力为例，所涉侮辱、诽谤行为往往针对素不相识的陌生人实施，受害人在确认侵害人、收集证据等方面存在现实困难，维权成本极高。对此，要准确把握侮辱罪、诽谤罪的公诉条件，依法对严重危害社会秩序的网络侮辱、诽谤案件提起公诉。需要注意的是，随意选择对象的网络侮辱、诽谤行为，可以使相关信息在线上以"网速"传播，迅速引发大规模负面评论，不仅严重侵害被害人的人格权益，还会产生"人人自危"的群体恐慌，严重影响社会公众的安全感，应当作为"严重危害社会秩序"的重要判断因素。本案是随意以普通公众为侵害对象的网络暴力案件，行为人为博取网络流量，随意以普通公众为侵害对象，捏造低俗信息诽谤素不相识的被害人，相关信息在网络上大范围传播，引发大量负面评论，累计阅读量超过 4 亿次，社会影响恶劣。基于此，办案机关认为本案属于"严重危害社会秩序"情形，依法适用公诉程序，以诽谤罪对被告人定罪判刑。[①]

四、性自由安全的刑法保护

（一）强奸罪

1. 概念

强奸罪分为两种类型：一类是普通强奸，即违背妇女意志，使用暴力、胁迫或者其他手段，强行与妇女发生性交的行为；另一类是奸淫幼女（准强奸），即与不满 14 周岁的幼女发生性交的行为。

2. 构成特征

犯罪客体是妇女（包括幼女）的性的自己决定权，其基本内容是妇女按照自己的意志决定性行为的权利。由于幼女缺乏决定性行为的能力，因此，与幼女发生性交的行为，即使征得其同意，也应认为侵犯了其性的自己决定权。普通强奸犯罪客观方面表现为必须违背妇女意志，采用暴力、胁迫或者其他手段，强行与妇女发生性交。行为对象是"妇女"。一般认为是已满 14 周岁的少女与成年妇女，被害妇女的社会地位、思想品德、生活作风、结婚与否等均不影响本罪的成立。强奸首先是指男女之间的性交行为，换言

---

① 参见《依法惩治网络暴力违法犯罪典型案例》，最高人民法院网，https://www.court.gov.cn/zixun/xiangqing/413002.html。

之，性交行为是行为人的结果行为。性交以外的猥亵行为，不构成强奸罪。强奸以违背妇女意志为前提，即在妇女不同意发生性交的情况下，强行与之性交。如果妇女同意发生性交，行为人的行为就不构成强奸罪。即使行为人以为自己的行为违背妇女意志，但实际上妇女完全同意或者自愿的，也不应认定为强奸罪。由于强奸行为违背妇女意志，所以行为人必须采取某种足以使妇女不能反抗或不敢反抗的手段，这便是暴力、胁迫或者其他手段，这些手段是强奸行为的有机组成部分。如果行为人没有采取这些强制手段，即使其行为客观上违背妇女意志，也不成立强奸罪。所谓"暴力手段"，是指不法对被害妇女行使有形力的手段，即直接对被害妇女采取殴打、捆绑、堵嘴、卡脖子、按倒等危害人身安全或人身自由，使妇女不能反抗的手段。这里的暴力，不包括故意杀人，故意杀死妇女后又奸尸的，不应认定为强奸罪，应以故意杀人罪与侮辱尸体罪并罚。此外，暴力是征服妇女意志的手段，必须直接针对被强奸的妇女实施。如果行为人为了强奸妇女，不仅对被害妇女实施暴力，而且对阻止其实施强奸行为的第三者实施暴力，则不仅构成强奸罪，而且构成另一独立的犯罪（故意伤害罪等）。所谓"胁迫手段"，是指为了使被害妇女产生恐惧心理，而以恶害相通告的行为；胁迫的实质是足以引起被害妇女的恐惧心理，实现对被害妇女的精神强制，使妇女不敢反抗的手段，从而实现强行奸淫的意图。胁迫的手段多种多样，既可以直接对被害妇女进行威胁，也可以通过第三者进行威胁；既可以是口头胁迫，也可以是书面胁迫（通过第三者胁迫或者书面胁迫时，不存在紧迫的危险，不认定为强奸罪的着手）；既可以以暴力进行威胁，如持刀胁迫，也可以以非暴力进行威胁，如以揭发隐私、毁坏名誉相胁迫。利用教养关系、从属关系、职务权利等与妇女发生性交的，不能一律视为强奸。关键在于行为人是否利用了这种特定关系进行胁迫而使妇女不敢反抗，而不在于有没有这种特定关系。换言之，特定关系只是认定是否胁迫的线索，而不是认定胁迫的根据。所谓"其他手段"，是指采用暴力、胁迫以外的使被害妇女不知抗拒或者不能抗拒的手段，具有与暴力、胁迫相同的强制性质。司法实践中常见的其他手段有：用酒灌醉或者药物麻醉的方法强奸妇女；利用妇女熟睡之机进行强奸；冒充妇女的丈夫或情夫进行强奸；利用妇女患重病之机进行强奸；造成或利用妇女处于孤立无援的状态进行强奸；假冒治病强奸妇女；组织和利用会道门、邪教组织或者利用迷信奸淫妇女等。上述暴力、胁迫或者其他手段必须达到使妇女明显难以反抗的程度。当女子将要离开男子住宅时，男子以轻微力量拉住女子的手，要求发生性关系的，不能认定为暴力手段；当考生感觉可能不及格，而要求考官关照时，考官说"如果不和我发生关系，就不给你及格"的，不能认定为胁迫手段；男子对女子说"我是警察"，进而要求发生性关系的，不能认定为其他手段。奸淫幼女犯罪客观方面表现为与不满 14 周岁的幼女发生性交的行为。不论行为人采用什么手段，也不问幼女是否愿意，只要与幼女发生性交，就构成奸淫幼女罪。犯罪主体是已满 14 周岁，具有辨认控制能力的自然人，通常是男子，其中直接正犯只能是男子。妇女可以成为强奸罪的教唆犯、帮助犯，也可以成为间接正犯与共同正犯。犯罪主观方面是故意。在普通强奸中，明知自己的行为违背妇女意志，而决意强行奸淫。在奸淫幼女中，认识内容包括奸淫对象是不满 14 周岁的幼女：或者明知女方一定是幼女，或者明知女方可能是幼女，或者不管女方是否为幼女，在此基础上决意实施奸淫行为的，就具备奸淫幼女罪的主观要件。换言之，只要行为人认识到女方一定或者可能是幼女或者不管女方是否为幼女，而决意实施奸淫行为，被奸淫的女方又确实是幼女的，就构成奸淫幼女罪。因此，间接故意也可以构成奸淫幼女。

案例 1：2022 年 11 月 25 日上午，北京市朝阳区人民法院一审公开宣判被告人吴亦凡强奸、聚众淫乱案，对被告人吴亦凡以强奸罪判处有期徒刑十一年六个月，附加驱逐出境；以聚众淫乱罪判处有期徒刑一年十个月，数罪并罚，决定执行有期徒刑十三年，附加驱逐出境。经审理查明，被告人吴亦凡于 2020 年 11 月至 12 月，在其住所先后趁三名女性醉酒后不知反抗或不能反抗之机，强行与之发生性关系；2018 年 7 月 1 日，吴亦凡在其住所，伙同他人组织另外两名女性酒后进行淫乱活动。朝阳区人民法院认为，吴亦凡的行为已构成强奸罪、聚众淫乱罪，应依法并罚。根据吴亦凡犯罪的事实、犯罪的性质、情节和危害后果，法庭遂作出上述判决。[①] 2023 年 7 月 25 日，北京市第三中级人民法院依法开庭审理了上诉人吴亦凡强奸、聚众淫乱一案。因涉及被害人隐私，案件依法采取不公开开庭审理方式。2022 年 11 月 25 日，北京市朝阳区人民法院对本案作出一审判决，对被告人吴亦凡以强奸罪判处有期徒刑十一年六个月，附加驱逐出境；以聚众淫乱罪判处有期徒刑一年十个月，数罪并罚，决定执行有期徒刑十三年，附加驱逐出境。被告人吴亦凡不服，向北京市第三中级人民法院提起上

---

① 参见《吴亦凡强奸、聚众淫乱案，一审宣判！》，中国法院网，https://www.chinacourt.org/article/detail/2022/11/id/7035773.shtml.

诉。人民法院在开庭前依照相关规定通知了加拿大驻华大使馆。案件审理过程中，依法保障了上诉人吴亦凡的各项诉讼权利。本案将依法择期宣判。① 2023 年 11 月 24 日上午，北京市第三中级人民法院依法对吴亦凡强奸、聚众淫乱上诉一案公开宣判，裁定驳回上诉，维持原判。北京市朝阳区人民法院对被告人吴亦凡以强奸罪，判处有期徒刑十一年六个月，附加驱逐出境；以聚众淫乱罪判处有期徒刑一年十个月，数罪并罚，决定执行有期徒刑十三年，附加驱逐出境。一审宣判后，吴亦凡提出上诉。北京市第三中级人民法院经审理认为，吴亦凡违背妇女意志，利用多名被害人醉酒之机，与其发生性关系，其行为构成强奸罪；聚众进行淫乱活动，且系首要分子，其行为又构成聚众淫乱罪，应依法并罚。原判认定事实清楚，证据确实、充分，定罪及适用法律正确，量刑适当，审判程序合法，裁定驳回吴亦凡的上诉，维持原判。吴亦凡近亲属、加拿大驻华大使馆官员旁听了二审宣判。②

案例 2：2014 年 1 月 20 日 1 时许，被告人孟克杰日格力、布音其尔格与海某三人酒后前往大柴旦行委铁石观傲日格里牧场被害人雅某与其男友加某的住处，将已经睡觉的加某与被害人雅某叫醒后，五人一起在加某的住处喝酒，当加某与被害人雅某醉酒睡着后，被告人孟克杰日格力与雅某发生了性关系，随后被告人布音其尔格与海某从外面回到房间后，被告人布音其尔格与雅某又发生了性关系。青海省大柴旦矿区人民法院经审理认为：被告人孟克杰日格力、布音其尔格违背被害人雅某意志，乘雅某醉酒之机，轮流强行与其发生性行为，其行为已构成强奸罪，应依法惩处。青海省大柴旦矿区人民法院以被告人孟克杰日格力犯强奸罪，判处有期徒刑十年；以被告人布音其尔格犯强奸罪，判处有期徒刑十年。孟克杰日格力以原判事实不清、证据不足，其没有与被害人雅某发生性关系，不构成强奸罪提出上诉。布音其尔格以其行为构成强奸罪，但不属轮奸，且原判量刑过重提出上诉。青海省海西蒙古族藏族自治州中级人民法院经审理认为：上诉人孟克杰日格力、布音其尔格先后乘被害人雅某酒醉之机，违背妇女意愿，强行与其发生性关系，二上诉人的行为均构成强奸罪。出庭检察员关于原判认定原审二被告人构成强奸罪的事实清楚，证据确实、充分出庭意见成立。上诉人孟克杰日格

---

① 参见《吴亦凡强奸、聚众淫乱案二审开庭》，新华网，http：//www.news.cn/legal/2023 - 07/25/c_ 1129766859. htm。

② 参见《被告人吴亦凡强奸、聚众淫乱案二审维持原判》，中国法院网，https：//www.china-court. org/article/detail/2023/11/id/7655713. shtml。

力、布音其尔格乘被害人醉酒之机，虽在极为接近的时间内先后与被害人发生了性行为，但二上诉人主观上没有共同的犯意联络，也没有互相配合的行为，二上诉人行为不符合共同犯罪的构成要件，不属轮奸。最终判处上诉人（原审被告人）孟克杰日格力犯强奸罪，判处有期徒刑六年；上诉人（原审被告人）布音其尔格犯强奸罪，判处有期徒刑六年。①

该案裁判要旨：强奸罪中的违背妇女意志，是指未经妇女同意而强行与之发生性交的行为，对妇女的同意不能以其有无反抗为标准，不能简单地以被害妇女当时有无反抗意思表示，作为认定其是否同意的唯一条件。一般而言，可从以下三个方面来分析判断被告人的行为是否"违背妇女意志"：(1) 案发时被害妇女的认知能力；(2) 案发时被害妇女的反抗能力；(3) 被害人未作明确意思表示的客观原因。

（二）负有照护职责人员性侵罪

1. 概念

对已满 14 周岁不满 16 周岁的未成年女性负有监护、收养、看护、教育、医疗等特殊职责的人员，与该未成年女性发生性关系的行为。

2. 构成特征

犯罪客体是已满 14 周岁不满 16 周岁的未成年女性的不完全性自决能力和身心健康。犯罪客观方面表现为负有监护、收养、看护、教育、医疗等特殊职责的人员与已满 14 周岁不满 16 周岁的未成年女性发生性关系。(1) 在认定是否构成负有照护职责人员性侵罪时，首先面临的是负有照护职责人员的范围如何界定的问题。立法上将负有监护、收养、看护、教育、医疗等特殊职责的人员与所照护的已满 14 周岁未满 16 周岁的未成年女性发生性关系入罪化，实质的理由在于，此类人员与照护对象之间处于支配与被支配的关系，尤其是后者所处的年龄阶段，导致其很容易成为前者进行性剥削的对象。这种性剥削，有可能采取未征得照护对象同意而强制进行，更多的则是负有照护职责的行为人，利用自身所处的支配地位或未成年女性对自己的特殊信赖关系，而在表面上征得对方同意的情况下进行。前种情形传统的强奸罪也可处理，后种情形则由于同意的存在而难以作为犯罪来处理，导致大量的处罚漏洞。立法上增设相关条款，正是为了防止这样的漏洞。因此，负有照护职责人员性侵罪的不法本质，就在于负有照护职责的行为人利用自身所

---

① 参见刑事审判参考第 1061 号案例：孟某等强奸案。

处的支配地位对未成年女性进行性剥削。这意味着，对负有照护职责人员范围的界定，需要从行为人是否在实质上存在利用照护所形成的支配地位或特殊信赖关系的可能，从而影响后者在性关系问题上的意思自由的角度来进行。法条所规定的监护、收养、看护、教育、医疗等特殊职责，并不要求行为人与被害对象存在正式的或为法律所认可的照护关系。如果双方之间存在正式的或为法律所认可的监护、收养、看护、教育、医疗关系，则作为照护一方的行为人无疑可以成为本罪的主体。同时，即便双方之间不存在正式的或为法律所认可的监护、收养、看护、教育、医疗等关系，只要行为人在平时的生活中对被害对象进行实质上的照护或者存在事实上的接管关系，也应认定为负有照护职责的人员。另外，这种照护关系也不要求是稳定的、长期的，只要行为人所进行的照护具有一定的持续性，并非偶然为之，其受到被照护的未成年女性的特殊信赖，则也应认定为负有照护职责的人员。比如，行为人作为被害女孩的邻居，因女孩的父母外出打工，而不时地照顾和接济女孩，如果其利用女孩对其的特殊信赖而发生性行为，相应行为人同样可以构成本罪。虽然性行为是在照护关系已然中断或终结后进行，但只要曾经作为照护一方的行为人与未成年女性之间的支配关系或特殊信赖关系仍存在，则其仍属于负有照护职责的人员。（2）"发生性关系"，在外延上既包括传统上强奸所指向的自然性交行为，也包括不法程度与自然性交相当的猥亵行为，以及一般的猥亵行为。此处规定的"发生性关系"宜作广义理解，既包括性交，也包括一般的猥亵行为。①其理由在于：一是如果将"发生性关系"仅限定于传统上强奸所指向的行为，会导致两方面的处罚漏洞。一方面，与自然性交相比，用手指插入被害女性的阴道，或者实施口交与肛交之类的行为，行为的危害性与不法程度并没有降低，甚至可能有过之而无不及，这将导致危害相当的行为在刑法处理上出现罪与非罪的区别。另一方面，立法上没有增设利用照护职责的人员对已满 14 周岁未满 16 周岁的未成年女性实施猥亵犯罪的规定，而此类行为同样具有刑法上的值得惩罚性。二是立法上使用的是"性关系"的表述，将猥亵行为纳入"性关系"的范畴之中，并未突破概念的文义可能性范围。三是从本条所配置的法定刑来看，将猥亵行为纳入"发生性关系"的范畴，完全可以实现罪刑相适应，同时，也能与强制猥亵罪的法定刑相协调。犯罪主体是特殊主体，即对已满 14 周岁不满 16 周岁的未成年女性负有监护、收养、看护、教育、医疗等特殊职责的人员。犯罪主观方面必须

---

① 劳东燕：《刑法修正案（十一）条文要义》，中国法制出版社，2021，第 193 页。

是故意，且明知发生性关系的对象是已满 14 周岁不满 16 周岁的未成年女性。

案例 1：被告人汪某系宁国市某中学教师，是被害人尹某某的物理老师，被害人尹某某（2007 年 1 月 29 日出生）就读于该中学八年级。2021 年 6 月初，被告人汪某骗被害人尹某某，称其二人系前世今生的夫妻，二人迟早会结婚并发生性关系，尹某某对此信以为真。2021 年 6 月 21 日至 8 月 24 日的暑假期间，汪某利用给尹某某补习物理的机会，采用上述欺骗手段，提出要与尹某某成为夫妻，先后 13 次和尹某某发生性关系，且每次发生性关系时汪某均未采取避孕措施，事后均让尹某某服用避孕药物，其行为已对尹某某的身心造成严重伤害。2021 年 8 月 25 日，公安机关在汪某家中将其抓获归案。安徽省宁国市人民法院经审理认为，结合尹某某与汪某之间的微信聊天记录及在案证据，证实汪某利用其所谓前世今生的梦境，引诱尹某某与其发生性关系时，客观上汪某并未采取暴力、胁迫或其他使尹某某不知反抗、无法反抗的手段，尹某某的外在行为表现是未反抗、未拒绝，相对顺从、配合地完成与汪某的性行为，根据《刑法》第 360 条之一第 1 款规定，汪某的行为已构成负有照护职责人员性侵罪。

汪某到案后如实供述犯罪事实，依法可从轻处罚；多次性侵未成年人，酌情从重处罚；其自愿认罪，可酌情从轻处罚。汪某作为对被害人负有教育职责的教师，多次与被害人发生性关系，其行为在触犯法律的同时，亦严重违背基本的职业道德。综合其犯罪行为的严重程度，依据我国刑事法律规定，以负有照护职责人员性侵罪，判处汪某有期徒刑八年，禁止其在刑罚执行完毕之日起五年内从事教育、培训等相关职业活动，并赔偿尹某某医疗费及精神抚慰金 20005 元。[①]

案例 2：2020 年 9 月，被害人周某（2005 年 7 月出生）到某技工学校美术班学习。2021 年 3 月，被告人郑某入职该技工学校，并负责该美术班的数学教学工作。郑某对周某展开追求，后两人多次发生性关系，并发展成男女朋友关系。人民法院经审理认为，被告人郑某作为对周某负有学业教育职责的人员，明知被害人周某系已满 14 周岁但未满 16 周岁的未成年人，仍与其发生性关系，其行为构成负有照护职责人员性侵罪，判处被告人郑某有期徒刑一年，并禁止其在刑满释放后五年内从事密切接触未成年人的工作。一审宣判后，郑某未上诉，该判决已发生法律效力。

典型意义：《刑法修正案（十一）》增设了负有照护职责人员性侵罪，进

---

① 参见（2021）皖 1881 刑初 359 号刑事判决书。

一步织密了未成年人权益保护的刑事法网。一些对未成年女性有监护、收养、教育等职责的人员，利用其身份、地位优势或者便利条件，以及未成年人心智不成熟、涉世不深、防备心理不强等特点，诱骗、哄骗未成年女性与其发生性关系，严重损害未成年女性的身心健康。本案警示对未成年女性有监护、收养、教育等职责的人员，勿以"谈恋爱""自愿发生性关系"之名行性侵之实，否则必将受到法律的严惩。①

五、婚姻家庭安全的刑法保护

（一）遗弃罪

1. 概念

对于年老、年幼、患病或者其他没有独立生活能力的人，负有扶养义务而拒绝扶养，情节恶劣的行为。

2. 构成特征

犯罪客体是被害人在家庭成员中的平等权利。犯罪对象只限于年老、年幼、患病或者其他没有独立生活能力的家庭成员。所谓年老、年幼、患病或者其他没有独立生活能力的家庭成员，是指家庭成员中具有以下几种情况的人：因年老、伤残、疾病等原因，丧失劳动能力，没有生活来源；虽有生活来源，但因病、老、伤残，生活不能自理的；因年幼或智力低下等原因，没有独立生活能力的。犯罪客观方面表现为对年老、年幼、患病或者其他没有独立生活能力的家庭成员，应当扶养而拒不扶养，情节恶劣的行为。（1）行为人必须负有扶养义务。这是构成本罪的前提条件。扶养义务是基于抚养与被抚养、扶养与被扶养以及赡养与被赡养这三种家庭成员之间不同的权利义务关系而产生的。义务来源不限于亲属法的规定，还包括基于职业、业务所产生的义务、基于法律行为与先前行为产生的义务。例如，孤儿院、养老院、精神病院、医院的管理人员，对所收留的孤儿、老人、精神病人、患者具有扶养义务；将他人的未成年子女带往外地乞讨的人，对该未成年人具有扶养义务；先前行为使他人生命、身体处于危险状态的人，具有扶养义务；如此等等。（2）行为人能够负担却拒绝

---

① 参见《江西高院发布 2023 年未成年人权益保护十大典型案例》，法治时代网，http：//www.pfcx.cn/index/index/n_show/id/131476.html。

扶养，即行为内容为"拒绝扶养"。"拒绝扶养"意味着使他人生命、身体产生危险，以及在他人生命、身体处于危险状态时不予救助。拒绝扶养应当包括以下行为：第一，将需要扶养的人移置于危险场所。这里的"危险场所"只是相对于特定的被害人而言，如父母将婴儿置于民政机关门前的，应认为将需要扶养的人移置于危险场所。第二，将需要扶养的人从一种危险场所转移至另一种更为危险的场所。第三，将需要扶养的人遗留在危险场所。第四，离开需要扶养的人，如行为人为了遗弃子女而离家出走。第五，妨碍需要扶养的人接近扶养人。第六，不提供扶助，如不提供经济供给，不给予必要照料。（3）遗弃行为必须达到情节恶劣程度的，才构成犯罪。也就是说，情节是否恶劣是区分遗弃罪与非罪的一个重要界限。根据司法实践经验，遗弃行为情节恶劣是指：由于遗弃而致被害人重伤、死亡的；被害人因被遗弃而生活无着，流离失所，被迫沿街乞讨的；因遗弃而使被害人走投无路被迫自杀的；行为人屡经教育，拒绝改正而使被害人的生活陷于危难境地的；遗弃手段十分恶劣的（如在遗弃中有打骂、虐待行为的）；等等。犯罪主体为特殊主体，必须是对被遗弃者负有扶养义务且具有扶养能力的人。犯罪主观方面表现为故意，即明知自己应履行扶养义务而拒绝扶养。

案例1：何某与陈某相识于2013年，2018年年初登记结婚并育有一子。2022年3月，陈某被医院诊断患有恶性肿瘤，何某却拒绝探视且拒不支付医疗费，陈某的生活起居及住院治疗等均依靠其父母。社区工作人员得知陈某情况后进行调解，何某始终不露面、不接听电话，陈某无奈起诉至法院。2022年8月30日，大观区法院判决认定何某支付陈某扶养费11万余元，何某依然拒不履行。随后，因何某对其妻陈某长期不予照顾、不提供生活来源，拒绝扶养，公安机关依法对其进行立案侦查。该案立案后，何某仍不知悔改，直至法院决定对其进行逮捕，方才醒悟知错。安徽省安庆市大观区人民法院经审理认为，何某对患病且没有独立生活能力的妻子负有扶养义务而拒绝扶养，情节恶劣，其行为已构成遗弃罪，判处被告人何某有期徒刑一年，缓刑一年六个月。①

案例2：陆某与妻子离婚，经法院调解，4岁的儿子由陆某抚养。后陆某多次将儿子故意弃置在幼儿园、学校、公安派出所、地铁站警务室等场

---

① 参见《妻子重病丈夫拒付医药费，违法吗?》，中国法院网，https：//www.chinacourt.org/article/detail/2022/12/id/7078888.shtml。

所，导致孩子无人照顾，在公安派出所吃住累计 30 余天。陆某经公安机关行政拘留后仍累教不改，检察机关指控其犯遗弃罪。法院认为，陆某对其年幼的儿子负有法定的抚养义务而拒绝抚养，情节恶劣，严重损害了孩子的身心健康，已构成遗弃罪，判处有期徒刑一年四个月，孩子由母亲抚养。

典型意义："子不教，父之过。"中华五千年传统文化代代传承，家庭教育在其中起到了很关键的作用。生而不养，养而不教，何以为家！教养子女不仅是家事，也是国事。未成年人的父母，无论是离婚或分居，都有教养孩子的义务。本案被告人多次将幼子弃于幼儿园、学校、派出所、地铁站等地，经老师、民警劝说，仍拒不履行抚养义务，毫不顾及幼子的安危冷暖，更不言对其子稚嫩心灵的伤害以及性格塑造、社会心理所造成的巨大影响。该案判决向社会警示：逃避对未成年子女的抚养义务不仅要受到道德的谴责，也要受到刑罚的制裁。①

（二）虐待罪

1. 概念

对共同生活的家庭成员，经常以打骂、捆绑、冻饿、限制自由、凌辱人格、不给治病或者强迫做过度劳动等方法，从肉体上和精神上进行摧残迫害，情节恶劣的行为。

2. 构成特征

犯罪客体是被害人在家庭成员中的平等权利和被害人的人身权利。犯罪对象是特定的，仅限于行为人共同生活的家庭成员。一般基于血缘关系、婚姻关系、收养关系等方面取得家庭成员的身份。犯罪客观方面表现为经常对被害人的肉体或精神进行摧残迫害，情节恶劣的行为。（1）要有对被害人肉体和精神进行摧残、折磨、迫害的行为。这种行为，就方式而言，既包括积极的作为，如殴打、捆绑、禁闭、讽刺、谩骂、侮辱、限制自由、强迫超负荷劳动等，又包括消极的不作为，如有病不给治疗、不给吃饱饭、不给穿暖衣等，但构成本罪，不可能是纯粹的不作为。单纯地不给饭吃、不给衣穿或有病不给治疗，构成犯罪应是遗弃罪。就内容而言，既包括肉体的摧残，如冻饿、禁闭、有病不给治疗等，又包括精神上的迫害，如讽刺、谩骂、凌

① 参见《江苏省高级人民法院、中国法学会案例法学研究会江苏研究基地联合发布第二批 10 起弘扬中华优秀传统文化典型案例之九：陆某遗弃案——多次故意不接管幼子，构成遗弃罪获刑》，北大法宝网，http：//www. pkulaw. cn/case/pfnl_ 08df102e7c10f2067f8d29d5de9df3a902dfa294f7f33124bdfb. html? keywords = % E9%81%97% E5% BC%83% E7% BD% AA&match = Exact。

辱人格、限制自由等，不论其内容如何，也不论具体方式怎样，是交替穿插进行，还是单独连续进行，都不影响本罪成立。（2）行为必须具有经常性、一贯性。这是构成本罪虐待行为的一个必要特征。偶尔的打骂、冻饿、赶出家门，不能认定为虐待行为。（3）虐待行为必须是情节恶劣的，才构成犯罪。所谓"情节恶劣"，是指虐待动机卑鄙、手段残酷、持续时间较长、屡教不改的、被害人是年幼、年老、病残者、孕妇、产妇等。对于一般家庭纠纷的打骂或者曾有虐待行为，但情节轻微，后果不严重，不构成虐待罪。有的父母教育子女方法简单、粗暴，有时甚至打骂、体罚，这种行为是错误的，应当批评教育。只要不是有意对被害人在肉体上和精神上进行摧残和折磨，不应以虐待罪论处。犯罪主体为特殊主体，必须是与被害人共同生活的同一家庭成员。犯罪主观方面表现为故意，即故意地对被害人进行肉体上和精神上的摧残和折磨。

案例1：2018年8月，被告人牟林翰与被害人陈某某（女，殁年24岁）确立恋爱关系。2018年9月16日至2019年10月9日，二人曾在本市某学生公寓以及陈某某的家中、牟林翰的家中共同居住；2019年1月至2月，牟林翰、陈某某先后到广东及山东与双方家长见面。2019年1月起，牟林翰因纠结陈某某以往性经历一事，心生不满，多次追问陈某某性经历细节，与陈某某发生争吵，高频次、长时间、持续性辱骂陈某某，并表达过让陈某某通过"打胎"等方式以换取其心理平衡等过激言辞。同年6月13日，陈某某在与牟林翰争吵后割腕自残。8月30日，陈某某在与牟林翰争吵后吞食药物，被牟林翰送至医院采取洗胃等救治措施，院方下发了病危病重通知书。2019年10月9日中午，陈某某与牟林翰再次发生争吵。当日下午，陈某某独自外出，后入住某公馆房间，服用网购的药物自杀，当日16时19分至22时30分，被告人牟林翰通过多种方式联系、寻找陈某某，后于当日22时55分将陈某某送至医院救治。2020年4月11日，被害人陈某某经救治无效而死亡。经鉴定，陈某某符合口服药物中毒导致呼吸循环衰竭死亡。2020年6月9日，被告人牟林翰被公安机关抓获归案。经审查，附带民事诉讼原告人蔡某某（陈某某之母）因被害人陈某某死亡而造成的经济损失为医疗费及丧葬费，共计人民币73万余元。法院经审理认为：被告人牟林翰符合虐待罪中的犯罪主体要件。牟林翰与被害人不但主观上有共同生活的意愿，而且从见家长的时点、双方家长的言行、共同居住的地点、频次、时长以及双方经济往来支出的情况可以反映出客观上二人已具备了较为稳定的共同生活事实，且精神上相互依赖，经济上相互帮助，牟林翰与被害人之间的共同居住等行为构成了具有实质性家庭成员关系的共同生活基础事实，二人的婚前同居关系应认定为虐待罪中的家庭成员关系。从辱骂的言语内容、辱骂行为发生的频次、时长、持续性以及所造成的后果而言，被告人牟林翰对被害人的辱骂行为已经构成虐待罪中的虐待行为，且达到了情节恶劣的程度。在被害人精神状态不断恶化，不断出现极端行为并最终自杀的进程中，被告人牟林翰反复实施的高频次、长时间、持续性辱骂行为是制造陈某某自杀风险并不断强化、升高风险的决定性因素，因此与被害人的自杀身亡这一危害后果具有刑法上的因果关系。综上，法院认为，被告人牟林翰虐待与其共同生活的同居女友，情节恶劣，且致使被害人死亡，其行为已构成虐待罪，应予惩处。综合考虑牟林翰犯罪的性质、情节、社会危害程度及其认罪态度等因素，北京市海淀区人民法院以虐待罪判处被告人牟林翰有期徒刑三年二个月，同时判决被告人牟林翰赔偿附带民事诉讼原告人蔡某某（被害人之母）各项经济损失共计人民币 73 万余元。①

这起案件的判决结果，从法律层面回应了一个社会发展带来的新问题——同居关系是否视同为家庭关系？一些案件的判决之所以引起人们广泛关注与讨论，在于其从法律层面回应了社会发展带来的新问题，体现了司法裁判带来的价值引领。法律裁判应当把国法、天理和人情结合起来。法院最终宣判结果"实现了法律规范和大众期待的结合，实现了政治效果、社会效果、法律效果的统一"。② 牟林翰案对于防止机械执法、教条执法，具有重要的示范意义。家庭是基于婚姻和血缘建立起来的共同生活体。民法典规定的"家庭关系"包括"夫妻关系""父母子女关系"和"其他近亲属关系"，后者指祖父母、外祖父母和兄弟姐妹。虐待罪中的"家庭成员"与此有所不同，如并未共同生活的兄弟姐妹、祖孙之间不可能实施虐待行为。所以，虐待罪中"家庭成员"指"共同生活的家庭成员"，刑法文本对此虽然未予明确，但结合虐待罪的行为方式，"共同生活"的含义不待言而知。民法的目的在于规范民事关系，刑法的目的在于保护法益。只有基于婚姻关系、较近的血缘关系才能产生扶养、继承等民事权利，因此，民法典规定的家庭关系范围较窄。但是，基于中国的文化传统，血缘较为疏远的堂兄弟姐妹、表兄弟姐妹、侄儿、外甥乃至表侄、堂侄等在民间也被认为是近亲属，

---

① 参见《被告人牟林翰虐待案一审宣判》，中国法院网，https://www.chinacourt.org/article/detail/2023/06/id/7344248.shtml。

② 姜佩杉：《把公平正义镌刻在每一个鲜活的案例中》，载《人民法院报》2024 年 1 月 12 日第 1 版。

他们可能在一起共同生活；男女之间如果长期同居（共同生活）在一起，就具有类婚姻关系。这些人员之间不产生扶养、继承等民事权利，但在刑法上当然享有不受虐待的权利。由于民法和刑法的规范保护目的不同，对同一术语的意义界定也就有所不同。这样，对于虐待罪中的"家庭成员"，既需要把那些基于婚姻、血缘建立起"类家庭关系"的成员包括在内，又能指"共同生活"的家庭成员。把牟林翰虐待同居女友的行为认定为虐待罪，符合刑法的规范保护目的。①

案例2：未成年被害人张某自小由爷爷、奶奶抚养，10岁后随父母张某辉、张某美生活。因学习或不听话等原因，二被告人经常对其采取捆绑、殴打等不当教育方式。2020年7月22日，被害人被张某美殴打、捆绑、饿饭且被反锁在家，张某辉赞同张某美做法。7月24日早上，张某美发现被害人倒在卫生间门口，二被告人进行急救后将其送至卫生院。经医生诊断，被害人已经死亡。经鉴定，被害人系体位式窒息死亡。人民法院经审理认为，被告人张某美、张某辉采取殴打、捆绑、饥饿等虐待方式致其死亡，其行为构成虐待罪，且系共同犯罪。张某美具有自首情节且认罪认罚，但其虐待手段残忍、犯罪后果特别严重、人身危险性大、社会影响极其恶劣，对其从轻处罚的幅度不宜过大。张某辉系从犯，依法应从轻或减轻处罚，但其具有前科情节，可酌情从重处罚。根据两被告人的犯罪事实、性质、情节和社会危害性，以虐待罪判处张某美有期徒刑六年、张某辉有期徒刑二年六个月。

典型意义：本案是一起亲生父母虐待未成年子女的典型案件。张某美、张某辉虽出于教育孩子的目的，但采取暴力手段并造成死亡的严重后果，其行为远超正常家庭教育的界限。对未成年子女以实施暴力进行教育的方式为法律所禁止。2022年1月1日生效的《中华人民共和国家庭教育促进法》以立法引导和规范家庭教育，要求父母以及其他监护人在家庭教育过程中"依法带娃"，正确行使监护职责。本案警示具有监护、看护职责的单位和人员应当依法履责，防止因违法开展家庭教育，或者不依法履行监护、看护职责引发悲剧。②

---

① 王政勋：《牟林翰虐待罪案》，载《人民法院报》2023年1月6日第4版。
② 参见《江西高院发布2023年未成年人权益保护十大典型案例》，法治时代网，http://www.pfcx.cn/index/index/n_show/id/131476.html。

第十章　财产安全的刑法保护

教学要点	思政元素	思政板块	教学方法
抢劫罪 盗窃罪 诈骗罪 敲诈勒索罪	社会主义核心价值观之"和谐、诚信、友善"	家国情怀 法治意识 道德修养 文化素养	讲授式教学法 讨论式教学法 案例教学法 模拟审判
职务侵占罪 挪用资金罪	社会主义核心价值观之"爱岗、敬业、诚信",职业伦理与道德,廉政文化		讲授式教学法 讨论式教学法
贪污罪 挪用公款罪			问题式教学法 讨论式教学法

一、私人财产安全的刑法保护

(一) 抢劫罪

1. 概念

以非法占有为目的,以暴力、胁迫或者其他方法,强取公私财物的行为。

2. 构成特征

犯罪客体是他人的财产和人身权利。犯罪客观方面表现为当场使用暴力、胁迫或者其他强制方法,强取公私财物。暴力、胁迫或者其他强制方法,是手段行为;强取公私财物,是目的行为。暴力方法,是指对被害人不法行使有形力,使其不能反抗的行为,如殴打、捆绑、伤害、禁闭等。抢劫罪中的暴力只能是最狭义的暴力,必须针对人实施(不包括对物暴力),并要求足以抑制对方的反抗,但不要求事实上抑制了对方的反抗,更不要求具有危害人身安全的性质。暴力的对方并不限于财物的直接持有者,对有权处分财物的人以及其他妨碍劫取财物的人使用暴力的,也不影响抢劫罪的成立。胁迫方法，是指以当场立即使用暴力相威胁，使被害人产生恐惧心理因而不敢反抗的行为，这种胁迫应达到足以抑制对方反抗的程度。以将来实施暴力相威胁的，以及以当场立即实现损毁名誉等非暴力内容进行威胁的，不成立抢劫罪。胁迫方式可以是使用语言或者动作、手势。其他方法，是指除暴力、胁迫以外的造成被害人不能反抗的强制方法。最典型的是采用药物、酒精使被害人暂时丧失自由意志，然后劫走财物。只是单纯利用被害人不能反抗的状态取走财物的，仅成立盗窃罪。强取财物，是指违反被害人的意志将财物转移给自己或者第三者占有。例如，行为人自己直接夺取、取走被害人占有的财物；迫使被害人交付（处分）财物；实施暴力、胁迫等强制行为，乘被害人没有注意财物时取走其财物；在使用暴力、胁迫等行为之际，被害人由于害怕而逃走，将身边财物遗留在现场，行为人取走该财物。概言之，强取财物意味着，行为人以暴力、胁迫等强制手段压制被害人的反抗，与夺取财产之间必须存在因果关系。犯罪主体是一般主体，即已满 14 周岁具有刑事责任能力的自然人。犯罪主观方面为故意，并且具有非法占有目的。

3. 转化型抢劫（事后抢劫）的认定

根据《刑法》第 269 条的规定，犯盗窃、诈骗、抢夺罪，为窝藏赃物、抗拒抓捕或者毁灭罪证而当场使用暴力或者以暴力相威胁的，依照《刑法》第 263 条关于抢劫罪的规定定罪处罚。这在理论上称为转化型抢劫、事后抢劫或准抢劫（罪名仍为抢劫罪）。转化型抢劫的成立条件为：（1）实施了盗窃、诈骗、抢夺罪。司法解释的态度是：行为人实施盗窃、诈骗、抢夺行为，未达到"数额较大"，为窝藏赃物、抗拒抓捕或者毁灭罪证当场使用暴力或者以暴力相威胁，情节较轻、危害不大的，一般不以犯罪论处；但具有下列情节之一的，可依照《刑法》第 269 条的规定，以抢劫罪定罪处罚：盗窃、诈骗、抢夺接近"数额较大"标准的；入户或在公共交通工具上盗窃、诈骗、抢夺后在户外或交通工具外实施上述行为的；使用暴力致人轻微伤以上后果的；使用凶器或以凶器相威胁的；具有其他严重情节的。因此，行为人以犯罪故意实施盗窃、诈骗、抢夺行为，只要已经着手实行，不管是既遂还是未遂，不管所取得的财物数额大小，都符合"犯盗窃、诈骗、抢夺罪"的条件。已满 14 周岁不满 16 周岁的人也能成为事后抢劫的行为主体。（2）必须当场使用暴力或者以暴力相威胁。"当场"是指行为人实施盗窃、诈骗、抢夺行为的现场以及被人追捕的整个过程与现场。使用暴力或者以暴力相威胁，是指对抓捕者或者阻止其窝藏赃物、毁灭罪证的人使用暴力或者以暴力相威胁，并应达到足以抑制他人反抗的程度，但不要求事实上已经抑制了他人的反抗。暴力、威胁的对象没有特别限定。例如，甲在丙家盗窃了财物，刚出门时遇到乙，甲以为乙是失主，为抗拒抓捕对乙实施暴力。即使乙不是失主，既没有认识到甲的盗窃行为，也没有抓捕甲的想法与行为，对甲的行为也应认定为抢劫。（3）使用暴力或者以暴力相威胁的目的是窝藏赃物、抗拒抓捕或者毁灭罪证。如果行为人在实行盗窃、诈骗、抢夺过程中，尚未取得财物时被他人发现，为了非法取得财物，而使用暴力或者以暴力相威胁的，应直接认定为抢劫罪，不适用《刑法》第 269 条。

案例：2022 年 11 月 7 日晚上，被告人潘某产生了盗窃的念头。次日凌晨，被告人潘某驾驶电动车来到宜春市袁州区某改造扩建项目工地，通过工地围挡一洞口处进入工地内部，盗窃了 21 袋脚手（钢管）架十字卡扣，随后驾驶电动车分三次将 9 袋卡扣运到袁州区平安路某大酒店旁巷子内的围墙处藏匿，在第四次到工地拖卡扣时被被害人谭某发现，后潘某将谭某推倒在地，驾驶电动车逃跑，谭某遂抓住其电动车的尾部，其驾驶电动车将谭某拖行几米后，二人连同电动车一起摔倒在地。潘某遂弃车逃跑，现场遗留 12 袋卡扣及一辆电动车。谭某受伤后被送往医院治疗。案发后，经公安机关清点，潘某遗留在现场的 12 袋卡扣个数为 225 个，盗走的 9 袋卡扣个数为 290 个，共计 515 个卡扣。该 515 个卡扣已追缴并发还给改造扩建项目部。经认定，该 515 个卡扣价值人民币 2318 元。经江西宜春司法鉴定中心鉴定，被害人谭某的损伤程度为轻微伤。江西省宜春市袁州区人民法院经审理认为，被告人潘某盗窃时为抗拒抓捕而当场使用暴力，其行为构成抢劫罪。经查，被告人潘某在盗窃时被发现，逃跑时将被害人推倒在地，并驾驶电动车将被害人拖行几米后，致被害人摔倒在地受伤，其上述为抗拒抓捕而当场使用暴力的行为，根据法律规定应转化为抢劫，故对上述辩解不予采纳。鉴于涉案赃物已追缴并发还给被害人，可酌情对被告人潘某从轻处罚。根据被告人潘某的犯罪事实、犯罪性质、情节和对社会的危害性，法院判处被告人潘某有期徒刑三年，并处罚金人民币 3000 元。①

4. 携带凶器抢夺的认定

《刑法》第 267 条第 2 款规定，携带凶器抢夺的，以抢劫罪定罪处罚。

---

① 参见《男子暴力抗拒保安抓捕 盗窃变成抢劫获刑三年》，中国法院网，https：//www.chinacourt. org/article/detail/2023/05/id/7271948. shtml。

根据司法解释，"携带凶器抢夺"，是指行为人随身携带枪支、爆炸物、管制刀具等国家禁止个人携带的器械进行抢夺或者为了实施犯罪而携带其他器械进行抢夺的行为。

（1）本规定属于法律拟制，而非注意规定：只要行为人携带凶器抢夺的，就以抢劫罪论处，而不要求行为人使用暴力、胁迫或者其他方法。

（2）凶器的含义与认定。凶器分为性质上的凶器与用法上的凶器。将具有杀伤力的物品认定为凶器应综合考虑以下几个方面的因素：物品的杀伤机能的高低；物品供杀伤他人使用的盖然性程度；根据一般社会观念，该物品所具有的对生命、身体的危险感的程度，领带可能勒死人，但系着领带抢夺的，不属于携带凶器抢夺；物品被携带的可能性大小。

（3）携带的含义与认定。持有是一种事实上的支配，而不要求行为人可以时时刻刻地现实上予以支配；携带则是一种现实上的支配，行为人随时可以使用自己所携带的物品，如手持凶器、怀中藏着凶器、将凶器置于衣服口袋、将凶器置于随身的手提包等容器中的行为，使随从者实施这些行为的，也属于携带凶器。例如，甲使乙手持凶器与自己同行，即使由甲亲手抢夺丙的财物，也应认定甲的行为是携带凶器抢夺（以乙在现场为前提，但不以乙与甲具有共同故意为前提）。第一，携带凶器应具有随时可能使用或当场能够及时使用的特点，即具有随时使用的可能性。但是，不要求行为人显示凶器（将凶器暴露在身体外部），也不要求行为人向被害人暗示自己携带着凶器。行为人在携带凶器而又没有使用凶器的情况下抢夺他人财物的，才应适用《刑法》第267条第2款的规定。所谓没有使用凶器，应包括两种情况：一是没有针对被害人使用凶器实施暴力；二是没有使用凶器进行胁迫。如果行为人携带凶器并直接针对财物使用凶器进而抢夺的，则仍应适用《刑法》第267条第2款。例如，行为人携带管制刀具尾随他人，乘他人不注意时，使用管制刀具将他人背着的背包带划断，取得他人背包及其中财物的，应适用《刑法》第267条第2款，而不能直接适用《刑法》第263条的规定。第二，携带凶器不是一种纯客观事实。要认定行为人所携带的物品属于凶器（用法上的凶器），主观方面要求行为人具有准备使用的意识。准备使用的意识应当包括两种情况：一是行为人在抢夺前为了使用而携带该物品；二是行为人出于其他目的携带可能用于杀伤他人的物品，在现场意识到自己所携带的凶器进而实施抢夺行为。反之，如果行为人并不是为了违法犯罪而携带某种物品，实施抢夺时也没有准备使用的意识，则不宜适用《刑法》第267条第2款。

5. 抢劫罪的处罚

根据《刑法》第 263 条的规定，犯抢劫罪的，处 3 年以上 10 年以下有期徒刑，并处罚金。犯抢劫罪有下列情形之一的，处 10 年以上有期徒刑、无期徒刑或者死刑，并处罚金或者没收财产：（1）入户抢劫的；（2）在公共交通工具上抢劫的；（3）抢劫银行或者其他金融机构的；（4）多次抢劫或者抢劫数额巨大的；（5）抢劫致人重伤、死亡的；（6）冒充军警人员抢劫的；（7）持枪抢劫的；（8）抢劫军用物资或者抢险、救灾、救济物资的。

（1）"入户抢劫"，是指为实施抢劫行为而进入他人生活的与外界相对隔离的住所（包括封闭的院落、牧民的帐篷、渔民作为家庭生活场所的渔船、为生活租用的房屋等）进行抢劫的行为。首先，"户"是家庭住所。集体宿舍、旅店宾馆、临时搭建工棚等，如果不能评价为家庭住所的，不应认定为"户"。其次，因为是"入户"抢劫，所以，进入他人住所时须以实施抢劫等犯罪为目的。不以实施抢劫等犯罪为目的进入他人住所，而是在户内临时起意实施抢劫的，不属于入户抢劫。但是，对于入户盗窃、诈骗、抢夺，而当场使用暴力或者以暴力相威胁的行为，应当认定为入户抢劫。再次，既然是入户"抢劫"，暴力、胁迫等强制行为必须发生在户内。以抢劫目的入户后，使用暴力使被害人离开户进而强取财物的，也应认定为入户抢劫。但在户外以欺骗手段使被害人到户外后实施抢劫的，不是入户抢劫。最后，行为人必须认识到自己进入的是他人的家庭住所。此外，行为人以抢劫目的侵入甲的住宅，抢劫在甲的住宅停留的乙的财物的行为，同样应认定为入户抢劫。

（2）"在公共交通工具上抢劫"，既包括在从事旅客运输的各种公共汽车，大、中型出租车，火车、船只、飞机等（小型出租车不应视为公共交通工具）正在运营中的机动公共交通工具上，对旅客、司售、乘务人员实施的抢劫，也包括对运行途中的机动公共交通工具加以拦截后，对公共交通工具上的人员实施的抢劫。换言之，不要求行为人身体处于公共交通上，而是要求行为人抢劫公共交通工具上的人的财物。在公共交通工具（如火车）上抢劫一名乘客的财物的，也属于在公共交通工具上抢劫。在公共交通工具上盗窃，下车后转化为事后抢劫的，不属于在公共交通工具上抢劫。

（3）"抢劫银行或者其他金融机构"，是指抢劫银行或者其他金融机构的经营资金、有价证券和客户的资金等。抢劫正在使用中的银行或者其他金融机构的运钞车的，视为"抢劫银行或者其他金融机构"。

（4）"多次抢劫"应指三次以上抢劫："对于'多次'的认定，应以行为人实施的每一次抢劫行为均已构成犯罪为前提，综合考虑犯罪故意的产生、犯罪行为实施的时间、地点等因素，客观分析、认定。对于行为人基于一个犯意实施犯罪的，如在同一地点同时对在场的多人实施抢劫的；或基于同一犯意在同一地点实施连续抢劫犯罪的，如在同一地点连续地对途经此地的多人进行抢劫的；或在一次犯罪中对一栋居民楼房中的几户居民连续实施入户抢劫的，一般应认定为一次犯罪。"

（5）"抢劫致人重伤、死亡"既包括过失结果加重犯，也包括故意的抢劫杀人、抢劫伤人。对引起重伤、死亡结果的原因行为的限定问题：基本行为说，手段行为与强取财物的行为中任何行为导致重伤、死亡的，都属于抢劫致人重伤、死亡；在事后抢劫中，暴力等行为导致抓捕者等人重伤、死亡的，也应认定为致人重伤、死亡。基本行为以外的行为造成所谓严重结果的，不成立结果加重犯。例如，抢劫后的逃离行为致人死亡的，在逃走的过程中偶然遇见以前的仇人而将其杀害的，抢劫同伙在抢劫过程中因为意见分歧而相互杀伤的，都不成立抢劫致人死亡，而应数罪并罚。

（6）"冒充军警人员抢劫"，是指冒充军人或警察抢劫。军警人员显示其身份抢劫的，应认定为冒充军警人员抢劫。

（7）"持枪抢劫"，是指使用枪支或者向被害人显示持有、佩带的枪支进行抢劫的行为。这里的"枪"仅限于能发射子弹的真枪，不包括仿真手枪与其他假枪；但不要求枪中装有子弹。因携带枪支抢夺而成立抢劫罪的，不属于持枪抢劫。

（8）"抢劫军用物资或者抢险、救灾、救济物资"中的"军用物资"，仅限于武装部队（包括武警部队）使用的物资，不包括公安警察使用的物资。"抢险、救灾、救济物资"是指已确定用于或者正在用于抢险、救灾、救济的物资。适用本项以行为人明知是"军用物资或者抢险、救灾、救济物资"为前提。

案例：被告人苏某和被害人灵某在凭祥市一起务工时认识，由于两人是老乡，很快变成无话不说的闺密。2022年5月，苏某与其同居男友李某手头紧张，于是合谋伺机抢劫灵某的钱财。2022年6月16日下午，苏某得知灵某刚从银行取了一大笔钱，于是将此消息告知李某，两人决定趁机实施抢劫。当天下午，苏某邀请灵某到其男友李某家中吃晚饭，灵某不知是计欣然前往。而李某一直在外面准备作案工具，并在灵某返回的上坡路段守候。晚饭后，灵某驾驶电动车搭载苏某返回时，苏某拍了一个视频发给李某，告知其做好准备。当晚8时许，当灵某驾车途经上坡路段时，李某就从坡上往下走，并用手电照射灵某的眼睛，灵某被迫停车后，李某就用辣椒水喷射灵某的眼睛，并手持石头、手电筒对灵某进行殴打。李某抢到灵某驾驶的电动车后驾车逃离，拿走灵某放在车座垫下的 46500 元后，将车丢弃在路边。被抢电动车经鉴定价值 1015 元。案发后，公安机关已追回赃款 43535 元并返还给灵某。广西壮族自治区龙州县人民法院经审理认为，被告人苏某、李某以非法占有为目的，当场使用暴力手段强行夺取被害人灵某一辆价值 1015 元的电动车以及车上现金 46500 元，数额巨大，其行为已构成抢劫罪。在共同犯罪中，苏某虽然没有动手实施抢劫，但其与李某作案前是经过合谋商量的，两人只是分工不同而已，因此苏某也是主犯，只是其主犯作用相对于李某来说较轻。鉴于被抢财物绝大部分已被追缴并退还给被害人，两人自愿认罪认罚，法院判处被告人苏某因犯抢劫罪被判处有期徒刑十年，并处罚金 3 万元，其男友李某也因同罪被判处有期徒刑十三年六个月，剥夺政治权利三年，并处罚金 5 万元。[①]

（二）盗窃罪

1. 概念

以非法占有为目的，盗窃数额较大公私财物，或者多次盗窃、入户盗窃、携带凶器盗窃、扒窃公私财物的行为。

2. 构成特征

犯罪客体是公私财物的所有权。犯罪客观方面表现为盗窃数额较大公私财物，或者多次盗窃、入户盗窃、携带凶器盗窃、扒窃公私财物。

（1）行为对象是财物，包括有体物和无体物。盗窃信用卡并使用的；盗窃增值税专用发票或者可以用于骗取出口退税、抵扣税款的其他发票的；以牟利为目的（为了出售、出租、自用、转让等谋取经济利益的行为），盗接他人通信线路、复制他人电信码号或者明知是盗接、复制的电信设备、设施而使用的；将电信卡非法充值后使用，造成电信资费损失数额较大的；盗用他人公共信息网络上网账号、密码上网，造成他人电信资费损失数额较大的，以盗窃罪定罪处罚。但盗窃枪支、弹药、公文、印章等物的，不以盗窃罪论处。

盗窃罪的对象必须是他人占有的财物，对于自己占有的他人财物不可能成立盗窃罪。占有是指事实上的支配，不仅包括物理支配范围内的支配，而

---

① 参见《图钱财抢劫闺密 犯刑法锒铛入狱》，中国法院网，https://www.chinacourt.org/article/detail/2023/05/id/7316573.shtml。

且包括社会观念上可以推知财物的支配人的状态。刑法上的占有重在事实上的支配，占有意思往往只是对认定是否占有起补充作用。

第一，只要是在他人的事实支配领域内的财物，即使他人没有现实地持有或监视，也属于他人占有。例如，他人住宅内、车内的财物，即使他人完全忘记其存在，也属于他人占有的财物。又如，游人向公园水池内投掷的硬币，属于公园管理者占有的财物；住在宾馆的行为人即使穿着宾馆提供的睡衣，该睡衣也由宾馆主人占有；商店里的衣服，即使顾客试穿在身上，也由店主或店员占有，而不是由顾客占有。

第二，虽然处于他人支配领域之外，但存在可以推知由他人事实上支配的状态时，也属于他人占有的财物。例如，他人门前停放的自行车，即使没有上锁，也应认为由他人占有；他人停在路边的汽车（不管是否已经锁门），由他人占有。又如，挂在他人门上、窗户上的任何财物，都由他人占有；房主甲将房屋租给乙居住，但约定乙不得转移、使用衣柜里的财物的，应认为衣柜里的财物属于房主甲占有，而非乙占有。明显属于他人支配、管理的财物，即使他人短暂遗忘或者短暂离开，但只要财物处于他人支配力所能涉及的范围，也应认定为他人占有。

第三，在特定场所，所有人、占有人在场的，原则上应认定为所有人、占有人占有。例如，飞机上的乘客的手提行李，不管其放在何处，都由乘客占有。又如，乙提着自己的包去甲家做客时，应当认定该包由乙占有，而不是甲占有；即使乙与甲一起到户外散步聊天、短暂离开甲家，乙放置在甲家的包也由乙占有。

第四，主人饲养的具有回到原处能力或习性的宠物，不管宠物处于何处，都应认定为饲主占有。

第五，即使原占有者丧失了占有，但当该财物转移为建筑物的管理者或者第三者占有时，也应认定为他人占有的财物。例如，旅客遗忘在旅馆房间的财物，属于旅馆管理者占有，而非遗忘物。再如，甲遗忘在乙家的财物，由乙占有。

第六，刑法上的占有只要求他人对其事实上支配的财物具有概括的、抽象的支配意识，既包括明确的支配意识，也包括潜在的支配意识。占有意思对事实的支配的认定起补充作用。例如，处于不特定人通行的道路上的钱包，一般来说属于脱离他人占有的财物；但如果 A 不慎从阳台上将钱包掉在该道路上后，一直在阳台上看守着该钱包时，该钱包仍然由 A 占有。

第七，当数人共同管理某种财物，而且存在上下主从关系时，下位者是否也占有该财物？例如，私营商店的店主与店员共同管理商店的财物，店员是否占有商店的财物？在这种情况下，刑法上的占有通常属于上位者（店主），而不属于下位者（店员）。即使下位者事实上握有财物或者事实上支配财物，也只不过是单纯的监视者或者占有辅助者。但是，如果上位者与下位者具有高度的信赖关系，下位者被授予某种程度的处分权时，就应承认下位者的占有；下位者任意处分财物，就不构成盗窃罪，而构成其他犯罪。

第八，行为人受他人委托占有某种封缄的包装物时，封缄物整体由受托人占有，但内容物为委托人占有。受托人不法取得封缄物整体的，成立侵占罪；取出其中的内容物的，成立盗窃罪（区别说）。

第九，死者的占有主要有三种情况：一是行为人以抢劫故意杀害他人后，当场取得他人财物（抢劫罪）；二是行为人出于其他目的杀害他人后，产生非法占有他人财物的意思，取得死者的财物；三是无关的第三者从死者身上取得财物。后两种行为认定为侵占罪。

（2）盗窃罪的行为是窃取他人占有的财物。窃取是指使用非暴力胁迫手段（平和手段），违反财物占有人的意志，将财物转移为自己或第三者（包括单位）占有。

首先，窃取行为虽然通常具有秘密性，其原本含义也是秘密窃取，但盗窃行为并不限于秘密窃取。例如，在公共汽车上、集贸市场明知有他人（包括被害人）看着自己的一举一动而"公然"实施扒窃的；假装走路不稳，故意冲撞他人，趁机取得他人财物的；明知大型百货商店、银行等场所装有摄像监控设备且有多人来回巡查，而偷拿他人财物的，以及被害人特别胆小，眼睁睁看着他人行窃而不敢声张的，窃取行为都很难说是秘密进行的。

其次，窃取行为是排除他人对财物的支配，建立新的支配关系的过程，倘若只是单纯排除他人对财物的支配，如将他人喂养的鱼放走，便不是窃取行为。窃取的手段与方法没有限制，即便使用了欺骗方法，但如果该欺骗行为并没有使对方基于认识错误处分财产的，仍然成立盗窃罪。例如，行为人将他人从室内骗至室外，然后进入室内窃取财物的，成立盗窃罪；行为人伪装成顾客，到商店试穿高档西服，然后逃走的，也成立盗窃罪。

（3）窃取公私财物数额较大，或者多次盗窃、入户盗窃、携带凶器盗窃、扒窃公私财物。盗窃公私财物价值人民币1000元至3000元以上的，为"数额较大"。盗窃公私财物，具有下列情形之一的，"数额较大"的标准可以按照前述标准的百分之五十确定：曾因盗窃受过刑事处罚的；一年内曾因盗窃受过行政处罚的；组织、控制未成年人盗窃的；自然灾害、事故灾害、社会安全事件等突发事件期间，在事件发生地盗窃的；盗窃残疾人、孤寡老人、丧失劳动能力人的财物的；在医院盗窃病人或者其亲友财物的；盗窃救灾、抢险、防汛、优抚、扶贫、移民、救济款物的；因盗窃造成严重后果的。如果盗窃数额不是较大，但多次盗窃、入户盗窃、携带凶器盗窃、扒窃的，也成立盗窃罪。"多次盗窃"，应为二年内盗窃三次以上的。这一规定主要是指三次以上盗窃累计数额仍达不到较大者。若在追诉期限内，多次盗窃数额达到数额较大的标准可以以"盗窃公私财物，数额较大"的情形来定罪处罚。对于"多次"的认定，应当综合考虑犯罪故意的产生、犯罪行为实施的时间、地点等因素，客观分析、认定。对于行为人基于同一犯意在同一地点对多人、多户实施犯罪的，如在一次犯罪中对一栋居民楼房中的几户居民连续实施入户盗窃的，一般应认定为一次犯罪。"入户盗窃"，是指为实施盗窃行为而进入他人生活的与外界相对隔离的住所，包括封闭的院落、牧民的帐篷、渔民作为家庭生活场所的渔船、为生活租用的房屋等进行盗窃的行为。认定"入户盗窃"时，应当注意：一是"户"的范围。"户"指住所，其特征表现为供他人家庭生活和与外界相对隔离两个方面，前者为功能特征，后者为场所特征。一般情况下，集体宿舍、旅店宾馆、临时搭建工棚等不应认定为"户"，但在特定情况下，如果确实具有上述两个特征的，也可以认定为"户"。经营场所与居住场所合二为一的门市，经营时间内不认定为"户"，而在非经营时间，根据情况则可以认定为"户"。二是"入户"目的的非法性。进入他人住所须以实施盗窃犯罪为目的。盗窃行为虽然发生在户内，但行为人不以实施盗窃犯罪为目的进入他人住所，而是在户内临时起意实施盗窃的，不属于"入户盗窃"。"携带凶器盗窃"是携带枪支、爆炸物、管制刀具等国家禁止个人携带的器械盗窃，或者为了实施违法犯罪携带其他足以危害他人人身安全的器械盗窃的情形。"扒窃"是在公共场所或者公共交通工具上盗窃他人随身携带的财物的情形。

犯罪主体是一般主体，即已满16周岁具有刑事责任能力的自然人。犯罪主观方面为故意，且具有非法占有目的。

案例1：被告人吴某在三原县高渠乡申家村经营一家全屋定制家具厂。2022年5月，段某应聘在其厂里打工，同年6月两人发展为情侣关系。自2022年7月3日至10月9日，吴某趁段某睡觉时多次用段某手机将其银行账户内资金通过微信转移到自己的微信账户。为防止段某发现，吴某每次操作完毕后，立即将微信转账记录删除，并将银行转账提示短信予以屏蔽。随后，吴某将赃款用于平时个人高档消费及家具厂资金周转。2022年10月9

日，段某使用手机微信提现一笔款项到绑定的银行卡，操作成功后却迟迟未收到银行提示短信，于是前往银行现场询问。经工作人员查询，发现段某的手机被人为设置了短信拦截功能，且近期有多笔款项通过微信转出，合计金额高达 80.2 万元。段某随即报警，吴某很快被缉拿归案。到案后，被告人吴某对自己盗刷段某微信账户资金的犯罪事实供认不讳。被告人吴某及其家属向被害人段某共退赔 2.5 万元。陕西省三原县人民法院审理后认为，被告人吴某以非法占有为目的，利用隐蔽手段多次盗窃他人账户资金，事实清楚、证据充分，犯罪数额特别巨大，其行为已构成盗窃罪。法院根据犯罪数额和其他量刑情节，依法判处被告人吴某有期徒刑十一年，并处罚金 1 万元。[①] 随着移动支付的普及，手机银行转账已非常普遍。随之，盗窃的手段和方法也有了较大变化。本案中，被告人吴某以非法占有为目的，多次利用被害人的手机将被害人银行卡里的钱通过微信转账给自己。当钱款转入被告人微信中时，盗窃行为已经完成。本案中，双方虽是恋人关系，但情侣之间的关系不属于近亲属，情侣之间盗窃按照正常的盗窃行为处理。因此，这种亲密关系并不是无视法律随意动用对方财物的正当理由。吴某在段某不知情的情况下，私自处分他人财物，多次秘密窃取其财物，且数额巨大，构成盗窃罪。依法判决不仅有助于打击利用恋爱关系非法占有他人财物的行为，也维护了社会公序良俗，保护受害者的合法权益。法官提醒大家，恋人之间也要保持适当界限，妥善保管好自己的账户密码、支付密码等个人信息，防止因密码泄露导致财产损失。

案例 2：2022 年 1 月 28 日，被告人张某涛在宁都县梅江镇某岔路口，捡到被害人曾某某遗失的一部蓝色 OPPO 手机。后张某涛通过手机后壳处写有字样的纸条内容，解开了手机锁屏密码，登录微信，通过手机相册内身份证及银行卡照片，更改了微信支付密码。张某涛欲将微信和银行卡中共 32426.52 元转出使用。在他人（另案处理）的建议下张某涛在该手机上创建了微信群，将自己及亲属的微信拉进该群，通过抢红包的方式将 32426.52 元转出，张某涛抢到红包共计 21955.01 元。江西省宁都县人民法院经审理认为，被告人张某涛秘密窃取他人财物，数额较大，其行为构成盗窃罪。鉴于被告人张某涛具有自首情节，自愿认罪认罚，且已退赔被害人损失并取得被害人谅解，可以从轻处罚并适用缓刑，依法以盗窃罪判处被告

[①] 参见《多次微信转账盗取女友资金 男子因盗窃罪获刑并处罚金》，中国法院网，https：//www.chinacourt.org/article/detail/2023/07/id/7411226.shtml。

张某涛有期徒刑一年,缓刑二年,并处罚金 5 万元。^① 拾金不昧本是中华民族的传统美德,可本案被告人捡到他人遗失的手机后,不仅没有及时联系失主归还,反而破解了锁屏密码并更改了支付密码,将失主的钱财转出据为己有,最终锒铛入狱。

(三) 诈骗罪

1. 概念

以非法占有为目的,用虚构事实或者隐瞒真相的方法,骗取数额较大的公私财物的行为。诈骗罪的基本构造为:(行为人以非法占有为目的)实施欺诈行为→对方(受骗者)产生错误认识→对方(基于错误认识)自愿处分财产→行为人或第三者取得财产→被害人遭受财产损失。

2. 构成特征

犯罪客体是公私财物的所有权。犯罪客观方面表现为用虚构事实或者隐瞒真相的方法,骗取数额较大的公私财物。行为人实施了欺骗行为。从形式上说欺骗行为包括两类:一是虚构事实,二是隐瞒真相。从实质上说是使对方陷入处分财产的认识错误的行为。(1)欺骗行为的内容是,在具体状况下,使对方产生错误认识,并作出行为人所希望的财产处分。(2)不管是虚构、隐瞒过去的事实,还是现在的事实与将来的事实(包括心理事实,如以借为名的欺骗行为隐瞒了不归还财物的心理事实),只要具有上述内容的,就是欺骗行为。(3)欺骗行为的手段、方法没有限制,既可以是语言欺骗,也可以是文字欺骗。(4)欺骗行为本身既可以是作为,也可以是不作为,即有告知某种事实的义务,但不履行这种义务,使对方陷入错误认识或者继续陷入错误认识,进而利用这种认识错误取得财产的,也是欺骗行为。欺骗行为既可以是在他人没有任何认识错误的情况下使之产生处分财产的认识错误,也可以是在他人已经由于某种原因陷入认识错误的情况下,使他人继续维持或者强化其处分财产的认识错误。(5)欺骗行为必须达到足以使一般人能够产生错误认识的程度,对自己出卖的商品进行夸张,不具有使他人处分财产的具体危险的行为,不是欺骗行为。

欺骗行为使对方(受骗者)产生错误认识,或者说,受骗者产生错误认识是行为人的欺骗行为所致;即使受骗者在判断上有一定的错误,也不妨

---

① 参见《捡到手机破解密码转账 男子犯盗窃罪被判刑》,中国法院网,https://www.china-court.org/article/detail/2023/06/id/7369038.shtml。

碍欺骗行为的成立。（1）受骗者对行为人所诈称的事项有所怀疑仍然处分财产的，也不影响诈骗罪的成立，如买卖假张大千国画案。（2）在欺骗行为与受骗者处分财产之间，必须介入受骗者的错误认识；如果受骗者不是因欺骗行为产生错误认识而处分财产，行为人的行为就不成立诈骗罪。（3）欺骗行为的受骗者必须是具有处分财产的权限或者处于可以处分财产地位的人，但不必是财物的所有人或占有人。

欺骗行为使对方陷入错误认识之后处分财产。（1）处分财产不限于民法意义上的处分财产（不限于所有权权能之一的处分），而意味着将被害人的财产转移为行为人占有，或者说使行为人或第三者取得被害人的财产。作出这样的要求是为了区分诈骗罪与盗窃罪。处分财产表现为直接交付财产、承诺行为人取得财产、承诺转移财产性利益、承诺免除行为人的债务等。行为人实施欺骗行为，使他人放弃财物，行为人拾取该财物的，也认定为诈骗罪。（2）受骗者处分财产时必须有处分意识，即认识到自己将某种财产转移给行为人或第三者占有，但不要求对财产的数量、价格等具有完全的认识。

欺骗行为使对方处分财产后，行为人或第三者获得财产。获得财产包括两种情况：一是积极财产的增加，如将被害人的财物转移为行为人或第三者占有；二是消极财产的减少，如使对方免除或者减少行为人或第三者的债务。后者还包括使用欺骗方法使自己不缴纳应当缴纳的财产（但法律有特别规定的除外），如使用伪造、变造、盗窃的武装部队车辆号牌，骗免养路费、通行费等各种规费，数额较大的，成立诈骗罪。使用欺骗手段骗取增值税专用发票或者可以用于骗取出口退税、抵扣税款的其他发票的，成立诈骗罪（《刑法》第210条）。以虚假、冒用的身份证件办理入网手续并使用移动电话，造成电信资费损失数额较大的，以诈骗罪定罪处罚。

欺骗行为必须导致被害人遭受财产损失（在未遂情况下有导致财产损失的紧迫危险）。（1）在诈骗不法原因给付物的情况下，由于诈骗行为在前，被害人的不法原因给付在后，没有行为人的诈骗行为被害人就不会处分财产，故被害人的财产损害是由行为人的诈骗行为造成，这就说明行为侵害了他人财产，当然成立诈骗罪。（2）通过欺骗方法使他人免除非法债务的，不存在财产损失。例如，行为人原本没有支付嫖宿费的意思，欺骗卖淫女使之提供性服务的，不成立诈骗罪。行为人原本打算支付嫖资，与对方实施性行为后，又采取欺骗手段使对方免收嫖资的，也不成立诈骗罪。但是，行为人向卖淫者支付了嫖资后，使用欺骗手段骗回嫖资的，则成立诈骗罪。（3）以欺骗方法取得对方不法占有的自己所有的财物的，不成立诈骗罪。但是，如果 B 盗窃了 A 的此财物，而 A 采取欺骗方法骗取了 B 的彼财物的，应认定为诈骗罪。以欺骗方法取得对方合法占有的自己所有的财物的，应认定为诈骗罪。具有从对方取得财产的正当权利（如享有到期且无抗辩理由的债权）的人，为了实现其权利而使用了欺骗手段的，不成立诈骗罪。（4）行为人虽然提供了价格相当的商品，但在告知了事实真相后对方将不付金钱的场合，故意就商品的效能等作虚假陈述，使对方误信商品的效能，而接受对方交付的金钱的，构成诈骗罪。换言之，即使行为人提供相当给付，但受骗者的交换目的基本未能实现（包括给付缺乏双方约定的重要属性的物品）时，宜认定为诈骗罪；例如，欺骗他人得了肝炎，进而将药品卖给他人的，成立诈骗罪。（5）行为人实施欺骗行为，导致受骗者就所交付财产的用途、财产的接受者存在法益关系的认识错误时，即使受骗者没有期待相当给付，也应认为存在财产损失，行为人的行为成立诈骗罪；例如，声称将募捐的钱交给灾民，但事实上将募捐的钱交给父母的，成立诈骗罪。

根据我国《刑法》的规定，诈骗公私财物数额较大（3000～10000 元）的，才构成犯罪。但是，这并不意味着诈骗未遂的，不构成犯罪。诈骗未遂，情节严重的，也应当定罪并依法处罚。

犯罪主体是一般主体，即已满 16 周岁具有刑事责任能力的自然人。犯罪主观方面为故意，且具有非法占有目的。

案例 1：被告人刘治普，男，汉族，1957 年 11 月 14 日出生。2014 年 12 月至 2016 年 8 月，被告人刘治普因患肝病分别入住上海医院和安徽省立医院，其住院所花医疗费用均通过临泉县城乡基本医疗保险管理中心进行报补。刘治普在明知自己的医疗费用已经报补的情况下，仍采取伪造医疗收费票据的方式重复报销医疗费用，先后六次将自己的医疗费用通过临泉县医疗保险基金管理中心进行报补，骗取医疗保险金 9.9 万余元。2016 年 12 月 25 日，刘治普的近亲属将其骗取的医疗保险金退还临泉县医疗保险基金管理中心。法院经审理认为，被告人刘治普以非法占有为目的，虚构事实、隐瞒真相，骗取医疗保险金，数额巨大，其行为已构成诈骗罪。刘治普经公安机关口头传唤到案，如实供述自己的罪行，当庭自愿认罪，具有自首情节，依法可减轻处罚。因积极退出赃款，可酌情从轻处罚。据此，依法以诈骗罪判处刘治普有期徒刑二年，缓刑三年，并处罚金人民币 1 万元。[①]

---

① 参见《刘治普诈骗案——参保人员重复报销医疗费用，骗取医疗保障基金》，中国法院网，https：//www. chinacourt. org/article/detail/2021/10/id/6335350. shtml。

典型意义：本案是参保人员重复报销医疗费用的典型案例。由于当前医疗保险制度尚在不断完善中，城镇职工医疗保险、城镇居民医疗保险、新农村合作医疗等三大医疗系统不联通，未实现统一管理，部分参保人员重复报销医疗费用，骗取医疗保障基金的案件时有发生。本案被告人刘治普住院所花医疗费用均已通过城乡基本医疗保险管理中心进行报补，仍采取伪造医疗收费票据的方式重复报销医疗费用，骗取医疗保障基金，数额巨大，行为已构成诈骗罪。本案的判处，提醒广大参保人员切莫贪小利，以身试法，也为重复报销骗取医疗保障基金的行为人亮起了红灯、敲响了警钟。

案例2：被告人马良，男，汉族，1982年12月14日出生，嘉兴南湖嘉城护理康复医院股东。被告人郭万灵，男，汉族，1955年9月24日出生，嘉兴南湖嘉城护理康复医院院长。2015年4月，嘉兴南湖嘉城护理院成立，实际投资人为被告人马良等人，由被告人郭万灵任院长，2015年9月名称变更为嘉兴南湖嘉城护理康复医院。2015年10月至2016年1月，马良、郭万灵为获取非法利益，以免费体检、康复的名义，吸引持有医保卡的老人到护理院进行简单的体检或不经体检后直接用老人的医保卡办理住院手续，在老人不需要住院实际也未住院的情况下，虚开、多开药品、检验、护理等费用，骗取医保基金115.6万余元（其中14.1万余元尚未核发）。法院经审理认为，被告人马良、郭万灵等人以非法占有为目的，虚构事实，结伙骗取国家医保基金，其行为均已构成诈骗罪。在共同犯罪中，马良系主犯；郭万灵起次要、辅助作用，系从犯，依法减轻处罚。据此，依法以诈骗罪判处马良有期徒刑十年，并处罚金人民币15万元；判处郭万灵有期徒刑八年，并处罚金人民币10万元。①

典型意义：本案是民营医院以"挂空床"的方式虚构医药费用，骗取医疗保障基金的典型案例。近年来，大量民营资金进入医疗行业，特别是面向老年人群体的医养护理型医院发展迅速，但行业发展质量参差不齐。部分民营医疗机构为获取非法利益，将目光锁定老年人群体身上，利用老年人违法认知不足、警惕不高等，骗取医疗保障基金。本案被告人马良、郭万灵作为医院的股东、管理者，组织医护人员，拉拢、利用老年人使用医保卡虚假治疗，非法侵吞国家巨额医疗保障基金，严重扰乱民营医疗行业发展，社会危害性大，依法应予惩处。根据《刑法》规定，单位不能成为诈骗罪的犯

---

① 参见《马良、郭万灵诈骗案——以"挂空床"的方式虚构医药费用，骗取医疗保障基金》，中国法院网，https://www.chinacourt.org/article/detail/2021/10/id/6335329.shtml。

罪主体，但可依法对单位负责人马良等人追究刑事责任。本案的判处，有利于保护医疗保障基金安全，推动民营医疗行业健康发展。

案例 3：2016 年 10 月起，胡某在佛山市开设速成驾校门店，并于 2020 年注册成立某驾驶员咨询服务有限公司，由黄某担任法定代表人，该门店开始对外营业。经胡某招募，黄某、刘某、张某等人先后加入成为股东，并根据占股比例对公司利润进行分红。陈某、战某、丁某等人加入公司成为业务员。为诈骗他人财物，上述人员在无实际能力的情况下，通过微信朋友圈、线下口口相传的方式，对外宣称有能力通过特殊渠道帮助他人办理驾照，宣传噱头包括"无须通过正规考试的驾照包过""醉驾、酒驾、毒驾无须等待法定期间即可重新取得驾驶证""驾驶证升级"等。几名被告人通过以上方式吸引受众办理驾照并诈骗受害人钱财，主犯胡某、黄某、刘某等诈骗犯罪数额均超过 300 万元。法院审理后认为，被告人胡某、黄某、刘某等 10 人无视国家法律，以非法占有为目的，伙同他人虚构事实、隐瞒真相，骗取他人财物，侵犯了公民的财产权利，其行为均已构成诈骗罪。综合考虑各被告人的犯罪事实、情节、认罪态度和对社会的危害程度，广东省佛山市中级人民法院对主犯胡某、黄某、刘某分别判处十二年六个月至十年五个月不等的有期徒刑，剥夺政治权利三年至一年，并处 30 万元至 10 万元不等的罚金；其余 7 名被告人分别被判处七年至一年二个月不等的有期徒刑，并处 7 万元至 3000 元不等的罚金；责令其中 8 名被告人退赔各被害人的经济损失。①

案例 4：杨某和刘某某是一对夫妻，家住山东省嘉祥县。两人结婚后，杨某天天在家摆弄手机，研究电信诈骗。二人发现某某少年团的粉丝群体都是十四五岁的女学生，追逐艺人非常狂热，就商量专骗某某少年团粉丝。2022 年 1 月 10 日，杨某以名称为"明星助理"QQ 号在明星粉丝 QQ 群中发信息："发 30 元即可领取 1888 元福利。"此信息被南陵县初中女生小淳在家中上网时看到，遂联系杨某。小淳与杨某私聊后，向杨某发送了 30 元红包。后杨某以返利为由，诱骗小淳登录某短视频平台账户，用小淳母亲的微信账户为杨某代付两笔价值 11500 元、20900 元的黄金购买账单。小淳的母亲发现后，及时向微信支付平台申诉，成功将 11500 元的订单进行了支付拦截，但 20900 元的订单未来得及拦截已经支付。小淳的母亲向公安机关报警，杨某和刘某某被南陵县警方抓获归案。法院经审理查明，2021 年 9 月，

---

① 参见《以"驾照包过"等噱头诈骗他人钱财 广东佛山十名被告人犯诈骗罪获刑》，中国法院网，https：//www.chinacourt.org/article/detail/2023/08/id/7449544.shtml。

杨某在网上购买 QQ 号，将 QQ 号伪装成某某少年团明星粉丝 QQ 群。杨某在 QQ 群中冒充明星助理、客服等身份，以"充值返利""充值送礼品"、观看明星直播等为由，诱使某某少年团粉丝向其指定的二维码扫码转账、代付购物订单或充值储值卡、支付小额红包。杨某再将被害人代付成功的商品、储值卡等进行转卖后获利。2021 年 9 月至 2022 年 3 月，杨某诈骗 30 名未成年受害人，共计人民币 127 万余元。2022 年 1 月至 3 月，刘某某在 QQ 群中冒充明星助理、客服等，帮助杨某在购物平台订购商品、联系快递收货等，和杨某共同诈骗上述金额中的 78 万余元。法院经审理认为，杨某单独或伙同刘某某，采取虚构事实、隐瞒真相的方式，利用电信网络诈骗他人钱财，其行为已构成诈骗罪。共同犯罪中，杨某是主犯，其曾因犯诈骗罪被法院判处拘役，应酌情从重处罚；刘某某是从犯，有坦白情节，依法从轻处罚。判决被告人杨某犯诈骗罪，判处有期徒刑十三年，并处罚金人民币 20 万元；被告人刘某某犯诈骗罪，判处有期徒刑三年，宣告缓刑五年，并处罚金人民币 10 万元；依法将非法所得及赃款返还各受害人；各类银行卡 17 张、电话卡 48 张等作案工具予以销毁。[①]

案例 5：2014 年至 2022 年初，卢某通过"世纪佳缘""探探""陌陌""Soul"等网络交友平台结识女性，并在网络上把自己包装成一个成功的生意人。以与对方谈恋爱为名，卢某谎称可以通过做酒生意、投资潮牌、投资项目等快速获利，虚构其需要资金周转、进货等事实，诱骗史某、郑某、顾某等 22 名被害人通过网上借贷、办理信用卡分期套现等方式，将款项汇至卢某账户，或将信用卡放置在卢某处使用，诈骗金额共计人民币 692 万元。卢某将诈骗所得财物，用于偿还个人债务、网络赌博、购买彩票、日常消费等，却将债务留给"女友们"偿还。江苏省南通市通州区人民法院以诈骗罪判处被告人卢某有期徒刑十三年九个月，并处罚金人民币 60 万元。[②] 近年来，网络交友平台成为不法分子实施违法行为的"沃土"。通过网络交友平台倾注感情时，一定要保持清醒头脑，特别是广大年轻女性切勿轻信对方花言巧语，警惕各种以婚恋为噱头的诈骗行为。当对方以各种理由索取钱物时，千万不要轻易转账，或是以自己的名义替对方办理贷款。

---

① 参见《冒充明星助理骗取 30 名未成年人 127 万余元 一对夫妻被判处刑罚》，中国法院网，https：//www. chinacourt. org/article/detail/2023/07/id/7406655. shtml。

② 参见《网络交友遇"真爱"？男子"以爱之名"诈骗 692 万元获刑罚》，中国法院网，ht-tps：//www. chinacourt. org/article/detail/2023/07/id/7403138. shtml。

（四）敲诈勒索罪

1. 概念

以非法占有为目的，对他人实行威胁，索取数额较大或者多次敲诈勒索公私财物的行为。敲诈勒索罪的基本结构是：（行为人以非法占有为目的）对他人实行威胁→对方（被害人）产生恐惧心理→对方（被害人）基于恐惧心理处分财产→行为人或第三者取得财产→被害人遭受财产损失。

2. 构成特征

犯罪客体是复杂客体，不仅侵犯公私财物的所有权，还危及他人的人身权利或者其他权益。犯罪客观方面表现为行为人采用威胁、要挟等方法（胁迫），迫使被害人交出财产的行为，即向被害人实施一定暴力或者胁迫，要求其处分财产的行为。但是，如果暴力或者以暴力相威胁的行为达到了压制他人反抗的程度，则构成抢劫罪。威胁和要挟的本质，都是能够引起他人心理上恐惧的精神强制方法，最终结果是致使被害人产生恐惧心理，并基于该恐惧心理而不得不处分财产。威胁，是指以恶害相通告，以使对方产生恐惧心理，即如果不按照行为人的要求处分财产，就会在将来的某个时间遭受恶害。恶害的种类没有限制，包括对被害人及其亲属的生命、身体自由、恐吓等进行威胁，威胁行为只要足以使他人产生恐惧心理即可，不要求现实上使被害人产生了恐惧心理。行为人所告知的恶害是将由行为人自己实现，还是将由第三者实现，也在所不问；但由第三者实现时，行为人必须使对方知道行为人能够影响第三者，或者让对方推测到行为人能影响第三者。在这种情况下，不要求行为人与第三者有共谋关系。恶害不要求实现，也不要求行为人具有实现恶害的真实意思。通告虚伪事实使对方产生恐惧心理进而交付财物的，也成立本罪。此外，也并不要求恶害的实现自身具有违法性。例如，行为人知道对方的犯罪事实，以向司法机关告发进行威胁勒索财物，尽管向司法机关告发是合法的，但依然成立敲诈勒索罪。威胁的方法没有限制，既可能是明示的，也可能是暗示的；既可以使用语言文字，也可以使用动作手势；既可以直接通告被害人，也可以通过第三者通告被害人。威胁的结果，是使被害人产生恐惧心理，然后为了保护自己更大的利益而处分自己的数额较大的财产，进而使行为人取得财产。被害人处分财产，并不限于被害人直接交付财产，也可以是因为恐惧而默许行为人取得财产，还可以是与被害人有特别关系的第三者基于被害人的财产处分意思交付财产。要挟，通常是指抓住被害人的某些把柄或者制造某种迫使其交付财物的借口，如以揭发贪污、盗窃等违法犯罪事实或生活作风腐败等相要挟。一般来说，威胁、要挟内容的实现不具有当场、当时性。但行为人取得财物可以是当场、当时，也可以是在限定的时间、地点。行为人敲诈勒索数额较小的公私财物的，不以犯罪论处。敲诈勒索的行为只有数额较大或者多次敲诈勒索时，才构成犯罪。犯罪主体是一般主体，即已满16周岁具有刑事责任能力的自然人。犯罪主观方面为故意，且具有非法占有目的。

3. 敲诈勒索罪的认定

（1）准确把握敲诈勒索罪的威胁和要挟方法（胁迫）的特点。

第一，行为人以将要实施的积极的侵害行为，对财物所有人或持有人进行恐吓。例如，以将要实施杀害、伤害、揭发隐私、毁灭财物等相恐吓。由此可见，本罪只能以作为方式实施，不可能是不作为。制造、散布迷信谣言，引起他人恐慌，乘机以帮助驱鬼消灾为名骗取群众财物的，以及面对处于困境的人的求助请求，以不给钱就不予救助等，都不能认定为敲诈勒索罪。

第二，行为人扬言将要危害的对象，可以是财物的所有人或持有人，也可以是与他们有利害关系的其他人。例如，财务所有人或持有人的亲属等。

第三，发出威胁的方式可以多种多样。例如，可以当着被害人的面用口头、书面或其他方式表示，也可以通过电话、书信方式表示；可以是行为人亲自发出，也可以是委托第三者转达；可以明示，也可以暗示，都不影响本罪的构成。

第四，威胁要实施的侵害行为有多种，有的可以是当场实现的，如杀害、伤害，有的是当场不可能实现，必须日后才能实现的。需要注意的是，行为人威胁将要实施危害行为，并非意味着发出威胁之时不实施任何危害行为，如威胁将要实施伤害行为，但在威胁发出之时实施相对轻微的殴打行为；或者威胁将要实施杀害行为，但在威胁发出之时实施伤害行为。此种当场实施较轻加害行为、同时威胁将来实施较重加害行为的方式，可能影响行为人实际触犯的罪名和符合的具体犯罪数量，应当结合具体案件情况予以判断。

（2）采用威胁或要挟的方法敲诈勒索财物，敲诈勒索行为与他人交付财物之间，可以表现为三种不同的情况：一是行为人要求被害人必须在指定的时间和地点交付财物，否则会在日后将其威胁的内容付诸实现；二是行为人当面对被害人以当场实施暴力相威胁，要求其答应在规定的时间和地点交付财物；三是行为人以日后将要对被害人实施侵害行为相威胁，要求当场交付财物。这表明对于敲诈勒索罪来说，行为人绝对不可能以当场实现威胁的内容相恐吓，当场非法占有他人财物，这也是本罪与抢劫罪的显著区别。

案例1：2019年10月，被害人冯某承包某建设项目，由被告人洪某供应项目施工所用水泥。因双方对水泥采购事宜发生争议，冯某停止向洪某购买水泥，洪某因此心生不满，以举报工程质量问题为由，威胁冯某并索要钱财。2021年2月，冯某向洪某支付3000元。2020年10月，杨某中标某工程，洪某得知后，向杨某推销水泥，因洪某给出的水泥价格高出正常市场价，杨某拒绝从洪某处购买水泥。洪某以举报工程质量问题为由，向杨某索要10000元，遭到杨某坚决拒绝。2022年7月12日，洪某被抓获归案。到案后，洪某如实供述了犯罪事实，其家属代为退赃3000元。江西省贵溪市人民法院审理后认为，被告人洪某以非法占有为目的，敲诈勒索他人财物，数额较大，其行为已构成敲诈勒索罪。洪某到案后如实供述自己的罪行，自愿认罪认罚，依法可从宽处理。洪某的亲属代为退赔被害人经济损失，并获得被害人谅解，可酌情从轻处罚。法院根据被告人洪某的犯罪情节、认罪态度、退赃情况，依法判处被告人洪某有期徒刑六个月，并处罚金5000元。①

案例2：2021年1月以来，一男子王某打着"记者"的旗号实施敲诈勒索，十个月内向某乡镇政府、企业、学校、医院等敲诈勒索16次，勒索钱财38100元。王某通过市长留言板或其他网站、媒体发布的信息，找出一些能够引起舆论关注的内容，然后到实地查看、拍摄照片，再根据政府主管部门公布的负责人联系电话，假冒媒体记者以曝光或者举报给上级部门相威胁，迫使相关单位或个人支付封口费、油费等费用。王某多次实施犯罪后，担心使用本人微信收款不安全，找到朋友刘某索要微信收款码，允诺给予刘某好处。刘某又找到李某，说需要暂时借用收款码，会给好处费，李某便把妻子的微信收款码提供给刘某，刘某将李某妻子的微信收款码交给王某使用。后李某发现进账的钱均备注"记者费"，询问时刘某承诺给其加钱，李某便不再询问。后因敲诈数额越来越大，王某担心自己的罪行太重，主动投案自首。河南省唐河县人民法院经审理认为，被告人王某多次敲诈勒索他人财物，虽每次犯罪数额较少，但次数多，社会危害较大，其行为已构成敲诈勒索罪。鉴于被告人王某能主动投案，如实供述罪行，且已退赔各被害人遭受的全部经济损失，取得了所有被害人的谅解，可对其从轻处罚。被告人刘某、李某在王某敲诈勒索时起提供收款码及收款辅助作用，系从犯，且到案

---

① 参见《以举报工程质量问题为由勒索财物 被告人获刑并处罚金》，中国法院网，https://www.chinacourt.org/article/detail/2023/02/id/7123888.shtml。

后能如实供认自己的罪行，应当从轻或减轻处罚。遂依法对被告人王某判处有期徒刑 1 年 5 个月，并处罚金 5000 元；分别判处被告人刘某、李某有期徒刑 6 个月，并处罚金 3000 元。[①]

二、集体财产安全的刑法保护

(一) 职务侵占罪

1. 概念

公司、企业或者其他单位的工作人员，利用职务上的便利，将本单位财物非法占为己有，数额较大的行为。

2. 构成特征

犯罪客体是公司、企业或者其他单位的财产所有权。犯罪客观方面表现为利用职务上的便利，侵占本单位财物，数额较大的行为。(1) 必须是利用自己的职务上的便利。所谓利用职务上的便利，是指利用职权及与职务有关的便利条作。职权，是指本人职务、岗位范围内的权力；与职务有关的便利条件，是指虽然不是直接利用职务或岗位上的权限，但却利用了本人的职权或地位所形成的便利条件，或通过其他人员利用职务或地位上的便利条件。包括：①利用自己主管、分管、经手、决定或处理以及经办一定事项等的权力；②依靠、凭借自己的权力去指挥、影响下属或利用其他人员与职务、岗位有关的权限；③依靠、凭借权限、地位控制、左右其他人员，或者利用对己有所求人员的权限，如单位领导利用调拨、处置单位财产的权力；出纳利用经手、管理钱财的权力；一般职工利用单位暂时将财物，如房屋等交给自己使用、保管的权力等。至于不是利用职务上的便利，而仅是利用工作上的便利如熟悉环境、容易混入现场、易接近目标等，即使取得了财物，也不是构成本罪，构成犯罪的，应当以他罪如盗窃罪论处。(2) 必须有侵占的行为。本单位财物，是指单位依法占有的全部财产，包括本单位以自己名义拥有或虽不以自己名义拥有但为本单位占有的一切物权、无形财物权和债权。所谓非法占为己有，是指采用侵吞、窃取、骗取等各种手段将本单位财物化为私有，既包括将合法已持有的单位财物视为己物而加以处分、使用、收藏即变

[①] 参见《冒充记者敲诈勒索 三人获刑并处罚金》，中国法院网，https：//www.chinacourt.org/article/detail/2022/11/id/7006988.shtml。

持有为所有的行为，如将自己所占有的单位房屋、设备等财产等谎称为自有，标价出售；将所住的单位房屋，过户登记为己有；或者隐匿保管之物，谎称已被盗窃、遗失、损坏等，又包括先不占有单位财物但利用职务之便而骗取、窃取、侵吞、私分从而转化为私有的行为。不论是先持有而转为己有，还是先不持有而采取侵吞、窃取、骗取方法转为己有，只要本质上出于非法占有的目的，并利用了职务之便作出了这种非法占有的意思表示，达到了数额较大的标准，即可构成本罪。（3）必须达到数额较大的程度。如果仅有非法侵占公司、企业及其他单位财物的行为，但没有达到数额较大的标准（6 万元以上为数额较大），则也不能构成本罪。犯罪主体是特殊主体，即非国有公司、企业或者其他单位的工作人员。犯罪主观方面为故意，且具有非法占有目的。

案例 1：2021 年 5 月，被告人李某在三明市某商贸公司担任区域经理，负责对接某 4S 店在三明地区二级合作网点的销售工作。其间，该公司二级合作网点三明市某车行公司谢某与其联系称客户有购车需求。2021 年 5 月 23 日，被告人李某以帮客户外地调车为由，在某商贸公司不知情的情况下，用自己的个人账户先后收取了某车行公司购车订金人民币 42000 元。后被告人李某以有一部展车需要交付给某车行公司为由，向某商贸公司申请了一台汽车发往兄弟车行。2021 年 5 月 26 日，被告人李某收取了某车行公司的购车尾款人民币 29900 元后，由某车行公司将该车交付给客户。被告人李某在收到全部购车款共计人民币 71900 元后，并未上缴至公司，而是占为己有用于归还个人欠款。2021 年 6 月 28 日，被告人李某在三明市被公安民警抓获。2021 年 6 月 29 日，被告人李某的朋友代其归还车款人民币 70000 元。同日，被害单位某商贸公司法定代表人出具谅解书，表示对被告人李某谅解。2022 年 4 月 3 日，被告人李某归还某商贸公司剩余车款人民币 1900 元。福建省三明市三元法院审理后认为，被告人李某身为公司工作人员，利用职务上的便利，将本单位财物非法占为己有，数额达人民币 71900 元，其行为已构成职务侵占罪。被告人李某归案后，如实供述自己的罪行，属坦白，依法从轻处罚。被告人李某案发后退还全部款项并取得谅解，酌情从轻处罚。被告人李某自愿认罪认罚，依法从宽处理。综上，法院遂依法判处被告人李某拘役四个月，缓刑六个月，并处罚金人民币 5000 元。①

案例 2：刘某原系某钢铁有限公司（以下简称某钢铁公司）业务经理。

① 参见《瞒天过海私吞公司财产 职务侵占被判刑》，中国法院网，https：//www.chinacourt.org/article/detail/2022/12/id/7074264.shtml。

2017 年下半年至 2018 年 10 月，刘某利用职务便利，采取不与租户签订租赁合同的方式，隐瞒公司商铺、场地等资产出租的事实，私自截留租金79000 元并予以侵吞。某集团股份有限公司（以下简称某集团公司，某钢铁公司系其旗下公司）接举报对被告人刘某进行了内部调查，刘某向该集团审计监察部门交代了其私下收取租户租金、保证金的事实，并主动向公安机关投案。该案审理中，被告人刘某开始对部分犯罪金额有异议。经过承办法官释法说理，被告人刘某对自己的犯罪事实均予以认可，自愿认罪，在庭审中对公司致歉，积极退赔全部违法所得。九江市濂溪区法院经审理认为，被告人刘某利用担任某钢铁公司业务经理的职务便利，隐瞒公司商铺、场地等资产出租的事实，不与租户签订租赁合同，私自截留租金，数额较大，其行为已构成职务侵占罪。案发后被告人刘某主动到公安机关投案，如实供述了自己的主要犯罪事实，庭审中，对起诉书指控的犯罪事实没有异议，自愿认罪，系自首，可从轻处罚。审理中，被告人积极向被害单位退赔全部损失，认罪、悔罪，可酌情从轻处罚。基于本案的事实、犯罪金额，以及被告人退赔、认罪悔罪的表现，对于公诉机关建议判处缓刑的意见，予以采纳。2021年 7 月 1 日，该院以职务侵占罪，判处被告人刘某有期徒刑六个月，缓刑一年。[1] 判决生效后，九江市濂溪区人民法院及时对案涉民营企业进行回访，提示加强监管、堵住管理漏洞，同时对企业生产、经营过程中存在的问题，提供法律帮助现场给予解答。

典型意义：企业内部员工利用公司管理制度上的漏洞侵占企业合法财产，损害了企业发展根基，同时也严重影响市场经营环境。本案的办理，在严厉打击民营企业内部腐败等经济犯罪的同时，多措并举为企业挽回经济损失，增强了企业健康发展内生动力。判后积极延伸司法职能，通过回访有效提示企业加强监管、堵住管理漏洞，着力提升企业防范风险意识。在回访的同时开展送法进企业活动，对企业生产、经营过程中存在的问题，现场给予解答，受到了涉案企业负责人高度评价，实现了"三个效果"的统一。[2]

---

① 参见江西省九江市濂溪区人民法院（2021）赣 0402 刑初 1 号。

② 参见《江西省高级人民法院发布十二个 2023 年打造一流法治化营商环境暨民营企业与中小投资者保护典型案例之六：某钢铁有限公司经理刘某职务侵占案》，北大法宝网，http：//www. pku-law. cn/case/pfnl_ 08df102e7c10f2063a609b6167006e345f6cac333603ba55bdfb. html？keywords = % E8% 81%8C% E5%8A% A1% E4% BE% B5% E5% 8D% A0&match = Exact。

（二）挪用资金罪

1. 概念

公司、企业或者其他单位的工作人员，利用职务上的便利，挪用本单位资金归个人使用或者借贷给他人使用，数额较大、超过三个月未还的，或者虽未超过三个月，但数额较大、进行营利活动的，或者进行非法活动的行为。

2. 构成特征

犯罪客体是公司、企业或者其他单位资金的使用收益权。犯罪客观方面表现为利用职务上的便利，挪用单位资金归个人使用或者借贷给他人使用的行为。（1）行为对象是本单位资金。（2）必须利用职务上的便利。（3）挪用本单位资金归个人使用或者借贷给他人使用。挪用是指不经合法批准，擅自动用所主管、管理、经营、经手的单位资金，并准备归还。（4）根据挪用后的使用情况不同而具备不同条件：第一，挪用单位资金用于营利与非法活动以外的活动的，必须数额较大，并且超过三个月未还。第二，挪用单位资金进行营利活动的，只要求数额较大，不要求超过三个月未还。第三，挪用单位资金进行非法活动的，不问挪用数额与时间，均认定为挪用资金罪。非法活动，包括犯罪活动与一般违法活动。犯罪主体是特殊主体，即非国有公司、企业或者其他单位的工作人员。犯罪主观方面为故意，并且具有非法使用单位资金的目的。如果行为人挪用单位资金后，由于某种原因转化为主观上不愿意归还，则行为性质转化为职务侵占罪。此外，对于挪用单位资金进行非法活动构成其他犯罪的，应当实行数罪并罚。

案例：2020 年 6 月，黄某担任岳阳市某旅游开发有限公司财务总监兼出纳，负责收取、保管该公司经营的水上乐园项目营业款等工作。2020 年 10 月至 12 月，黄某利用职务便利，累计挪用公司经营收入 350 余万元，用于个人开支、炒股和进行赌博活动。其中，个人开支和炒股亏损 80 余万元，270 余万元用于赌博活动，造成公司资金损失 350 余万元。2021 年 1 月，该公司打算召开股东大会，将水上乐园的项目进行营业账目核对，并对各位股东进行分红，眼见东窗事发，黄某借故各种理由企图逃跑，公司负责人感到事有蹊跷，遂向公安局报案。归案后，黄某对自己的犯罪行为供认不讳。湖南省岳阳市君山区人民法院经审理认为，黄某利用职务上的便利，挪用公司资金归个人使用和进行营利活动，数额较大；挪用公司资金进行非法活动，数额巨大，其行为已触犯刑法，构成挪用资金罪。黄某有坦白情节，且自愿认罪认罚，依法对其从轻、从宽处罚。综合黄某的犯罪事实、情节、危害后果及悔罪表现，遂判处被告人黄某有期徒刑四年六个月并退赔违法所得。①

三、国家财产安全的刑法保护

（一）贪污罪

1. 概念

国家工作人员或者受国家机关、国有公司、企业、事业单位、人民团体委托管理、经营国有财产的人员，利用职务上的便利，侵吞、窃取、骗取或者以其他手段非法占有公共财物，数额较大的行为。

2. 构成特征

犯罪客体是复杂客体，包括公共财产所有权和国家工作人员职务行为的廉洁性。犯罪客观方面表现为利用职务上的便利，以侵吞、窃取、骗取或者以其他手段非法占有公共财物的行为。

（1）必须利用职务上的便利，即利用职务上主管、管理、经营、经手公共财物的权力及方便条件。利用与职务无关仅因工作关系熟悉作案环境或易于接近作案目标、凭工作人员身份容易进入某些单位等方便条件非法占有公共财物的，不成立贪污罪。

（2）必须侵吞、窃取、骗取或者以其他手段非法占有公共财物。侵吞，与狭义的侵占是同义语，例如，财会人员收款不入账而据为己有，执法人员将罚没款据为己有，管理人员将自己管理的公共财物变卖后占有所变卖的款项，等等。国家工作人员在国内公务活动或者对外交往中接受礼物，依照国家规定应当交公而不交公，数额较大的，以贪污罪论处。（相对于侵吞形式的贪污而言，"利用职务上的便利"，是指将基于职务占有的公共财物据为己有或者使第三者所有。因此，国有公司的出纳，即使并未使用所保管的保险柜钥匙与密码，而是利用作案工具打开保险柜后取走现金的，也应认定为贪污罪，而不是认定为盗窃罪。）窃取，是指违反所有者的意思，利用职务上的便利，以平和的方式取得公共财物。只有当行为人与他人共同占有公共

---

① 参见《2 个月挥霍 350 余万元 男子挪用公司资金获刑》，中国法院网，https：//www. china-court. org/article/detail/2022/11/id/7017243. shtml。

财物时，行为人利用职务上的便利窃取该财物的，才属于贪污罪中的"窃取"。骗取，是指假借职务上的合法形式，采用欺骗手段，使具有处分权的受骗人产生认识错误，进而取得公共财物。例如，国有保险公司工作人员和国有保险公司委派到非国有保险公司从事公务的人员，利用职务上的便利，故意编造未曾发生的保险事故进行虚假理赔，骗取保险金归自己所有的，属于骗取形式的贪污。注意：必须区分利用职务便利的骗取与没有利用职务便利的骗取。国家工作人员谎报出差费或者多报出差费骗取公款的行为并没有利用职务上的便利，以诈骗罪论处更为合适。其他手段，是指除侵吞、窃取、骗取以外的其他利用职务之便的手段，如将公车登记为自己所有，将公款存入自己的私人存折，将公物作为私有物予以支配，将公款赠与他人，将公物变卖等，但不包括单纯毁坏公共财物的行为。

（3）必须非法占有公共财物。行为对象必须是公共财物，而非公民私人所有的财物，但不限于国有财物，因为贪污罪的主体包括国家机关、国有单位委派到非国有单位从事公务的人员，这些主体完全可能贪污国有财物以外的公共财物。但是，受国家机关、国有公司、企业、事业单位、人民团体委托管理、经营国有财产的人员成立贪污罪，必须是非法占有了国有财物。不要求单位对公共财物的占有具备合法性，例如，贪污国家机关非法征收的款项，贪污国有企业收受的回扣，均成立贪污罪。

犯罪主体是特殊主体，包括国家工作人员以及受托从事公务的人员两类人员。其中国家工作人员包括：国家机关工作人员；国有公司、企业、事业单位、人民团体中从事公务的人员；国家机关、国有公司、企业、事业单位委派到非国有公司、企业、事业单位、社会团体从事公务的人员；其他依照法律从事公务的人员。受托从事公务的人员就是受国家机关、国有公司、企业、事业单位、人民团体委托管理、经营国有财产的人员。犯罪主观方面为故意，且具有非法占有目的。

案例：2019年4月至2022年6月，被告人张文娟在担任安庆市宜秀区残疾人联合会财务出纳期间，利用其经手、管理现金支出、报销等职务便利，采取篡改支付凭证以及收入、支出不记账等手段，侵吞区残联专项资金等公款共计人民币1462161.17元。安徽省安庆市宜秀区人民法院经审理认为，被告人张文娟在担任安庆市宜秀区残联出纳期间，利用受委托经手、管理国有财产的职务便利，采取篡改支付凭证等手段，非法侵吞公款共计人民币1462161.17元，数额巨大，其行为已构成贪污罪。综合被告人具有坦白、退缴部分赃款等量刑情节，并当庭表示认罪认罚，法院遂依法以贪污罪判处被告人张文娟有期徒刑五年，并处罚金人民币 35 万元。[①]

（二）挪用公款罪

1. 概念

国家工作人员利用职务上的便利，挪用公款归个人使用，进行非法活动的，或者挪用公款数额较大、进行营利活动的，或者挪用公款数额较大、超过三个月未还的行为。

2. 构成特征

犯罪客体是复杂客体，包括公款的占有权、使用权、收益权及国家工作人员职务行为的廉洁性。

犯罪客观方面表现为利用职务上的便利，挪用公款归个人使用的行为。利用职务上的便利挪用公款归个人使用，在此前提下分为三种情况：一是挪用公款进行非法活动；二是挪用公款数额较大、进行营利活动；三是挪用公款进行营利活动、非法活动以外的活动，数额较大，挪用时间超过了三个月。挪用人必须利用职务上的便利实施挪用行为，即利用职务权力与地位所形成的主管、管理、经营、经手公款或特定款物的便利条件实施挪用行为。挪用，是指未经合法批准或者违反财经纪律，擅自使公款脱离单位的行为，行为人使公款脱离单位后，即使尚未使用该公款的，也属于挪用。例如，行为人将公款划入自己的私人存折，准备日后购买个人住房，即使尚未使用该公款购买住房，也属于挪用。行为对象是公款，包括挪用用于救灾、抢险、防汛、优抚、扶贫、移民、救济款物归个人使用。

挪用公款"归个人使用"包括三种情形：（1）将公款供本人、亲友或者其他自然人使用的；（2）以个人名义将公款供其他单位使用的；（3）个人决定以单位名义将公款供其他单位使用，谋取个人利益的。没有经过单位领导集体研究，只是由其中的少数领导违反决策程序决定将公款供其他单位使用的，属于"个人决定"。其中的"个人利益"，既包括不正当利益，也包括正当利益；既包括财产性利益，也包括非财产性利益，但这种非财产性利益应当是具体的实际利益，如升学、就业等；为单位少数人谋取利益的，也属于"谋取个人利益"。

挪用公款归个人使用分为三种类型，各种类型的成立条件不完全相同。

---

① 参见《残联出纳涉嫌贪污罪 一审获刑五年并处罚金》，中国法院网，https：//www.china-court.org/article/detail/2022/12/id/7045602.shtml。

（1）挪用公款归个人使用，进行赌博、走私等非法活动的，构成挪用公款罪。根据刑法的规定，这种挪用行为构成犯罪，不受数额较大和挪用时间的限制，但根据司法解释，以挪用公款 3 万元为定罪的数额起点。挪用公款给他人使用，不知道使用人将公款用于非法活动，数额较大、超过三个月未还的，构成挪用公款罪；明知使用人将公款用于非法活动的，应当认定为挪用人挪用公款进行非法活动。

（2）挪用公款归个人使用，进行营利活动，且数额较大的，构成挪用公款罪，不受挪用时间和是否归还的限制，在案发前部分或者全部归还本息的，可以从轻处罚；情节轻微的，可以免除处罚。①挪用公款存入银行、用于集资、购买股票、国债等，属于挪用公款进行营利活动；所获取的利息、收益等违法所得，应当追缴，但不计入挪用公款的数额。②挪用公款归还个人欠款的，应当根据产生欠款的原因，分别认定属于挪用公款的何种情形：归还个人进行非法活动或者进行营利活动产生的欠款，应当认定为挪用公款进行非法活动或者进行营利活动。③挪用公款归个人用于公司、企业注册资本验资证明的，应当认定为挪用公款进行营利活动。④挪用公款归个人使用，"数额较大、进行营利活动的"，以挪用公款 5 万元为"数额较大"的起点。⑤挪用公款给他人使用，不知道使用人将公款用于营利活动，数额较大、超过三个月未还的，构成挪用公款罪；明知使用人将公款用于营利活动的，应当认定为挪用人挪用公款进行营利活动。

（3）挪用公款归个人使用，数额较大、超过三个月未还的，构成挪用公款罪。根据司法解释，挪用正在生息或者需要支付利息的公款归个人使用，数额较大，超过三个月但在案发前全部归还本金的，可以从轻处罚或者免除处罚。给国家、集体造成的利息损失应予追缴。挪用公款数额巨大，超过三个月，案发前全部归还的，可以酌情从轻处罚。挪用公款归个人使用，"数额较大、超过三个月未还的"，以挪用公款 5 万元为"数额较大"的起点。

犯罪主体是特殊主体，即必须是国家工作人员。犯罪主观方面为故意，仅有挪用的故意而无非法占有的故意。具有非法占有目的的，则以贪污罪论处。

案例 1：被告人娄伯翱于 1999 年 3 月 15 日任保安总公司副经理，2002 年 12 月 20 日任总经理，2009 年任淮安市公安局治安支队副支队长，2016 年 5 月 4 日任二级警长，2019 年 1 月 15 日套改为三级高级警长，2019 年 4 月 9 日任保安总公司董事长。淮安市保安服务总公司原系淮阴市保安公司，

1988 年企业法人登记时为集体所有制，隶属主管部门为淮阴市公安局。2018 年 12 月，淮安市公安局将保安总公司及其分公司、子公司等划转给淮安市国有联合投资发展集团有限公司，后者为国有独资公司。2008 年 8 月至 2017 年 7 月，被告人娄伯翱利用担任保安总公司总经理职务上的便利，先后多次个人决定以单位名义将公款借给其他单位用于经营活动，挪用公款共计 9533.75 万元归个人使用，进行营利活动，其中尚有 1123.2 万元未归还。江苏省淮安市淮阴区人民法院经审理认为，根据全国人大常委会的相关解释规定，个人决定以单位名义将公款供其他单位使用，谋取个人利益的，属于"挪用公款归个人使用"，构成挪用公款罪。被告人娄伯翱挪用公款给他人使用，收受用款人所送的钱物，应当认定为挪用公款罪。被告人娄伯翱犯挪用公款罪，判处有期徒刑十一年。①

案例 2：被告人李某，男，甲国有银行原行长，曾任甲国有银行副行长。被告人王某、邵某、余某，甲国有银行资金营运中心原工作人员。被告人赵某、钱某，乙证券公司固定收益证券部原工作人员。2006 年，某政策性银行发行"2006 年第三期黄河信贷资产支持证券"的次级档产品（以下简称"黄河 3C 证券"），乙证券公司系承销商之一，该公司固定收益证券部副总经理赵某、业务经理钱某掌握该证券极可能盈利的信息后，为追求个人利益，商议由赵某联系甲国有银行发行分级理财产品对接该证券。后赵某联系时任甲国有银行副行长李某、资金营运中心副总经理王某等人。经商议，李某决定由甲国有银行发行理财产品，再通过信托合同将理财产品所募集资金用于购买"黄河 3C 证券"。2008 年 6 月，甲国有银行发行"天山 5 号"理财产品，募集资金人民币 4.25 亿元，通过丙信托公司发行信托计划投资"黄河 3C 证券"。该理财产品分为稳健级和进取级，其中稳健级募集人民币 3.65 亿元，由商业银行等金融机构认购；进取级募集人民币 0.6 亿元，由李某、赵某、王某等 70 余人认购。甲国有银行收取投资管理费。2008 年年底，为实现个人利益最大化，赵某与钱某商议后，向李某、王某等人提议提前兑付"天山 5 号"理财产品，另行设立稳健级收益更低、进取级收益更高的理财平台用于投资"黄河 3C 证券"。2009 年 7 月，在不符合提前终止条件且"黄河 3C 证券"预期收益较好的情况下，李某在专题会议上否决了银行风控部门的意见，力主提前终止"天山 5 号"理财产品，又在行长办公会上虚构了"黄河 3C 证券"存在较大风险的事实，隐瞒了提前兑付是为

---

① 参见（2020）苏 0804 刑初 68 号刑事判决书。

了获取更大个人利益的真实目的，促使该国有银行作出了提前兑付决定，会议中未研究兑付方式和资金来源。因短期内无法从其他渠道募集到足额资金，经赵某提议、李某同意，王某、余某、邵某审批或具体经办，违规使用甲国有银行备付金人民币 4.8 亿余元提前兑付了"天山 5 号"理财产品。2009 年 8 月，李某经与王某等人商议，通过签订转让协议的方式，将甲国有银行持有的"黄河 3C 证券"的收益权以人民币 4.85 亿余元的价格，转让给丁信托公司另行设立的信托计划，并用该信托计划募集的资金归还了甲国有银行被挪用款项。经查，另行设立的信托计划募集资金人民币 4.9 亿元，6 名被告人及李某、王某、邵某、余某介绍的 15 名甲国有银行、金融监管机构的相关人员认购进取级产品共计 0.6 亿元。截至 2010 年 10 月到期兑付，上述 21 人共计获利人民币 1.26 亿余元，其中李某等 6 名被告人获利 0.8 亿余元，其余 15 人获利 0.4 亿余元。本案由 A 市监察委员会及 A 市 B 区监察委员会调查终结后分别移送起诉。2019 年 10 月 12 日、11 月 8 日，A 市人民检察院以李某等六人犯挪用公款罪分两个案件依法提起公诉。庭审中，被告人李某、赵某及其辩护人提出以下辩解及辩护意见：一是公款的使用是经领导集体研究决定，二是李某等人的行为不属于"归个人使用"，三是挪用行为未导致公款处于风险之中。针对上述意见，公诉人答辩指出：一是本案中李某为实现个人目的，在银行风控部门强烈反对下坚持己见，在行长办公会讨论研究时虚构事实、隐瞒真相，引导作出提前终止理财产品的决策。之后李某利用职务便利违规签批使用银行备付金兑付，并指使王某等人审批或经办。可见，公款的使用是李某个人意志和擅用职权的体现。二是被挪用钱款的使用主体虽是甲国有银行，但银行在兑付理财产品后，被挪用的备付金实际转移给了原认购人，甲国有银行获得了"黄河 3C 证券"的收益权，即甲国有银行成为"黄河 3C 证券"的投资主体，将本应由不特定投资人承担的证券投资风险不当转嫁给银行，使巨额公款脱离单位控制，损害了单位对公款的管理、使用权。三是李某等人违规使用银行备付金提前兑付理财产品，是为其后利用信托计划承接"黄河 3C 证券"做准备，最终目的是为了谋取个人利益。综上，李某等人的行为属于挪用公款"归个人使用"，符合挪用公款罪的构成要件。2020 年 10 月 13 日，A 市中级人民法院作出一审判决，认定上述六名被告人构成挪用公款罪，且分别具有自首、从犯等从轻、减轻处罚情节，判处五年六个月到一年二个月不等的有期徒刑。一审宣判后，李某、赵某提出上诉，2021 年 8 月 31 日，C 省高级人民法院二审裁定驳回上诉、维持原判。

典型意义：(1) 依法惩治金融领域挪用公款犯罪，应准确把握"个人决定""归个人使用"的本质特征。检察机关应将打击金融领域职务犯罪与防范化解金融风险紧密结合，针对内外勾结、手段复杂隐蔽的挪用公款犯罪，要从实质上把握犯罪构成要件。对于为下一步个人擅自挪用公款做铺垫准备，相关负责人在集体研究时采取虚构事实、隐瞒真相的方式，引导形成错误决策的，不影响对个人责任的认定。对于为个人从事营利活动而违规使用单位公款的行为，应重点审查使用公款目的、公款流转去向、公款潜在风险、违法所得归属等要素，如公款形式上归单位使用、实质上为个人使用的，可以认定挪用公款"归个人使用"。(2) 对于挪用公款犯罪中"归个人使用"后进行营利活动取得的财物和孳息，如能排除系善意取得，应依法追缴。对于行为人实施挪用公款犯罪取得的非法获利，应按照犯罪所得依法予以追缴。在特定情况下，其他不构成犯罪或未被追究刑事责任的相关人员也可能因行为人实施挪用公款行为而获利，如能够证实该获利系因挪用公款犯罪行为而直接产生，相关人员主观上对收益的违法性有认知，不属于善意取得，检察机关可以建议监察机关根据《刑法》《中华人民共和国监察法》《中华人民共和国监察法实施条例》等相关法律法规的规定，将该部分获利作为违法所得，依法予以没收、追缴。①

---

① 参见《最高人民检察院第四十七批指导性案例》，最高人民检察院网，https：//www.
spp. gov. cn/xwfbh/wsfbt/202308/t20230822_ 625537. shtml#2。

第十一章　经济安全的刑法保护

教学要点	思政元素	思政板块	教学方法
生产、销售、提供假药罪 生产、销售有毒、有害食品罪	社会主义核心价值观之"诚信"，社会责任，职业素养，食药安全	家国情怀 法治意识 道德修养 文化素养	讲授式教学法 讨论式教学法 问题式教学法 案例教学法
集资诈骗罪 贷款诈骗罪 信用卡诈骗罪 保险诈骗罪 洗钱罪	社会主义核心价值观之"诚信"，总体国家安全观之金融安全		

一、食品药品安全的刑法保护

（一）生产、销售、提供假药罪

1. 概念

违反国家药品管理法规，生产、销售假药，或者药品使用单位的人员明知是假药而提供给他人使用的行为。本罪是选择性罪名，指行为方式（生产、销售、提供）选择，司法实践中，根据行为的特征具体确定犯罪罪名，如生产假药罪、销售假药罪、提供假药罪等。

2. 构成特征

犯罪客体是复杂客体，包括国家药政管理制度和公民的生命和健康。犯罪对象是假药，根据《中华人民共和国药品管理法》第 98 条的规定，假药包括：药品所含成份与国家药品标准规定的成份不符；以非药品冒充药品或者以他种药品冒充此种药品；变质的药品；药品所标明的适应症或者功能主治超出规定范围。犯罪客观方面表现为违反国家药品管理法规，生产、销售假药，或者药品使用单位的人员明知是假药而提供给他人使用。一切制造、加工、配制、采集、收集某种物品充当合格或特定药品的行为，都是生产假药的行为，如以某种原材料制造、加工成不合格药品，采集非药品充当药品，将他种药品充当此种药品，收集禁止使用的、变质不能药用的物品充当药品等，都是生产假药的行为。一切有偿提供假药的行为，都是销售假药的行为，销售的方式既可能是公开的，也可能是秘密的；既可能是批量销售，也可能是零散销售；既可能是行为人请求对方购买，也可能是对方请求行为人转让；既可能是直接交付对方，也可能是间接交付对方；有偿转让假药既可能是获取金钱，也可能是获取其他物质利益；既可能是在交付假药的同时获得利益，也可能是先交付假药后获取利益或者先获取利益后交付假药。假药的来源既可能是自己生产的，也可能是自己购买的，还可能是通过其他方法取得的。销售的对方没有限制，即不问购买人是否达到法定年龄、是否具有辨认控制能力、是否与销售人具有某种关系。药品使用单位的人员明知是假药而提供给他人使用的行为，都是提供假药的行为，不要求行为人主观上具有特定犯罪目的，也不要求行为人具有牟利的目的，只要行为人明知是假药而提供给他人使用。犯罪主体是一般主体，单位也可构成本罪主体。犯罪主观方面为故意。

案例 1：2017 年 5 月，被告人陈某租赁房屋，雇用人员生产药品"九龙中药丸""九龍中药丸"。2020 年 6 月，被告人邓某等人受陈某安排，按照陈某所提供的"配方"将地塞米松、萘福泮片、对乙酰氨基酚片、保泰松等多种西药药物与建曲、茴香按一定比例混在一起用粉碎机打碎，混入面粉后制作成颗粒状药丸，然后将制作好的药丸装入"九龍中药丸""九龙中药丸"袋子（每袋 100 粒，外加膏药两张）包装好，再按照 50 袋一提的标准用塑料手提袋打包。被告人陈某将"九龍中药丸""九龙中药丸"冒充中药，通过实名认证的微信账号，以每袋 100 元的价格对外销售，并绑定相应银行卡收取货款；陈某将买家信息通过微信发送给快递员，安排被告人赵某等人将打包好的"九龍中药丸""九龙中药丸"用车送至快递点，以快递的形式发往全国各地。经会计师事务所鉴定，陈某生产、销售"九龍中药丸""九龙中药丸"金额共计 7362 万余元。经市场监督管理局认定，从被告人陈某等人所生产、销售的"九龍中药丸""九龙中药丸"中检出阿司匹林、醋酸泼尼松、对乙酰氨基酚、双氯芬酸钠、保泰松等化学药成分，但其对外宣传的原料成分为中药，属于以他种药品冒充此种药品，依法定性为假药。四川省宜宾市叙州区人民法院审理后认为，被告人陈某雇请被告人邓某等人生产假药，并雇请赵某等人运送至快递点进行销售的事实清楚，证据确实、充分，7 名被告人的行为已构成生产、销售假药罪。根据各被告人的涉案金额，均属情节特别严重，应处十年以上有期徒刑、无期徒刑或者死刑，并处罚金或者没收财产。法院综合考量各被告人犯罪情节、在犯罪组织中的作用及认罪态度后，依法以生产、销售假药罪判处被告人陈某有期徒刑十四年，并处罚金 1.24 亿元；以生产假药罪或销售假药罪，分别判处其余 6 名被告人六年六个月至三年不等的有期徒刑及相应的附加刑。①

案例 2：2019 年 12 月起，被告人黄某霖通过网络从广东、江苏等地购买生产设备及药水、空瓶、瓶盖、标签等原材料，雇用卢某荣、柯某来、章某辉、章某花、林某娟（均另案处理）等人在福建省莆田市使用辣椒油、热感剂等非药品灌装生产假冒黄道益活络油、双飞人药水、无比滴液体，后通过电商平台以明显低于正品的价格销售牟利，销售金额共计 639 万余元，获利 40 余万元。2019 年 12 月至 2020 年 5 月，被告人柯某云明知被告人黄某霖生产、销售假药，仍与黄某霖共同灌装、贴标、包装黄道益活络油，用自己的身份信息注册网店并负责客服工作，提供自己身份信息注册的支付宝账号用于黄某霖购买原料以及销售假药收款，销售金额共计 308 万余元。经莆田市市场监督管理局认定，涉案黄道益活络油、双飞人药水、无比滴（港版）、液体无比滴 S2a（日版）、液体无比滴婴儿（儿童版）5 个涉案产品均为假药。福建省莆田市秀屿区人民法院、莆田市中级人民法院经审理认为，被告人黄某霖、柯某云生产、销售假药，情节特别严重，其行为均已构成生产、销售假药罪。柯某云在与黄某霖的共同犯罪中起次要和辅助作用，系从犯，结合其情节和作用，依法予以减轻处罚。黄某霖、柯某云均认罪认罚。据此，以生产、销售假药罪判处被告人黄某霖有期徒刑十二年，并处罚金人民币 1100 万元；判处被告人柯某云有期徒刑三年，并处罚金人民币 50 万元。

典型意义：互联网为人民群众购药提供了便利，同时也给药品监管和打击危害药品安全违法犯罪带来了新的挑战。违法犯罪分子通过互联网能够更容易地购买制售假药的设备、原材料，销售渠道也更加便捷，假药加工网点往往设置在出租屋等隐蔽场所，增加了监管和打击难度。被告人灌装假药后通过网店销售，在一年半的时间内销售金额即达 639 万余元，严重扰乱了药品监管秩序，危害人民群众用药安全，应依法严惩。本案也提醒广大消费

---

① 参见《宜宾叙州区法院审结一起特大生产、销售假药案》，中国法院网，https：//www.chinacourt.org/article/detail/2023/06/id/7343341.shtml。

者，要从正规的网络交易平台购买药品，以确保用药安全。①

（二）生产、销售有毒、有害食品罪

1. 概念

违反国家食品卫生管理法规，在生产、销售的食品中掺入有毒、有害的非食品原料的，或者销售明知掺有有毒、有害的非食品原料的食品的行为。本罪是选择性罪名，不仅指行为方式（生产、销售）选择，也包括犯罪对象（有毒、有害食品）选择，司法实践中，根据行为的特征具体确定犯罪罪名，如生产有毒食品罪、生产有害食品罪、销售有害食品罪等。

2. 构成特征

犯罪客体是复杂客体，包括国家对食品卫生的监督管理秩序和广大消费者即不特定多数人的生命、健康权利。犯罪客观方面表现为违反国家食品卫生管理法规，对生产、销售的食品掺入有毒、有害的非食品原料或者销售明知掺有有毒、有害的非食品原料的食品。（1）行为人实施的行为必须是违反国家食品卫生管理法规的行为。违反国家食品卫生管理法规，是指违反《中华人民共和国食品卫生法》《禁止食品加药卫生管理办法》《食品营养强化剂卫生管理办法》《新资源食品卫生管理办法》和《保健食品管理办法》等法律法规。（2）行为人实施了掺入了有毒、有害的非食品原料的行为。"有毒、有害的非食品原料"是指含有毒性元素或者对人体有害的成分而不能作为食品配料或者食品添加剂的物质②。下列物质应当认定为"有毒、有害的非食品原料"：①因危害人体健康，被法律、法规禁止在食品生产经营活动中添加、使用的物质；②因危害人体健康，被国务院有关部门列入《食品中可能违法添加的非食用物质名单》《保健食品中可能非法添加的物质名单》和国务院有关部门公告的禁用农药、《食品动物中禁止使用的药品及其他化合物清单》等名单上的物质；③其他有毒、有害的物质。行为方式是主动在食品中掺入有毒、有害的非食品原料，包括但不限于如下情形：①在食品生产、销售、运输、贮存等过程中，掺入有毒、有害的非食品原料，或者使用有毒、有害的非食品原料生产食品的；②在食用农产品种植、养殖、销售、运输、贮存等过程中，使

---

① 参见《最高人民法院发布危害药品安全犯罪典型案例》，最高人民法院官方百家号，ht-tps：//baijiahao. baidu. com/s？id=1777354737935992543&wfr=spider&for=pc。

② 周光权：《刑法各论》（第四版），中国人民大学出版社，2021，第247—248页。

用禁用农药、食品动物中禁止使用的药品及其他化合物等有毒、有害的非食品原料；③在保健食品或者其他食品中非法添加国家禁用药物等有毒、有害的非食品原料。在司法实践中，行为人实施本罪，首先掺入的是有毒、有害物质，如制酒时加入工业酒精加工成食用酒，在汽水中加入国家严禁使用的色素，还有的在牛奶中加入石灰水等。其次，行为人掺入的是有毒、有害的非食品原料，如用工业酒精兑制白酒，在牛奶中掺入石灰水，在香油中掺入柴油，用工业盐酸制造酱油等。如果行为人掺入的是食品原料，尽管可能有一定的毒性、有一定的害处，也不构成本罪。如行为人掺入酸败的油脂、变质的水果等用于所生产、销售的食品中，就不构成本罪。如果有以上行为，造成严重后果或者销售金额达到 5 万元以上的，可按照其他罪如生产、销售不符合卫生标准的食品罪，生产、销售伪劣产品罪等论处。（3）掺入有毒、有害的非食品原料的对象应为生产、销售的食品，即在生产、销售的食品中掺入了有毒、有害的非食品原料，虽有掺入有毒、有害的非食品原料的行为，但不是在自己所生产或销售的食品中，如在他人食用的食品中掺入有毒有害的非食品原料，不构成本罪，构成犯罪的，应以其他犯罪论处。犯罪主体是一般主体，单位也可构成本罪主体。犯罪主观方面为故意。本罪为行为犯，只要行为人出于故意实施了在所生产、销售的食品中掺入有毒、有害的非食品原料的行为，或者明知是掺有有毒、有害物质的食品仍然予以销售的行为，就构成本罪。

案例 1：2021 年 9 月至 11 月，被告人万某购进新鲜猪血后，在自己的作坊内制作成"鸭血"并对外销售，主要流向当地火锅等餐饮市场。在制作过程中，为保持"鸭血"品相鲜嫩、不易变色，万某将含有甲醛的溶液喷洒在"鸭血"表面，吸引顾客购买，对外公开销售共获利 600 元。法院审理后认为，食品安全问题直接关系人民群众身体健康、生命安全。被告人万某违反食品安全管理法规，在猪血制品中掺入对人体有毒、有害的化学物质甲醛，并对外销售，其行为已构成生产、销售有毒、有害食品罪。被告人万某在食品中非法添加国家禁止添加的有毒、有害物质，并对外公开销售，对不特定人民群众的身体健康造成潜在危险，既侵害了消费者的合法权益，又损害了社会公共利益，依法应当承担相应的民事侵权责任。最终，法院根据被告人万某的犯罪事实、性质、情节及社会危害程度，判处被告人万某犯生产、销售有毒、有害食品罪，被判处有期徒刑二年，并处罚金 6 万元，追缴违法所得，责令被告人万某终身不得从事食品生产经营管理工作，也不得担任食品生产经营企业食品安全管理人员，并在市级媒体上公开赔礼道歉，赔偿公益损害赔偿金 6000 元。①

案例 2：2017 年 3 月至 2018 年 4 月，被告人付某某知道其从上家购进的"曲芝韵""古方"等非正规渠道生产的减肥胶囊可能含有危害人体健康成分，仍通过被告人张某等人在网上销售。张某在收取买家订单和货款后，将买家信息、货物种类、数量通过微信发送给付某某，付某某根据张某的发货订单，从广东省广州市将减肥胶囊及包装材料寄给张某的客户王某、贡某某（均另案处理）等人，销售金额共计 21 万余元。2018 年 4 月 8 日，公安机关在付某某处查获"曲芝韵"减肥胶囊 2705 瓶、"古方"减肥胶囊 2475 瓶、粉色胶囊 3107 瓶、散装胶囊 20 余千克及包装材料、快递单、账本等物品。经检测，从付某某处查获的"曲芝韵""古方"、粉色减肥胶囊及散装胶囊中均检测出法律禁止在食品中添加的西布曲明成分。江苏省南京市六合区人民法院一审判决、南京市中级人民法院二审裁定（2019 年）认为，被告人付某某、张某销售明知掺有有毒、有害的非食品原料的食品，其行为均已构成销售有毒、有害食品罪，且二被告人涉案金额均超过 20 万元，属有其他严重情节，应依法惩处。付某某、张某共同实施的销售行为部分，构成共同犯罪。据此，依法判处：被告人付某某犯销售有毒、有害食品罪，判处有期徒刑六年，并处罚金人民币 80 万元；被告人张某犯销售有毒、有害食品罪，判处有期徒刑五年，并处罚金人民币 75 万元；扣押的有毒、有害食品依法没收。

典型意义：近年来，危害食药安全犯罪出现向互联网蔓延的新趋势，犯罪分子利用淘宝等网店、微信朋友圈及快递服务等便利条件实施犯罪，参与人员多，牵涉地域广，犯罪手段隐蔽。相关部门不断提高打击力度，应对危害食药安全网络犯罪的新趋势，取得良好效果。本案中，被告人付某某从他人处购进非正规减肥胶囊产品，通过张某等人在网上销售，张某通过网络向其客户加价销售，将订单信息通过微信发给付某某，由付某某直接发货，一、二审法院认为付某某、张某构成共同犯罪，综合发货明细和微信、支付宝转账记录等证据，并结合被告人供述和证人证言认定销售数量和犯罪金额，认定和处理依据确实、充分，为有力打击危害食药安全网络犯罪提供了经验和参考。②

---

① 参见《制售"甲醛鸭血"危害公众健康 重庆万州一作坊主被判刑并终身禁止从事食品行业》，中国法院网，https：//www. chinacourt. org/article/detail/2023/07/id/7423339. shtml。

② 参见《中央依法治国办联合相关部门发布食药监管执法司法典型案例》，最高人民检察院网，https：//www. spp. gov. cn/spp/xwfbh/wsfbt/202001/t20200109_ 452283. shtml#1。

二、金融安全的刑法保护

（一）集资诈骗罪

1. 概念

以非法占有为目的，违反有关金融法律、法规的规定，使用诈骗方法进行非法集资，扰乱国家正常金融秩序，侵犯公私财产所有权，且数额较大的行为。

2. 构成特征

犯罪客体是复杂客体，包括国家金融管理制度以及公私财产所有权。犯罪客观方面表现为行为人必须实施了使用诈骗方法非法集资，数额较大的行为。个人进行集资诈骗，数额在 10 万元以上的，单位进行集资诈骗，数额在 50 万元以上的，应当认定为"数额较大"。集资诈骗的数额以行为人实际骗取的数额计算，案发前已归还的数额应予扣除。行为人为实施集资诈骗活动而支付的广告费、中介费、手续费、回扣，或者用于行贿、赠与等费用，不予扣除。行为人为实施集资诈骗活动而支付的利息，除本金未归还可予折抵本金以外，应当计入诈骗数额。犯罪主体是一般主体，单位亦能成为本罪主体。犯罪主观方面为故意，且有非法占有目的。使用诈骗方法非法集资，具有下列情形之一的，可以认定为"以非法占有为目的"：集资后不用于生产经营活动或者用于生产经营活动与筹集资金规模明显不成比例致使集资款不能返还的；肆意挥霍集资款，致使集资款不能返还的；携带集资款逃匿的；将集资款用于违法犯罪活动的；抽逃、转移资金、隐匿财产，逃避返还资金的；隐匿、销毁账目，或者搞假破产、假倒闭，逃避返还资金的；拒不交代资金去向，逃避返还资金的；其他可以认定非法占有目的的情形。集资诈骗罪中的非法占有目的，应当区分情形进行具体认定。行为人部分非法集资行为具有非法占有目的的，对该部分非法集资行为所涉集资款以集资诈骗罪定罪处罚；非法集资共同犯罪中部分行为人具有非法占有目的，其他行为人没有非法占有集资款的共同故意和行为的，对具有非法占有目的的行为人以集资诈骗罪定罪处罚。

案例1：2020 年 5 月，被告人蒋某峰名下的湖南某自然医学有限公司澧县分公司（以下简称医学公司）在常德市澧县成立。该公司为了开拓市场，通过发放宣传单、赠送米面粮油和小礼品等方式，取得老年人信任。随后，以投资加盟医学公司的保健食品项目为幌子，与投资者签订合作加盟保障合同书，承诺每人每份投资 8000 元至 8800 元，半年到期后，即可返现利息1 万元。自该医学公司成立起，蒋某峰作为公司法定代表人，不定期组织宣讲会，专门针对老年人，宣传总公司拥有雄厚的实力，老板有巨额资产，合作开发产品前景可观。当投资者签订合同后，蒋某峰又给其"画饼"，通过承诺公司将组织公费旅游等活动，捆绑现有投资人增加投资金额。另外，该公司还以礼品红包、介绍投资人返现等方式，不断扩大集资范围。2021 年 8月，医学公司人去楼空，投资者陆续发现无法联系到蒋某峰及公司相关人员。投资者这才意识到上当受骗，遂向公安机关报警。后经公安机关核实，被告人蒋某峰、蒋某华以医学公司名义与受害人签订合同 136 份，合同金额共计 176 万余元，实际投资本金共计 132 万余元，未追回金额 48 万余元。2022 年 5 月，检察机关向澧县法院提起公诉。法院经审理查明，该案 62 名受害人全部为六十岁以上的老年人，涉案金额达 176 万余元，未追回金额48 万余元。这些老年人长期参与被告人名下公司组织的宣讲活动，轻信高利息、高回报承诺，最终上当受骗。湖南省澧县人民法院审理后认为，被告人蒋某峰、蒋某华以非法占有为目的，使用诈骗方法非法集资，数额较大，其行为构成集资诈骗罪，遂依法判决被告人蒋某峰犯集资诈骗罪，判处有期徒刑五年，并处罚金 40 万元；判决被告人蒋某华犯集资诈骗罪，判处有期徒刑二年，并处罚金 8 万元。①

案例 2：被告单位中某中基供应链集团有限公司（以下简称"中某中基集团"）；被告人孟某，系中某中基集团法定代表人、董事长；被告人岑某，系中某中基集团总经理；被告人庄某，系中某中基集团副总经理（已死亡）。2015 年 5 月，孟某注册成立中某中基集团。2015 年 11 月至 2020 年 6月，中某中基集团及其直接负责的主管人员孟某、岑某、庄某，通过实际控制的上海檀某资产管理有限公司（以下简称"檀某公司"）、上海洲某资产管理有限公司（以下简称"洲某公司"）、深圳市辉某产业服务集团有限公司（以下简称"辉某集团"）以及合作方北京云某投资有限公司（以下简称"云某公司"）等 10 多家公司，采用自融自用的经营模式，围绕中某中基集团从事私募基金产品设计、发行、销售及投融资活动。孟某、岑某、庄某指使檀某公司、洲某公司工作人员以投资中某中基集团实际控制的多家空壳公司股权为名，使用庄某伪造的财务数据、贸易合同设计内容虚假的私募基金

① 参见《以投资返利为幌子骗取 62 名老年人 176 万余元 两人以集资诈骗罪领刑》，中国法院网，https://www.chinacourt.org/article/detail/2022/08/id/6861377.shtml。

产品，将单一融资项目拆分为数个基金产品，先后以檀某公司、洲某公司、云某公司为私募基金管理人，发行39只私募股权类基金产品。上述三家公司均在基金业协会登记为私募股权、创业投资基金管理人，39只产品均在基金业协会备案。相关基金产品由不具备私募基金销售资质的"辉某集团"等3家"辉某系"公司销售。孟某、岑某指使"辉某系"公司工作人员以举办宣传会，召开金融论坛、峰会酒会，随机拨打电话，在酒店公共区域摆放宣传资料等方式向社会公开宣传私募基金产品，谎称由具有国资背景的中某中基控股集团有限公司出具担保函，以虚设的应收账款进行质押，变相承诺保本保息，超出备案金额、时间，滚动销售私募基金产品，累计非法募资金人民币78.81亿余元。募集资金转入空壳目标项目公司后，从托管账户违规汇集至中某中基集团账户形成资金池，由孟某、岑某任意支配使用。上述集资款中，兑付投资人本息42.5亿余元，支付销售佣金、员工工资、保证金17.1亿余元，转至孟某、岑某控制的个人账户及个人挥霍消费3.9亿余元，对外投资17.5亿余元。中某中基集团所投资的项目处于长期亏损状态，主要依靠募新还旧维持运转。截至案发，投资人本金损失38.22亿余元。2019年8月15日，投资人薛某到上海市公安局浦东分局报案称其购买的檀某、洲某私募基金产品到期无法退出。同年10月14日，浦东分局以涉案私募基金均经中国证券基金业协会备案，没有犯罪事实为由作出不立案决定。上海市浦东新区人民检察院接立案监督线索后审查发现，涉案私募基金管理人和产品虽经登记、备案，但募集、发行和资金运作均违反私募基金管理法律规定，属于假借私募基金经营形式的非法集资行为。2020年4月10日，浦东新区人民检察院向上海市公安局浦东分局制发《要求说明不立案理由通知书》。2020年4月13日，上海市公安局浦东分局对本案立案侦查，同年11月3日以孟某、岑某、庄某涉嫌集资诈骗罪移送起诉。因案件重大复杂，2020年11月30日，浦东新区人民检察院将本案报送上海市人民检察院第一分院审查起诉。2021年6月9日，上海市人民检察院第一分院以中某中基集团、孟某、岑某、庄某构成集资诈骗罪提起公诉。案件办理期间，上海市人民检察院第一分院分别向中国银保监会青岛监管局、中某中基控股集团有限公司制发检察建议，就办案发现的私募基金托管银行未尽职履责、国有企业对外合作不规范等问题提出建议，两家单位积极落实整改并及时回复检察机关。2022年11月30日，上海市第一中级人民法院作出一审判决，以集资诈骗罪判处中某中基集团罚金人民币1亿元，判处孟某、岑某无期徒刑，剥夺政治权利终身，并处没收个人全部财产。被告人庄某在法院审理过程中因病死亡，依法对其终止审理。孟某、岑某提出上诉。2023 年 3 月 13 日，上海市高级人民法院作出终审裁定，驳回上诉，维持原判。公安机关、司法机关共冻结涉案银行账户存款人民币 6500 万余元，查封、扣押房产、土地使用权、公司股权数十处。判决生效后，上海市第一中级人民法院对查封、扣押资产依法组织拍卖，与银行存款一并发还投资人。

典型意义：（1）以发行销售私募基金为名，使用诈骗方法非法集资，对集资款具有非法占有目的的，构成集资诈骗罪。司法机关应以私募基金发行中约定的投资项目、底层资产是否真实，销售中是否提供虚假承诺等作为是否使用诈骗方法的审查重点；应以资金流转过程和最终去向作为是否具有非法占有目的的审查重点，包括募集资金是否用于私募基金约定投资项目，是否用于其他真实投资项目，是否存在极不负责任的投资，是否通过关联交易、暗箱操作等手段进行利益输送，是否以各种方式抽逃转移资金，是否用于个人大额消费和投资等。本案中，孟某等人虚构对外贸易项目、伪造财务资料发行内容虚假的私募基金，以虚假担保诱骗投资人投资，属于典型的使用诈骗方法募集资金；募集资金汇集于中某中基集团资金池，主要用于兑付本息、支付高额运营成本和个人占有挥霍，虽有 17 亿余元用于投资，但是与募集资金的规模明显不成比例，且投资项目前期均未经过充分的尽职调查，资金投入后也未对使用情况进行任何有效管理，对资金使用的决策极不负责任，应依法认定具有非法占有目的。（2）准确认定犯罪主体，全面审查涉案财产，依法追赃挽损。私募基金非法集资案件涉及私募基金设计、管理、销售等多方主体，认定犯罪主体应以募集资金的支配与归属为核心，对于犯罪活动经私募基金管理人或其实际控制人决策实施，全部或者大部分违法所得归单位所有的，除单位设立后专门从事违法犯罪活动外，应依法认定为单位犯罪，追缴单位全部违法所得。私募股权类投资基金的涉案资金以股权投资形式流向其他公司的，追赃挽损的范围不限于犯罪单位的财物，对涉案私募基金在其他公司投资的股权，应在确认权属后依法予以追缴。本案中，十多家关联公司围绕中某中基集团开展私募基金发行销售活动，募集资金归中某中基集团统一支配使用，司法机关依法认定中某中基集团为单位犯罪主体，对单位财产、流向空壳公司的财产以及投资项目财产全面追赃挽损。（3）充分发挥司法职能作用，透过表象依法认定犯罪本质，保护投资者合法权益。私募基金是我国多层次资本市场的重要组成部分，在为投资者提供多样化的投资方式、推动新兴产业发展方面具有重要作用。但是，作为新兴金融产品，发展时间短，各方了解认识不够深入，容易出现利用私募名义实施的违法犯罪行为。司法机关要发挥好职能作用，穿透各种"伪装"认识行为本质，依法严惩私募基金犯罪，通过办案划明行业发展"底线""红线"，切实维护人民群众合法权益。本案中，司法机关主动作为，检察机关对"伪私募"立案监督、依法追诉，对相关单位制发检察建议，人民法院对被告单位和被告人依法从重处罚，最大限度为投资人追赃挽损，体现了对利用复杂金融产品实施涉众诈骗行为的严厉惩治，突出了保护人民群众财产安全的司法力度，警示告诫私募行业规范运营、健康发展。①

（二）贷款诈骗罪

1. 概念

以非法占有为目的，使用欺诈方法，诈骗银行或者其他金融机构的贷款，数额较大的行为。

2. 构成特征

犯罪客体是复杂客体，包括国家金融管理制度以及银行或者其他金融机构对贷款的所有权。犯罪客观方面表现为使用欺诈方法，诈骗银行或者其他金融机构的贷款，数额较大的行为。欺诈方法包括：（1）编造引进资金、项目等虚假理由的；（2）使用虚假的经济合同的；（3）使用虚假的证明文件的；（4）使用虚假的产权证明作担保或者超出抵押物价值重复担保的；（5）以其他方法诈骗贷款的。数额较大的标准为2万元。犯罪主体必须是已满16周岁，具有辨认和控制能力的自然人，单位不能成为本罪主体。犯罪主观方面为故意，且有非法占有目的。

区分贷款诈骗罪与借贷纠纷、骗取贷款罪、高利转贷罪的关键，是看行为人主观上有无非法占有的目的。这就要从以下几个方面来判断：申请贷款时是否使用了刑法规定的诈骗手段（对于合法取得贷款后，没有按规定的用途使用贷款，到期没有归还贷款的，不能以贷款诈骗罪定罪处罚）；取得贷款后是否按贷款用途使用；是否使用贷款进行违法犯罪活动；是否携款潜逃；到期后是否积极准备偿还贷款；等等。对于具有下列情形之一的，应认定为具有非法占有目的：（1）假冒他人名义贷款的；（2）贷款后携款潜逃的；（3）未将贷款按贷款用途使用，而是用于挥霍致使贷款无法偿还的；（4）改变贷款用途，将贷款用于高风险的经济活动造成重大经济

---

① 参见《依法从严打击私募基金犯罪典型案例》，正义网，https：//news.jcrb.com/jsxw/2023/202312/t20231226_6132193.html。

损失，导致无法偿还贷款的；（5）为谋取不正当利益，改变贷款用途，造成重大经济损失，致使无法偿还贷款的；（6）使用贷款进行违法犯罪活动的；（7）隐匿贷款去向，贷款到期后拒不偿还的；等等。对于确有证据证明行为人不具有非法占有的目的，因不具备贷款的条件而采取了欺骗手段获取贷款，案发时有能力履行还贷义务，或者案发时不能归还贷款是因为意志以外的原因，如因经营不善、被骗、市场风险等，不应以贷款诈骗罪定罪处罚。

案例1：被告人孙某与蔡某某系朋友关系。2021年5月初，孙某在蔡某某不知情的情况下，将蔡某某手机中支付宝App账号绑定的手机号，变更为自己的手机号。此后，孙某利用上述支付宝账户及蔡某某个人身份信息，通过电信网络向金融机构贷款，贷款资金合计人民币90172.85元。在贷款申请过程中，孙某以"开网店需要人脸识别"为由，欺骗蔡某某进行人脸识别。其间，孙某还向蔡某某借得农行卡和工行卡各1张，用于接收贷款资金。截至案发时，给被害单位造成损失合计人民币73184.84元。安徽省南陵县人民法院经审理认为，被告人孙某以非法占有为目的，冒充他人身份骗取贷款，其行为已构成贷款诈骗罪。鉴于被告人能如实供述自己的犯罪事实，系自首，且自愿认罪认罚。同时，案发后被告人已将上述借款全部偿还，可酌情从轻判处，遂作以贷款诈骗罪判处被告人孙某有期徒刑二年，宣告缓刑三年，并处罚金2万元。①

案例2：2018年10月起，被告人丁某某、张某某伙同贷款中介王某形成"购车贷诈骗"的犯罪团伙，由贷款中介王某招揽无贷款资质的陶某等8人，由丁某某、张某某寻找4S店、帮助贷款申请人虚构收入证明以及银行流水等材料，并通过垫付首付款以及与金融机构签订车辆抵押贷款协议的方式获取新车后，在未办理抵押手续的情况下由丁某某将车辆转卖后分赃。上述贷款申请人均无力偿还后续贷款，且经金融机构多次催缴后仍拒不归还，造成金融机构经济损失共计人民币104万余元。各名被告人参与金额不等。2022年7月至9月，闵行区检察院先后以涉嫌贷款诈骗罪对被告人丁某某等2人和王某等9人提起公诉。同年9月至11月，法院以贷款诈骗罪判处被告人丁某某有期徒刑十年六个月，剥夺政治权利一年，并处罚金人民币10万元；判处其他被告人有期徒刑十个月至五年不等，部分判处缓

---

① 参见《冒充他人身份骗取贷款 获刑二年并处罚金20000元》，中国法院网，https://www.chinacourt.org/article/detail/2023/03/id/7219034.shtml。

刑，并处罚金。

典型意义：本案是一起典型的有组织、有体系的"购车贷诈骗"案件，犯罪分子利用汽车销售门店业务员为追求自身业绩对购车人贷款资质、车辆抵押手续规范性存在把关不细、审核不严等漏洞，形成了贷款中介人、贷款申请人、车款出资人互相勾结的犯罪模式，犯罪团伙分工明确，实施了一系列"假购车，真套现"诈骗行为，不仅给提供购车贷款的金融机构造成巨大损失，也严重破坏了正常的金融管理秩序和经济秩序。检察机关在办理此类案件过程中，一是通过穿透式、全流程审查，确保介绍、出资、申请、套现的犯罪产业链各环节参与人一起查、一并惩，加大全链条打击力度。二是准确认定犯罪金额、区分作用大小，做到罚当其罪。最终本案主要策划组织者丁某某被判处十年以上重刑，贷款中介人、出资人、申请人均被判处相应刑罚，起到良好的惩戒警示作用。三是用好认罪认罚助推追赃挽损。督促各被告人主动退赔退赃，在检察环节向金融机构归还部分贷款，有效挽回经济损失。①

（三）信用卡诈骗罪

1. 概念

以非法占有为目的，利用信用卡进行诈骗活动，骗取数额较大财物的行为。

2. 构成特征

犯罪客体是复杂客体，包括信用卡的管理制度以及银行以及信用卡的有关关系人的公私财物所有权。犯罪对象是信用卡。刑法规定的"信用卡"，是指由商业银行或者其他金融机构发行的具有消费支付、信用贷款、转账结算、存取现金等全部功能或者部分功能的电子支付卡。犯罪客观方面表现为利用信用卡进行诈骗活动，骗取数额较大财物的行为。信用卡诈骗的具体行为方式包括：（1）使用伪造的信用卡；（2）使用以虚假的身份证明骗领的信用卡；（3）使用作废的信用卡；（4）冒用他人信用卡；（5）恶意透支。数额较大的起点标准，第（1）～（4）种行为为5000元，恶意透支为5万元。"恶意透支"就是持卡人以非法占有为目的，超过规定限额或者规定期限透支，经发卡银行两次有效催收后超过三个月仍

---

① 参见《涉银行保险领域刑事司法和行政执法典型案例》，上海检察网，https：//www.sh.jcy.gov.cn/jwgk/xwfbh/91871.jhtml。

不归还的情形。对于是否以非法占有为目的，应当综合持卡人信用记录、还款能力和意愿、申领和透支信用卡的状况、透支资金的用途、透支后的表现、未按规定还款的原因等情节作出判断。不得单纯依据持卡人未按规定还款的事实认定非法占有目的。恶意透支中的"以非法占有为目的"表现为：明知没有还款能力而大量透支，无法归还的；使用虚假资信证明申领信用卡后透支，无法归还的；透支后通过逃匿、改变联系方式等手段，逃避银行催收的；抽逃、转移资金，隐匿财产，逃避还款的；使用透支的资金进行犯罪活动的；其他非法占有资金，拒不归还的行为。但有证据证明持卡人确实不具有非法占有目的的除外。恶意透支的数额，是指公安机关刑事立案时尚未归还的实际透支的本金数额，不包括利息、复利、滞纳金、手续费等发卡银行收取的费用。归还或者支付的数额，应当认定为归还实际透支的本金。恶意透支数额较大，在提起公诉前全部归还或者具有其他情节轻微情形的，可以不起诉；在一审判决前全部归还或者具有其他情节轻微情形的，可以免予刑事处罚。但是，曾因信用卡诈骗受过两次以上处罚的除外。犯罪主体是一般主体，单位不能成为本罪的主体。犯罪主观方面为故意，且有非法占有目的。

3. 信用卡诈骗罪的认定

（1）根据《刑法》第 196 条第 3 款的规定，盗窃信用卡并使用的，依照盗窃罪的规定定罪处罚（本规定既有注意规定的性质，又有拟制规定的性质）。明知是他人盗窃的信用卡而使用的，成立盗窃罪的共犯。本款规定的信用卡仅限于他人的真实有效的信用卡，如果盗窃伪造或作废的信用卡并使用的，应认定为信用卡诈骗罪。行为人以为是真实有效的信用卡而盗窃并对自然人使用，但客观上使用的是伪造的信用卡的，属于抽象事实认识错误，应认定为信用卡诈骗罪既遂。盗窃了他人真实有效的信用卡但并不使用的行为，目前还难以成立盗窃罪，也不能构成信用卡诈骗罪。盗窃并使用信用卡后又恶意透支的，应按盗窃罪与信用卡诈骗罪实行数罪并罚。

（2）拾取（侵占）、骗取、抢夺他人信用卡后，并不使用的，因为没有侵犯他人的财产，不以犯罪论处。拾取（侵占）、骗取、抢夺他人信用卡使用的，应视使用的方式确定犯罪性质。如果在机器上使用，应认定为盗窃罪；如果对自然人使用，则属于冒用他人信用卡类型的信用卡诈骗罪。因为侵犯财产的行为是使用行为，所以，必须根据使用行为的性质确定罪名，而不能根据并不侵犯他人财产的取得信用卡的行为方式确定罪名。

（3）对于抢劫信用卡的，应具体分析：

①抢劫信用卡并以实力控制被害人，当场提取现金的，应认定为抢劫罪。抢劫数额为所提取的现金数额。

②使用暴力、胁迫或者其他强制手段抢劫信用卡但并未使用的，应认定为抢劫罪。抢劫数额为信用卡本身的数额（工本费等），或者不计数额，按情节处罚。

③抢劫信用卡并在事后使用的，应分为不同情形处理：如果事后在机器上使用的，应将抢劫罪（不包括信用卡记载的数额）与盗窃罪（数额为从机器上取得的现金数额）实行并罚；如果事后对自然人使用的，应将抢劫罪与信用卡诈骗罪实行并罚。

④抢劫信用卡当场取款一部分，事后取款一部分的，对当场取得的财物认定为抢劫罪，对事后取得的财物视使用方式认定为盗窃罪（在机器上使用）或信用卡诈骗罪（对自然人使用），实行数罪并罚。

⑤一方抢劫信用卡后仍然控制着被害人，知情的另一方帮助取款的，成立抢劫罪的共犯。甲抢劫信用卡后并未控制被害人，事后乙使用甲所抢劫的信用卡的，对乙的行为应视使用性质认定为盗窃罪（在机器上使用）或信用卡诈骗罪（对自然人使用）。

（4）特约商户职员利用工作之便，在顾客使用信用卡购物、消费结算时，私下重复刷卡，非法占有顾客信用卡账户内资金的行为，成立盗窃罪。特约商户职员在捡拾顾客信用卡后，伪造客户签单，购买商品或者消费的，成立信用卡诈骗罪；但捡拾信用卡的特约商户职员接收到发卡银行止付通知后，假冒他人签名，自己向自己购物的，由于不存在受骗者与处分人，且遭受财产损失的是特约商户，故应认定为职务侵占罪（或贪污罪）。

案例1：2021年7月至8月，被告人赵某伙同被告人李某先后在两处人口密集的小区租住房屋，利用网络购买的嗅探设备等作案工具，同步接收方圆约500米范围内的手机号码和短信信息。二人利用获取的手机号码登入手机App及网络平台获取他人身份证号及银行卡号等信息，再利用获取的上述信息资料登录互联网终端盗刷被害人账户中的钱款。通过上述手段，两人盗刷被害人钱款共计73102.77元。天津市滨海新区人民法院审理后认为，被告人赵某、李某通过窃取手段非法获取被害人手机号码、身份证号码、银行卡卡号和短信验证码等信息资料，并利用窃取的信用卡信息资料通过互联网进行盗刷使用，窃取他人银行卡内钱款，属于冒用他人信用卡的行为，且数额巨大，其行为均已构成信用卡诈骗罪，分别判处被告人赵某、李某有期徒刑五年四个月、五年六个月，均并处罚金5万元。① 嗅探技术，是指使用由老式手机主板、天线、笔记本电脑等硬件以及相应的软件系统等拼接组成的短信嗅探设备，截获方圆500米范围内同一基站下手机用户在2G环境内发出或者接收的短信信息，从中提取机主的手机号码、短信验证码等内容的短信信息获取技术。

案例2：2013年5月，被告人张某伙同他人事先预谋后，以虚假身份在上海某超市有限公司中山公园店应聘工作。其利用担任该超市收银员的身份趁顾客刷卡时利用读卡器盗取顾客的银行卡信息并偷记密码，并在广州利用盗取的信息制成伪卡。2013年9月18日、19日，被告人张某使用其中一张利用盗取受害人朱某某银行卡信息制作伪造的银行卡在陕西华阴市取现金3.5万元。当月20日晚，被告人张某使用另外一张利用盗取被害人篠崎某某（日本籍）银行卡信息制作伪造的银行卡在中国银行安阳市文明大道支行取现金2万元，另转款4万元至张某所控制的银行卡上，随后张某又从其所控制的该银行卡上取走现金2万元。当张某在另一家中国银行准备再次取钱时被抓获，从其身上搜出现金71200元、银行卡8张、不同姓名的身份证7张、口罩4个、帽子1个。案发后，公安机关追回赃款71200元，退还受害人朱某某31200元，退还篠崎某某40000元。另查明，张某因犯妨害信用卡管理罪，于2011年8月15日被温州市鹿城区人民法院判处有期徒刑十个月，并处罚金人民币50000元，2011年12月18日刑满释放。公诉机关指控，被告人张某的行为属于伪造信用卡并使用的情形，构成信用卡诈骗罪，应予处罚。河南省安阳市龙安区人民法院依照《刑法》第196条、第65条、第52条、第53条、第64条作出（2014）龙刑初字第27号刑事判决书，判决被告人张某犯信用卡诈骗罪，判处有期徒刑六年六个月，并处罚金人民币60000元。责令被告人张某退赔被害人朱某某人民币3800元，退赔被害人篠崎某某人民币20000元。一审宣判后，被告人未上诉，公诉机关未抗诉，判决已发生法律效力。

典型意义：张某信用卡诈骗案是一起将盗取的信用卡信息进行复制，再利用复制的伪卡盗取现金的信用卡诈骗案，是近年来信用卡诈骗案中出现的新型作案手段。该案例明确了盗窃信用卡信息又复制伪卡，使用伪卡盗取现

① 参见《以嗅探技术截获他人信息盗刷信用卡 两人被以信用卡诈骗罪判刑》，中国法院网，https://www.chinacourt.org/article/detail/2022/05/id/6689086.shtml。

金的行为，应按照信用卡诈骗罪定罪处罚。近年来，随着信息技术的快速发展和广泛应用，一方面给人们提供了高效便捷的生产生活方式，另一方面也给一些犯罪分子利用信息技术实施犯罪提供了便利条件。该案例既彰显了人民法院依法严惩利用信息技术实施犯罪的决心，同时也提醒人们要提高公民个人信息保护意识，维护好个人信息安全，不给犯罪分子以可乘之机。[①]

（四）保险诈骗罪

1. 概念

投保人、被保险人、受益人，以使自己或者第三者获取保险金为目的，采取虚构保险标的、保险事故或者制造保险事故等方法，骗取保险金，数额较大的行为。

2. 构成特征

犯罪客体是复杂客体，包括国家的保险制度以及保险公司的财产所有权。犯罪对象是信用卡。犯罪客观方面表现为采取虚构保险标的、保险事故或者制造保险事故等方法，骗取保险人的保险金，数额较大的行为。具体表现为以下五种行为：（1）投保人故意虚构保险标的，骗取保险金的；（2）投保人、被保险人或者受益人对发生的保险事故编造虚假的原因或者夸大损失的程度，骗取保险金的；（3）投保人、被保险人或者受益人编造未曾发生的保险事故，骗取保险金的；（4）投保人、被保险人故意造成财产损失的保险事故，骗取保险金的；（5）投保人、受益人故意造成被保险人死亡、伤残或者疾病，骗取保险金的。犯罪主体是特殊主体，只能由投保人、被保险人、受益人构成，既可以是具备刑事责任能力、达到刑事责任年龄的自然人，也可以是单位。保险事故的鉴定人、证明人、财产评估人故意提供虚假的证明文件，为他人诈骗提供条件的，以保险诈骗罪的共犯论处。犯罪主观方面为故意，且有非法占有目的。

3. 保险诈骗罪的罪数认定

根据《刑法》第198条第2款的规定，投保人、被保险人故意造成财产损失的保险事故，投保人、受益人故意造成被保险人死亡、伤残或者疾病，骗取保险金，同时构成其他犯罪的，依照数罪并罚的规定处罚。例如，投保人或被保险人放火烧毁已经投保的房屋，危害公共安全，并以此

---

① 参见《最高法院12月4日公布诈骗犯罪典型案例》，最高人民法院网，https://www.court.gov.cn/zixun/xiangqing/16206.html。

为根据骗取保险金的，应以放火罪和保险诈骗罪实行并罚。又如，投保人或受益人故意杀害被保险人，然后骗取保险金的，应以故意杀人罪和保险诈骗罪实行并罚。

（1）仅实施了制造保险事故的犯罪行为，而没有向保险人索赔时，不能认定为数罪。

（2）对单位放火骗取保险金的案件只能作如下处理：就保险诈骗罪而言，成立单位犯罪，对单位判处罚金，同时追究直接负责的主管人员和其他直接责任人员的刑事责任；就放火罪而言，追究直接负责的主管人员和其他直接责任人员的刑事责任。

案例1：2017年1月，程某伙同好友朱某，伪造交通事故现场，事后通过程某的运作骗取到了9000余元保险公司理赔金。2017年1月至2021年12月，被告人程某单独或与他人结伙串通骗保，以伪造机动车交通事故现场等方式，向保险公司申请出险理赔，分别骗取各家保险公司的理赔金72起，涉案金额共计27万余元。案发后，被告人程某家属退赔保险公司11万余元，曾与程某结伙骗保的人员也分别向保险公司进行了退赔。浙江省海宁市人民法院审理后认为，被告人程某以非法获取保险金为目的，违反保险法规，单独或分别结伙他人多次伪造交通事故现场，骗取保险金共计27万余元，数额巨大，其行为已构成保险诈骗罪，遂判处被告人程某有期徒刑五年，并处罚金9万元。①

案例2：2017年4月至2020年12月，周某与王某等人（另案处理）共谋，由周某负责组织伪造车损事故，后将事故车辆送至王某经营的某汽车美容服务部进行定损维修，以此骗取保险金。周某以上述方式共实施了10起保险诈骗行为，既遂金额达72万余元，未遂金额3万余元。佛山市三水区人民法院生效判决认为，被告人周某以非法占有为目的，伙同他人故意制造财产损失的保险事故，骗取保险金，数额巨大，以保险诈骗罪判处周某有期徒刑六年八个月，并处罚金人民币6万元。

典型意义：本案是一起发生在车险领域的保险诈骗典型案例。近年来，汽修领域的保险诈骗案件多发，甚至部分地区已形成"故意制造事故、虚高报价、低价维修"的骗保产业链，犯罪团伙以实施保险合同为名骗取保险资金，严重扰乱了车险的市场秩序。本案被告人与汽车维修服务企业员工

---

① 参见《伪造交通事故现场72起骗保27万余元 被告人被判刑五年》，中国法院网，ht-tps：//www.chinacourt.org/article/detail/2023/02/id/7133859.shtml。

相勾结，多次有预谋地伪造车损事故，骗取保险金，人民法院依法予以严惩，充分体现了人民法院对保险诈骗行为严厉打击的决心，也对心存侥幸、企图钻保险漏洞非法获利的人员起到良好的警示作用。①

（五）洗钱罪

1. 概念

为掩饰、隐瞒毒品犯罪、黑社会性质的组织犯罪、恐怖活动犯罪、走私犯罪、贪污贿赂犯罪、破坏金融管理秩序犯罪、金融诈骗犯罪的违法所得及其产生的收益来源和性质，采用各种手段使其在形式上合法化的行为。

2. 构成特征

犯罪客体是复杂客体，包括国家的金融管理制度以及国家司法机关的正常活动。犯罪客观方面表现为掩饰、隐瞒毒品犯罪、黑社会性质的组织犯罪、恐怖活动犯罪、走私犯罪、贪污贿赂犯罪、破坏金融管理秩序犯罪、金融诈骗犯罪的违法所得及其产生的收益的来源和性质的行为。（1）行为对象为毒品犯罪、黑社会性质的组织犯罪、恐怖活动犯罪、走私犯罪、贪污贿赂犯罪、破坏金融管理秩序犯罪、金融诈骗犯罪的所得及其产生的收益。（2）行为方式包括：①提供资金账户的；②将财产转换为现金、金融票据、有价证券的；③通过转账或者其他结算方式转移资金的；④跨境转移资产的；⑤以其他方法掩饰、隐瞒犯罪所得及其收益的来源和性质的。其中，其他方式包括：通过典当、租赁、买卖、投资等方式，转移、转换犯罪所得及其收益的；通过与商场、饭店、娱乐场所等现金密集型场所的经营收入相混合的方式，转移、转换犯罪所得及其收益的；通过虚构交易、虚设债权债务、虚假担保、虚报收入等方式，将犯罪所得及其收益转换为"合法"财物的；通过买卖彩票、奖券等方式，转换犯罪所得及其收益的；通过赌博方式，将犯罪所得及其收益转换为赌博收益的；将犯罪所得及其收益携带、运输或者邮寄出入境的；通过前述规定以外的方式转移、转换犯罪所得及其收益的。犯罪主体是一般主体，包括自然人和单位。犯罪主观上是直接故意，且有掩饰、隐瞒七种犯罪所得及其产生的收益的来源和性质，使其表面上合法化的目的。

---

① 参见《广东省高级人民法院发布 5 起依法惩治金融犯罪典型案例之二：周某保险诈骗案——伪造车损事故实施保险诈骗犯罪》，北大法宝网，http://www.pkulaw.cn/case/pfnl_08df102e7c10f2069c7fd6d7b8489d48fe6d4cd630920960bdfb.html? match = Exact。

案例1：2021年1月27日至28日，蚌埠市怀远县唐集镇居民陈某及其弟、其子等六人（均另案处理）因涉嫌犯罪被蚌埠市警方抓获后，陈某的女婿徐某向其朋友陈某芳表示，因家族成员涉嫌违法犯罪，担心位于怀远县某小区的房屋会被没收。陈某芳明知该房屋可能是徐某通过非法所得购买的情况下，仍同意配合徐某将该房屋过户至其本人名下。陈某芳并未实际出资，而是与徐某共同伪造虚假交易流水，同年2月10日，该房屋过户至陈某芳名下，交易价格为180.3万元。经查，该房屋是徐某2018年3月购得，徐某因犯参加黑社会性质组织罪等罪名被法院判刑，同时认定案涉房屋是使用黑社会性质组织犯罪的违法所得所购买，判决予以没收。法院经审理认为，被告人陈某芳明知是黑社会性质组织犯罪所得，仍配合他人通过虚假交易的方式掩饰、隐瞒其来源和性质，犯罪事实清楚，证据确实、充分，应当以洗钱罪追究其刑事责任。被告人陈某芳到案后，如实供述自己的犯罪事实，依法可以从轻处罚；其自愿认罪认罚，可以从宽处理。根据被告人陈某芳犯罪的事实、性质、情节和对于社会的危害程度，法院判处被告人陈某芳犯洗钱罪，被判处有期徒刑一年六个月，缓刑二年，并处罚金人民币20万元。① 出借、出租银行卡、微信、支付宝等都有可能让自己成为不法分子洗钱犯罪的"工具人"。要提高反洗钱意识，保持对洗钱违法犯罪活动的高度警惕。切勿因他人之托、碍于情面、受利益诱惑，触及法律底线。

案例2：2021年3月至7月，王某未经有关部门批准，虚假宣称其公司是央企中国储备粮管理集团全资控股的四级子公司，违规备案登记，将融资产品包装成《中储应收账款融资计划资产收益权产品》向社会公开宣传，以高收益率为诱饵吸引不特定公众投资。融资款第三期1030万元到账后，王某指示他人将款项进行拆分，在其控制的多个公司账户之间流转，最终分多笔汇入其控制的另一公司账户。广州市中级人民法院生效判决认为，王某无视国家法律，非法吸收公众存款，扰乱金融秩序，数额巨大，其行为构成非法吸收公众存款罪；王某为掩饰、隐瞒非法吸收资金的来源和性质，通过转账方式转移资金，其行为已构成洗钱罪。因王某有自首、积极退赃等情节，故以非法吸收公众存款罪、洗钱罪判处王某有期徒刑五年九个月，并处罚金人民币55万元。

典型意义：本案是自洗钱犯罪的典型案例。"自洗钱"是指犯罪人员为

---

① 参见《将涉黑房产虚假交易到自己名下 被告人犯洗钱罪被判刑罚》，中国法院网，ht-tps：//www.chinacourt.org/article/detail/2023/07/id/7391185.shtml。

了掩饰、隐瞒毒品犯罪、黑社会性质的组织犯罪、恐怖活动犯罪、走私犯罪、贪污贿赂犯罪、破坏金融管理秩序犯罪、金融诈骗犯罪等犯罪活动所得及收益的来源和性质，自行参与实施的洗钱犯罪行为。"自洗钱"行为扰乱正常的经济、金融秩序，影响金融市场稳定，2021 年 3 月起实施的《刑法修正案（十一）》将其单独规定为犯罪，为有关部门有效预防、惩治洗钱违法犯罪以及境外追逃追赃提供充足的法律保障。本案被告人将非法集资所得款项进行拆分、混同、频繁转账，致使侦查机关难以查处，应以洗钱罪定罪处罚。人民法院依法严厉打击各类洗钱违法犯罪行为，为维护国家金融安全提供坚强的司法保障。[①]

① 参见《广东省高级人民法院发布 5 起依法惩治金融犯罪典型案例之三：王某等洗钱案——拆分、混同非法集资款项实施"自洗钱"犯罪》，北大法宝网，http：//www.pkulaw.cn/case/pfnl_08df102e7c10f2068bb21663521ef483673a476f17c96bf9bdfb.html？match=Exact。

第十二章　公共安全的刑法保护

教学要点	思政元素	思政板块	教学方法
交通肇事罪 危险驾驶罪	社会主义核心价值观之"文明、和谐"，社会责任，职业素养	家国情怀 法治意识 道德修养 文化素养	讲授式教学法 讨论式教学法 问题式教学法 案例教学法
非法侵入计算机信息系统罪 破坏计算机信息系统罪 拒不履行信息网络安全管理义务罪 帮助信息网络犯罪活动罪	总体国家安全观之网络安全，社会责任，职业素养与伦理		

一、交通安全的刑法保护

（一）交通肇事罪

1. 概念

违反交通运输管理法规，因而发生重大事故，致人重伤、死亡或者使公私财产遭受重大损失的行为。

2. 构成特征

犯罪客体是交通运输安全。犯罪客观方面表现为违反交通运输管理法规，因而发生重大事故，致人重伤、死亡或者使公私财产遭受重大损失的行为。（1）必须有违反交通运输管理法规的行为，即存在交通违章行为。（2）必须发生重大事故，导致人重伤、死亡或者使公私财产遭受重大损失的严重后果。即违章行为与严重后果之间有因果关系。根据司法解释，所谓"发生重大事故"，是指具有以下情形之一的：死亡一人或者重伤三人以上，负事故全部或者主要责任的；死亡三人以上，负事故同等责任的；造成公共财产或者他人财产直接损失，负事故全部或者主要责任，无能力赔偿数额在30万元以上的。交通肇事致一人以上重伤，负事故全部或者主要责任，并具有下列情形之一的，以交通肇事罪定罪处罚：酒后、吸食毒品后驾驶机动车辆的；无驾驶资格驾驶机动车辆的；明知是安全装置不全或者安全机件失灵的机动车辆而驾驶的；明知是无牌证或者已报废的机动车辆而驾驶的；严重超载驾驶的；为逃避法律追究逃离事故现场的。（3）重大交通事故必须发生在交通过程中以及与交通有直接关系的活动中。利用非机动交通工具从事交通运输违章造成重大事故的，如果这种行为发生在公共交通管理的范围内，具有危害公共安全的性质，就应以本罪处理，否则只能认定为其他犯罪。例如，在城区或其他行人较多、有机动车来往的道路上违章骑三轮车，造成重大事故的，就具有危害公共安全的性质，应认定为交通肇事罪。但是，在行人稀少、没有机动车来往的道路上违章骑三轮车致人重伤或死亡的，就不具有危害公共安全的性质，只能分别认定为过失致人重伤罪或过失致人死亡罪。（4）交通肇事的结果必须由违反规范保护目的的行为引起。换言之，行为虽然违反交通运输管理法规，也发生了结果，但倘若结果的发生超出了规范保护目的，也不能认定为本罪。例如，交通运输管理法规禁止酒后驾驶的目的，是为了防止驾驶者因为饮酒而导致驾驶能力减退或者丧失进而造成交通事故。如果酒后驾驶并未导致驾驶能力减退或者丧失，而是由于车辆出现了驾驶者不能预见的刹车故障而造成交通事故，对驾驶者不能以交通肇事罪论处。又如，禁止驾驶没有经过年检的车辆的，目的是防止因车辆故障导致交通事故。如果行为人驾驶没有年检的车辆，但该车并无故障，而是由于被害人横穿高速公路造成了交通事故，对行为人也不以交通肇事罪论处。犯罪主体是一般主体。犯罪主观上是过失，包括疏忽大意的过失和过于自信的过失。

3. 交通肇事罪的认定

（1）从法律规定上看，本罪不属于身份犯。规定本罪的法条与规定重大飞行事故罪、铁路运营安全事故罪的法条是普通法条与特别法条的关系。航空人员违章造成重大飞行事故的，成立重大飞行事故罪；铁路职工违章造成铁路运营安全事故的，成立铁路运营安全事故罪；公路、水上运输人员以及其他相关人员造成公路、水上交通事故的，成立本罪；航空人员、铁路职工以外的人员造成重大飞行事故或铁路运营事故的，成立本罪；航空人员违反交通运输法规，造成飞行事故以外的交通事故的，成立本罪；铁路职工违反交通运输法规，造成铁路运营安全事故以外的交通事故的，成立本罪。

（2）区分交通行政管理上的责任与刑法上的责任。在发生交通事故的场合，通常由交通管理部门认定行为人的责任，而交通管理部门只是根据交通运输管理法规认定责任，这种认定常常是出于交通管理的需要，并不是刑法上的责任。因此，法院在审理行为是否构成交通肇事罪时，不能直接采纳交通管理部门的责任认定，而应根据刑法所规定的交通肇事罪的构成要件进行实质的分析判断。例如，行为人白天将货车停在马路边后下车小便，后面的小客车飞速驶来，撞到货车尾部，司机当场死亡。行为人拨打"110"后迅速逃离。《道路交通安全法实施条例》第 92 条规定："发生交通事故后当事人逃逸的，逃逸的当事人承担全部责任……"但这里的全部责任只是行政责任，司法机关不能据此认定行为人构成交通肇事罪。

（3）根据司法解释，"交通运输肇事后逃逸"，是指行为人在发生了构成交通肇事罪的交通事故后，为逃避法律追究而逃跑的行为。所谓交通肇事逃逸就是行为人在交通运输肇事中具有以下情形并因逃避法律追究而逃跑的行为：死亡一人或者重伤三人以上，负事故全部或者主要责任的；死亡三人以上，负事故同等责任的；造成公共财产或者他人财产直接损失，负事故全部或者主要责任，无能力赔偿数额在 30 万元以上的；酒后、吸食毒品后驾驶机动车辆致一人以上重伤，负事故全部或者主要责任的；无驾驶资格驾驶机动车辆致一人以上重伤，负事故全部或者主要责任的；明知是安全装置不全或者安全机件失灵的机动车辆而驾驶致一人以上重伤，负事故全部或者主要责任的；明知是无牌证或者已报废的机动车辆而驾驶致一人以上重伤，负事故全部或者主要责任的；严重超载驾驶致一人以上重伤，负事故全部或者主要责任的。

"因逃逸致人死亡"，是指行为人在交通肇事后为逃避法律追究而逃跑，致使被害人因得不到救助而死亡的情形。

由于"因逃逸致人死亡"仅限于过失，故行为人在交通肇事后，将被害人带离事故现场后隐藏或者遗弃，致使被害人无法得到救助而死亡或者严重残疾的，应当分别以故意杀人罪或者故意伤害罪定罪处罚。行为人在交通肇事后，以为被害人已经死亡，为了隐匿罪迹，将被害人沉入河流中，导致被害人溺死的，应将后行为认定为过失致人死亡罪；如果前行为已构成交通肇事罪，则应实行数罪并罚。

在偷开机动车辆过程中因过失撞死、撞伤他人或者撞坏车辆的，成立交通肇事罪；单位主管人员、机动车辆所有人或者机动车辆承包人指使、强令他人违章驾驶造成重大交通事故的，以交通肇事罪定罪处罚。交通肇事后，单位主管人员、机动车辆所有人、承包人或者乘车人指使肇事人逃逸，致使被害人因得不到救助而死亡的，以交通肇事罪的共犯论处。

案例 1：2021 年 10 月 4 日早上 6 时，还未考取驾照的邹某华驾驶着妻子彭某容的小轿车，在江津双福新区某街道自学练车。当车辆路过一交叉路口时，邹某华在右转车道将一名行人撞倒，他随即将车辆驶离主干道，而后返回查看被撞行人伤情。在围观群众报警和拨打 120 急救电话后，邹某华想到自己是无证驾驶，便立即联系有驾驶证的妻子彭某容到现场来顶替自己。彭某容到现场后，向交警陈述事故发生时车辆是她在驾驶。不久，邹某华得知了被撞者去世的消息，在经历了一晚上的思想挣扎后，觉得自己是犯了大错，遂于次日主动到双福派出所投案自首，如实供述了肇事经过，赔偿被害人近亲属共计 37.8 万余元，并与被害人近亲属就剩余赔偿款达成了和解协议。重庆市江津区人民法院经审理认为，被告人邹某华无证驾驶机动车发生重大事故致一人死亡，而后逃逸，负事故全部责任，其行为已构成交通肇事罪。邹某华自动投案后如实供述犯罪事实，系自首，且到案后自愿认罪认罚，赔偿被害人亲属并就其余民事责任已达成和解协议。综合邹某华的犯罪情节和悔罪表现，法院最终判处邹某华有期徒刑三年，缓刑三年。①

案例 2：2022 年 6 月 5 日，厦门某物流公司驾驶员何某驾驶一重型半挂牵引车在运货途中，与驾驶一小型轿车的张某互相多次竞速超车抢道，两车因偏移行驶发生碰撞。张某车辆失控后受何某牵引车推行，与环卫工人胥某停放在路边的轻型自卸货车相撞，货车冲上路旁绿化带并撞伤胥某，造成张某当场死亡、胥某受伤及三车受损的道路交通事故。事故责任认定，何某存在超速、追逐竞驶的驾驶行为，未注意观察前方路面情况，遇况采取措施不当，负事故主要责任；张某存在超速、追逐竞驶的驾驶行为，负事故次要责任。审理过程中，张某家属、胥某向何某、保险公司等提起附带民事诉讼。保险公司认为，追逐竞驶属于故意制造交通事故，商业三者险不应理赔。厦门市海沧区人民法院经审理认为：被告人何某违反交通运输管理法规，存在超速、追逐竞驶的驾驶行为，未注意观察前方路面情况、遇况采取措施不当，发生重大交通事故，致一人死亡、一人轻伤，负事故主要责任，其行为构成交通肇事罪。追逐竞驶是危险驾驶罪的客观表现形式，被告人何某的行为同时构成危险驾驶罪、交通肇事罪，应当依照处罚较重的规定定罪处罚。故本案适用交通肇事罪系择一重罪进行惩处。本案中，何、张二人案发前并不认识，结合案发时的车况路况、何某的避让行为等，可知二人主观上并无

---

① 参见《交通肇事让妻子顶包！法院：构成逃逸》，中国法院网，https://www.chinacourt.org/article/detail/2022/11/id/7022551.shtml。

追求交通事故及死伤后果的故意，不是故意制造交通事故，保险公司的抗辩无事实与法律依据。综上，何某犯交通肇事罪，判处有期徒刑一年二个月。根据本次事故原因力大小划分民事责任为何某承担 70%、张某承担 30%，保险公司应在交强险、商业险范围赔付。①

典型意义：本案争议焦点系追逐竞驶驾驶行为的刑事罪名认定及民事保险赔付问题，系交通肇事罪中典型的刑民交叉问题。除法律适用方面意义外，本案也具有深刻的警示教育意义。何某、张某在驾驶过程中因违规不文明的强行变线行为引发、激化矛盾，"路怒""斗气"追逐竞驶，最终导致张某当场死亡、无辜环卫工人受伤、何某承担刑事责任的悲剧发生。在此提醒驾驶员们，宁让三分、不抢一秒，时刻将驾驶安全牢记心中，遵守交通法规，杜绝危险驾驶。

（二）危险驾驶罪

1. 概念

以危险方式在道路上驾驶机动车，尚未造成交通事故的行为。

2. 构成特征

犯罪客体是交通运输安全。犯罪客观方面表现为在道路上驾驶机动车，以追逐竞驶、醉酒驾驶、超载超速或运输危险化学品等方式对公共安全造成危险的行为。② 危险驾驶的行为方式包括：追逐竞驶，情节恶劣的；醉酒驾驶机动车的；从事校车业务或者旅客运输，严重超过额定乘员载客，或者严重超过规定时速行驶的；违反危险化学品安全管理规定运输危险化学品，危及公共安全的。犯罪主体是自然人。犯罪主观方面为故意。

案例1：2023 年 6 月 24 日晚，郑某与友人相约在闽清某小区附近餐馆聚餐，郑某将车停到小区地下停车场。聚餐结束后，因郑某喝醉便喊了另一个朋友代驾，由于朋友找不到郑某的车，郑某抱着侥幸的心理，以为自己将车从小区停车场开到路面再交给朋友不会有事，结果郑某将车刚开到停车场门口外的马路上，就被设卡查酒驾的交警撞个正着。经检测，郑某血液中乙醇含量为 215.54mg/100mL，属醉酒驾驶。福建省闽清法院经审理后认为，该小区地下停车场有对外来车辆开放并收取停车费，属于公共停车场，在允

---

① 谭心怡、海法宣：《海沧法院审理一起交通肇事案》，载《厦门日报》2023 年 12 月 8 日第 A11 版。
② 周光权：《刑法各论》（第四版），中国人民大学出版社，2021，第 220 页。

许社会机动车通行的区域内挪动车辆，属于"在道路上驾驶机动车"，郑某严重醉酒后，驾驶机动车由小区内开到小区外的路面上，其行为已构成危险驾驶罪。郑某血液酒精含量达到200mg/100mL以上，应予以从重处罚，郑某到案后如实供述自己的罪行并自愿认罪认罚，依法可以从轻处罚，判处被告人郑某犯危险驾驶罪，被判处拘役三个月十一日，缓刑四个月，并处罚金7100元。①

案例2：2022年5月26日23时许，被告人胡某、柳某某为追求刺激，驾驶改装后的小型轿车，采用严重超速、逆行过弯、压线行驶、隧道内急转弯掉头等方式，在北京市门头沟区王平镇下安路下苇甸路口至安家庄村三岔口路段追逐竞驶。柳某某在与胡某驾车超速并行的过程中，还做出别挤胡某车辆、手掰胡某车辆后视镜的危险行为。北京市门头沟区人民法院经审理认为，被告人胡某、柳某某在道路上驾驶机动车追逐竞驶，情节恶劣，已构成危险驾驶罪。鉴于两名被告人到案后如实供述上述犯罪事实，均表示认罪悔罪，法院最终判处被告人胡某、柳某某拘役二个月，罚金人民币4000元。②

案例3：2012年2月3日20时20分许，被告人张某某、金某相约驾驶摩托车出去享受大功率摩托车的刺激感，约定"陆家浜路、河南南路路口是目的地，谁先到谁就等谁"。随后，由张某某驾驶无牌的本田大功率二轮摩托车（经过改装），金某驾驶套牌的雅马哈大功率二轮摩托车（经过改装），从上海市浦东新区乐园路99号车行出发，行至杨高路、巨峰路路口掉头沿杨高路由北向南行驶，经南浦大桥到陆家浜路下桥，后沿河南南路经复兴东路隧道、张杨路回到张某某住所。全程28.5千米，沿途经过多个公交站点、居民小区、学校和大型超市。在行驶途中，二被告人驾车在密集车流中反复并线、曲折穿插、多次闯红灯、大幅度超速行驶。当行驶至陆家浜路、河南南路路口时，张某某、金某遇执勤民警检查，遂驾车沿河南南路经复兴东路隧道、张杨路逃离。其中，在杨高南路浦建路立交（限速60km/h）张某某行驶速度115km/h、金某行驶速度98km/h；在南浦大桥桥面（限速60km/h）张某某行驶速度108km/h、金某行驶速度108km/h；在南浦大桥陆家浜路引桥下匝道（限速40km/h）张某某行驶速度大于59km/h、金某行驶速度大于68km/h；在复兴东路隧道（限速60km/h）张某某行驶速度

---

① 参见《停车场酒后挪车 男子被判危险驾驶罪》，中国法院网，https：//www.chinacourt.org/article/detail/2023/07/id/7422174.shtml。

② 参见《北京妙峰山飙车案一审宣判 两被告人被判拘役》，中国法院网，https：//www.chinacourt.org/article/detail/2022/08/id/6853228.shtml。

102km/h、金某行驶速度 99km/h。2012 年 2 月 5 日 21 时许，被告人张某某被抓获到案后，如实供述上述事实，并向公安机关提供被告人金某的手机号码。金某接公安机关电话通知后于 2 月 6 日 21 时许主动投案，并如实供述上述事实。上海市浦东新区人民法院于 2013 年 1 月 21 日作出（2012）浦刑初字第 4245 号刑事判决：被告人张某某犯危险驾驶罪，判处拘役四个月，缓刑四个月，并处罚金人民币 4000 元；被告人金某犯危险驾驶罪，判处拘役三个月，缓刑三个月，并处罚金人民币 3000 元。宣判后，二被告人均未上诉，判决已发生法律效力。法院生效裁判认为：根据《刑法》第 133 条之一第 1 款规定，"在道路上驾驶机动车……（一）追逐竞驶，情节恶劣的"构成危险驾驶罪。刑法规定的"追逐竞驶"，一般是指行为人出于竞技、追求刺激、斗气或者其他动机，二人或二人以上分别驾驶机动车，违反道路交通安全规定，在道路上快速追赶行驶的行为。本案中，从主观驾驶心态上看，二被告人张某某、金某到案后先后供述"心里面想找点享乐和刺激""在道路上穿插、超车、得到心理满足"；在面临红灯时，"刹车不舒服、逢车必超""前方有车就变道曲折行驶再超越"。二被告人上述供述与相关视听资料相互印证，可以反映出其追求刺激、炫耀驾驶技能的竞技心理。从客观行为上看，二被告人驾驶超标大功率的改装摩托车，为追求速度，多次随意变道、闯红灯、大幅超速等严重违章。从行驶路线上看，二被告人共同自浦东新区乐园路 99 号出发，至陆家浜路、河南南路路口接人，约定了竞相行驶的起点和终点。综上，可以认定二被告人的行为属于危险驾驶罪中的"追逐竞驶"。关于本案被告人的行为是否属于"情节恶劣"，应从其追逐竞驶行为的具体表现、危害程度、造成的危害后果等方面，综合分析其对道路交通秩序、不特定多人生命、财产安全威胁的程度是否"恶劣"。本案中，二被告人追逐竞驶行为，虽未造成人员伤亡和财产损失，但从以下情形分析，属于危险驾驶罪中的"情节恶劣"：第一，从驾驶的车辆来看，二被告人驾驶的系无牌和套牌的大功率改装摩托车；第二，从行驶速度来看，总体驾驶速度很快，多处路段超速达 50% 以上；第三，从驾驶方式来看，反复并线、穿插前车、多次闯红灯行驶；第四，从对待执法的态度来看，二被告人在民警盘查时驾车逃离；第五，从行驶路段来看，途经的杨高路、张杨路、南浦大桥、复兴东路隧道等均系城市主干道，沿途还有多处学校、公交和地铁站点、居民小区、大型超市等路段，交通流量较大，行驶距离较长，在高速驾驶的刺激心态下和躲避民警盘查的紧张心态下，极易引发重大恶性交通事故。上述行为，给公共交通安全造成一定危险，足以威胁他人生命、财产安全，故可以认定二被告人追逐竞驶的行为属于危险驾驶罪中的"情节恶劣"。

被告人张某某到案后如实供述所犯罪行，依法可以从轻处罚。被告人金某投案自首，依法亦可以从轻处罚。鉴于二被告人在庭审中均已认识到行为的违法性及社会危害性，保证不再实施危险驾驶行为，并多次表示认罪悔罪，且其行为尚未造成他人人身、财产损害后果，故依法作出如上判决。[①]

二、网络安全的刑法保护

（一）非法侵入计算机信息系统罪

1. 概念

违反国家规定，侵入国家事务、国防建设、尖端科学技术领域的计算机信息系统的行为。

2. 构成特征

犯罪客体是国家重要计算机信息系统安全。本罪的犯罪对象是国家重要的计算机信息系统，即国家事务、国防建设、尖端科学技术领域的计算机信息系统。犯罪客观方面表现为行为人实施了违反国家规定侵入国家重要计算机信息系统的行为。计算机信息系统，是指由计算机及其相关的和配套的设备、设施（含网络）构成的，按照一定的应用目标和规则对信息进行采集、加工、存储、传输、检索等处理的人机系统。计算机信息系统的安全保护工作，重点维护国家事务、经济建设、国防建设、尖端科学技术等重要领域的计算机信息系统的安全。所谓侵入，是指未取得国家有关主管部门依法授权或批准，通过计算机终端侵入国家重要计算机信息系统进行数据截收的行为。在实践中，行为人往往利用自己所掌握的计算机知识、技术，通过非法手段获取口令或者许可证明后冒充合法使用者进入国家重要计算机信息系统，有的甚至将自己的计算机与国家重要的计算机信息系统联网。犯罪主体是一般主体。犯罪主观方面是故意。

案例：2020 年 4 月被告人朱某通过某某 App 通信工具结识孟某（另案处理），孟某向朱某提出破解贵州省某某从业资格证考生系统的要求。之后

---

① 参见《指导案例 32 号：张某某、金某危险驾驶案》，最高人民法院网，https://www.court.gov.cn/shenpan/xiangqing/13228.html。

朱某利用自己掌握的网络技术非法侵入贵州省某某行业综合管理服务信息系统，并植入木马程序，使该系统后台自动识别所有贵州省管辖的各级某某局工作人员访问登录后的账户、密码功能，并自动发送到朱某布置的境外服务器中，朱某向孟某提供了陈某某等多名黔南州交通局工作人员的账号及密码，根据孟某提出的要求，朱某将 110 余名学员信息上传到贵州省某某行业综合管理服务信息系统，朱某非法所得共计 23252 元。另查明，经贵州省公安厅网络安全保卫总队认定，贵州省某某行业综合管理服务信息系统属于国家事务计算机信息系统。庭审中，被告人朱某的家属代为退赔非法所得 23252 元，公诉机关当庭调整量刑建议为有期徒刑十个月，被告人朱某仍表示认罪认罚，辩护人亦无异议。贵州省都匀市人民法院经审理认为，被告人朱某违反国家规定，非法侵入国家事务计算机信息系统，其行为已构成非法侵入计算机信息系统罪，依法应予处罚。公诉机关指控成立。被告人朱某归案后如实供述全部犯罪事实，系坦白，依法从轻处罚；家属代为退赔全部违法所得，酌情从轻处罚；自愿认罪认罚，从宽处理。法院判决被告人朱某犯非法侵入计算机信息系统罪，判处有期徒刑十个月；非法获利 23252 元，依法予以追缴；扣押的作案工具机械硬盘、电脑依法予以没收，上缴国库。[①]

（二）破坏计算机信息系统罪

1. 概念

违反国家规定，对计算机信息系统功能或计算机信息系统中存储、处理或者传输的数据和应用程序进行破坏，或者故意制作、传播计算机病毒等破坏性程序，影响计算机系统正常运行，后果严重的行为。

2. 构成特征

犯罪客体是计算机信息系统的安全。犯罪对象为各种计算机信息系统功能及计算机信息系统中存储、处理或者传输的数据和应用程序。犯罪客观方面表现为违反国家规定，破坏计算机信息系统功能和信息系统中存储、处理、传输的数据和应用程序，或者制作、传播计算机病毒等破坏性程序，影响计算机系统正常运行，后果严重的行为。（1）必须有破坏行为，破坏行为具体包括下列 3 种情况：①破坏计算机信息系统功能，即对计算机信息系统功能进行删除、修改、增加、干扰，造成计算机信息系统不能正常运行。所谓计算机信息系统，是指由计算机及其相关的和配套的设备含网络、设施

---

① 参见（2021）黔 2701 刑初 388 号刑事判决书。

构成的，按照一定的应用目标和规则，对信息进行采集、加工、存储、传输、检索等处理的人机系统。其功能多种多样，如进行文件编辑、采集、加工、存储、打印、传输、检索或者绘图、显像、游戏等，可用于不同行业、不同目标。无论用于何种行业或者用于何种目标，只要对其功能进行破坏即可构成本罪。破坏计算机信息系统的方法，包括对功能进行删除、修改、增加、干扰等具体行为，其中，删除，是指将计算机信息系统应有的功能加以取消，既可以是取消其中的一项，也可以是其中的几项或者全部。修改是指将计算机信息系统的功能部分或者全部地进行改变，或者将原程序用另一种程序加以替代，改变其功能。增加，是指通过增加磁记录等手段为计算机信息系统添加其原本没有的功能。至于干扰，则是通过一定手段如输入一个新的程序干扰原程序，以影响计算机系统正常运转，行使其功能。②破坏计算机信息系统中存储、处理或者传输的数据和应用程序。所谓数据，在这里是指计算机用以表示一定意思内容或者由其进行实际处理的一切文字、符号、数字、图形等有意义的组合，所谓计算机中存储、处理、传输的数据，则是指固定存储中计算机内部随时可供提取、查阅、使用的数据，或者已经进入计算机正在进行加工、处理以及通过线路而由其他计算机信息系统传递过来的数据。所谓计算机程序，是指为了得到某种结果而可以由计算机等具有信息处理能力的装置执行的代码化指令序列，或者可被自动转换成代码化指令序列的符合化指令序列或者符合化语句序列，至于计算机应用程序则是指用户使用数据的一种方式，是用户按数据库授予的子模式的逻辑结构，收发室对数据进行操作和运算的程序。对计算机信息系统的数据、应用程序进行破坏，是指通过输入删除、修改、增加的操作指令而对计算机信息系统中存储、处理或者传输的数据和应用程序进行破坏的行为。③故意制作、传播计算机病毒等破坏性程序，影响计算机系统正常运行。所谓破坏性程序，是指隐藏于计算机信息系统中的数据文件、执行程序里的能够在计算机内部运行，对其功能进行干扰、影响的一种程序。计算机病毒，作为一种破坏性程序的典型，是指编制或者在计算机程序中插入的破坏计算机功能或者毁坏数据，影响计算机使用，并能自我复制的一组计算机指令或者程序代码。所谓制作，是指创制、发明、设计、编造破坏性程序或者获悉技术制作破坏性程序的行为。所谓传播，则是指通过计算机信息系统含网络输入、输出计算机病毒等破坏性程序，以及将已输入的破坏性程序软件加以派送、散发等的行为。（2）破坏行为必须造成严重后果，才能构成其罪。否则，如果没有造成危害后果或者虽有危害后果但不是严重后果，即使有破坏计算机信息系统的行为，也不能构成本罪。犯罪主体是一般主体，单位也可构成本罪的主体。犯罪主观方面是故意。

案例1：2013年年底至2014年10月，被告人付宣豪、黄子超等人租赁多台服务器，使用恶意代码修改互联网用户路由器的DNS设置，进而使用户登录"2345.com"等导航网站时跳转至其设置的"5w.com"导航网站，被告人付宣豪、黄子超等人再将获取的互联网用户流量出售给杭州久尚科技有限公司（系"5w.com"导航网站所有者），违法所得合计人民币754762.34元。2014年11月17日，被告人付宣豪接民警电话通知后主动到公安机关，被告人黄子超主动投案，二被告人到案后均如实供述了上述犯罪事实。被告人及辩护人对罪名及事实均无异议。法院生效裁判认为，根据《刑法》286条的规定，对计算机信息系统功能进行破坏，造成计算机信息系统不能正常运行，后果严重的，构成破坏计算机信息系统罪。本案中，被告人付宣豪、黄子超实施的是流量劫持中的"DNS劫持"。DNS是域名系统的英文首字母缩写，作用是提供域名解析服务。"DNS劫持"通过修改域名解析，使对特定域名的访问由原IP地址转入篡改后的指定IP地址，导致用户无法访问原IP地址对应的网站或者访问虚假网站，从而实现窃取资料或者破坏网站原有正常服务的目的。二被告人使用恶意代码修改互联网用户路由器的DNS设置，将用户访问"2345.com"等导航网站的流量劫持到其设置的"5w.com"导航网站，并将获取的互联网用户流量出售，显然是对网络用户的计算机信息系统功能进行破坏，造成计算机信息系统不能正常运行，符合破坏计算机信息系统罪的客观行为要件。根据《最高人民法院、最高人民检察院关于办理危害计算机信息系统安全刑事案件应用法律若干问题的解释》的规定，破坏计算机信息系统，违法所得人民币2.5万元以上或者造成经济损失人民币5万元以上的，应当认定为"后果特别严重"。本案中，二被告人的违法所得达人民币754762.34元，属于"后果特别严重"。综上，被告人付宣豪、黄子超实施的"DNS劫持"行为系违反国家规定，对计算机信息系统中存储的数据进行修改，后果特别严重，依法应处五年以上有期徒刑。鉴于二被告人在家属的帮助下退缴全部违法所得，未获取、泄露公民个人信息，且均具有自首情节，无前科劣迹，故依法对其减轻处罚并适用缓刑。上海市浦东新区人民法院于2015年5月20日作出（2015）浦刑初字第1460号刑事判决：一、被告人付宣豪犯破坏计算机信息系统罪，判处有期徒刑三年，缓刑三年。二、被告人黄子超犯破坏计算机信息系统罪，判处有期徒刑三年，缓刑三年。三、扣押在案的作案工具以及退缴在案的违法所得予以没收，上缴国库。一审宣判后，二被告人均未上诉，公诉机关未抗诉，判决已发生法律效力。[①]

案例2：2020年4月至5月，为谋取非法利益，被告人舒某购买了某借贷宝App内的用户相关信息，包括姓名、电话、身份证号码等。随后，舒某将这些数据转发给他人并支付一定费用，要求他人对照身份信息寻找到对应人物的肖像提供给自己。获得肖像后，舒某利用软件将肖像"活化"为符合人脸识别要求的视频，即眨眼、左右摆头、上下摆头等各类动作，并将视频放入其专门购买用于侵入借贷宝公司计算机信息系统的手机中，再利用视频突破人脸识别系统，篡改借贷宝App用户账户。经查，舒某非法侵入用户账户70个，对其中11个账户数据进行修改，包括变更交易密码、删除债权债务信息记录和虚增债权债务信息记录等行为，获利49150元；窃取3个账户内余额共计150954元；将用于侵入借贷宝公司计算机信息系统的手机卖给他人，获得7000元。此外，舒某还另有伪造身份证件罪、诈骗罪等犯罪事实。四川省成都市锦江区人民法院审理后认为，被告人舒某违反国家规定，对计算机信息系统中存储的数据和应用程序进行删除、修改、增加，后果严重，构成破坏计算机信息系统罪；以非法占有为目的，秘密窃取他人财物，数额巨大，构成盗窃罪；为获取非法利益，向他人提供专门用于侵入、非法控制计算机信息系统的程序、工具，后果严重，构成提供侵入、非法控制计算机信息系统程序、工具罪；伪造居民身份证，构成伪造身份证件罪；以非法占有为目的，骗取他人财物，数额较大，构成诈骗罪，数罪并罚，判处被告人舒某有期徒刑七年，并处罚金。[②]

（三）拒不履行信息网络安全管理义务罪

1. 概念

网络服务提供者不履行法律、行政法规规定的信息网络安全管理义务，经监管部门责令采取改正措施而拒不改正，情节严重的行为。

2. 构成特征

犯罪客体是有关国家网络安全的管理制度。犯罪客观方面表现为行为人不履行法律、行政法规规定的信息网络安全管理义务，经监管部门责令采取

[①] 参见最高人民法院第102号指导性案例：付宣豪、黄子超破坏计算机信息系统案。
[②] 参见《利用虚拟肖像视频入侵他人账号实施盗窃等犯罪 成都一被告人犯破坏计算机信息系统等罪被判刑》，中国法院网，https：//www.chinacourt.org/article/detail/2022/08/id/6882740.shtml。

改正措施而拒不改正，情节严重的行为。具体表现为三个方面：（1）行为违法。即网络服务提供者不履行法律、行政法规规定的信息网络安全管理义务。（2）拒不改正。即经监管部门责令采取改正措施而拒不改正。"监管部门责令采取改正措施"，是指网信、电信、公安等依照法律、行政法规的规定承担信息网络安全监管职责的部门，以责令整改通知书或其他文书形式，责令网络服务提供者采取改正措施。认定"经监管部门责令采取改正措施而拒不改正"，应当综合考虑监管部门责令改正是否具有法律、行政法规依据，改正措施及期限要求是否明确、合理，网络服务提供者是否具有按照要求采取改正措施的能力等因素进行判断。（3）情节严重。立法规定为四种：①致使违法信息大量传播的。何为"致使违法信息大量传播"，司法解释规定的情形为：致使传播违法视频文件二百个以上的；致使传播违法视频文件以外的其他违法信息二千个以上的；致使传播违法信息，数量虽未达到第一项、第二项规定标准，但是按相应比例折算合计达到有关数量标准的；致使向二千个以上用户账号传播违法信息的；致使利用群组成员账号数累计三千以上的通讯群组或者关注人员账号数累计三万以上的社交网络传播违法信息的；致使违法信息实际被点击数达到五万以上的；其他致使违法信息大量传播的情形。②致使用户信息泄露，造成严重后果的。何为"造成严重后果"，司法解释规定的情形为：致使泄露行踪轨迹信息、通信内容、征信信息、财产信息五百条以上的；致使泄露住宿信息、通信记录、健康生理信息、交易信息等其他可能影响人身、财产安全的用户信息五千条以上的；致使泄露第一项、第二项规定以外的用户信息五万条以上的；数量虽未达到第一项至第三项规定标准，但是按相应比例折算合计达到有关数量标准的；造成他人死亡、重伤、精神失常或者被绑架等严重后果的；造成重大经济损失的；严重扰乱社会秩序的；造成其他严重后果的。③致使刑事案件证据灭失，情节严重的。何为"情节严重"，司法解释规定的情形为：造成危害国家安全犯罪、恐怖活动犯罪、黑社会性质组织犯罪、贪污贿赂犯罪案件的证据灭失的；造成可能判处五年有期徒刑以上刑罚犯罪案件的证据灭失的；多次造成刑事案件证据灭失的；致使刑事诉讼程序受到严重影响的；其他情节严重的情形。④有其他严重情节的。何为"有其他严重情节"，司法解释规定的情形为：对绝大多数用户日志未留存或者未落实真实身份信息认证义务的；二年内经多次责令改正拒不改正的；致使信息网络服务被主要用于违法犯罪的；致使信息网络服务、网络设施被用于实施网络攻击，严重影响生产、生活的；致使信息网络服务被用于实施危害国家安全犯罪、恐怖活动犯罪、黑社会性质组织犯罪、贪污贿赂犯罪或者其他重大犯罪的；致使国家机关或者通信、能源、交通、水利、金融、教育、医疗等领域提供公共服务的信息网络受到破坏，严重影响生产、生活的；其他严重违反信息网络安全管理义务的情形。犯罪主体是特殊主体，即年满16周岁具有刑事责任能力的网络服务提供者，单位也可构成本罪主体。提供下列服务的单位和个人，为网络服务提供者：①网络接入、域名注册解析等信息网络接入、计算、存储、传输服务；②信息发布、搜索引擎、即时通信、网络支付、网络预约、网络购物、网络游戏、网络直播、网站建设、安全防护、广告推广、应用商店等信息网络应用服务；③利用信息网络提供的电子政务、通信、能源、交通、水利、金融、教育、医疗等公共服务。根据其提供的服务不同，网络服务提供者具体可分为网络接入服务提供者、网络平台服务提供者、网络内容及产品服务提供者。犯罪主观方面只能是故意。

案例：2018年，被告人何某和他人共同出资10万元购买一网站。何某为该网站股东和法定代表人，实际负责该网站的运营管理；钟某是网站管理人员，主要负责网站技术和维护；缪某某是网站客服，负责审核网站后台的广告信息和算账。在该网站经营过程中，被告人何某、钟某为获取非法利益，对未实名登记会员发布的大量涉赌、涉黄、涉诈违法广告信息，违规审核通过。经公安机关行政处罚后，何某、钟某仍未对违法广告信息予以全面删除，并采用同音字、符号、图片隐写等方式规避。涉赌、涉黄、涉诈违法广告信息依然长期大量挂于网站显著位置。该网站发布的各类违法信息点击量在25万次以上。何某等人通过违规审核，让违法犯罪活动广告信息发布，非法获利共计12万余元。江西省定南县人民法院审理后认为，被告人何某、钟某作为网络服务提供管理者，拒不履行信息网络安全管理义务，经监管部门责令采取改正措施后拒不改正，致使违法信息大量传播的行为；被告人缪某某明知他人利用信息网络发布违法信息，仍提供帮助并从中获利的行为，均构成拒不履行信息网络安全管理义务罪，系共同犯罪，应依法惩处。法院查明以上事实后，被告人何某、钟某、缪某某犯拒不履行信息网络安全管理义务罪，分别被判处有期徒刑八个月，缓刑一年六个月；有期徒刑六个月，缓刑一年；拘役五个月，缓刑八个月，并处罚金，同时对作案工具、违法所得予以没收。①

---

① 参见《放任会员发布违法信息且拒不改正 江西三名网管拒不履行管理义务被判刑》，中国法院网，https：//www.chinacourt.org/article/detail/2022/09/id/6931996.shtml。

（四）帮助信息网络犯罪活动罪

1. 概念

明知他人利用信息网络实施犯罪，为其犯罪提供互联网接入、服务器托管、网络存储、通信传输等技术支持，或者提供广告推广、支付结算等帮助，情节严重的行为。

2. 构成特征

犯罪客体是有关国家网络安全的管理制度。犯罪客观方面表现为明知他人利用信息网络实施犯罪，为其犯罪提供互联网接入、服务器托管、网络存储、通信传输等技术支持，或者提供广告推广、支付结算等帮助，情节严重的行为。"明知他人利用信息网络实施犯罪"，是为他人实施犯罪提供技术支持或者帮助，具有下列情形之一的，但是有相反证据的除外：经监管部门告知后仍然实施有关行为的；接到举报后不履行法定管理职责的；交易价格或者方式明显异常的；提供专门用于违法犯罪的程序、工具或者其他技术支持、帮助的；频繁采用隐蔽上网、加密通信、销毁数据等措施或者使用虚假身份，逃避监管或者规避调查的；为他人逃避监管或者规避调查提供技术支持、帮助的；其他足以认定行为人明知的情形。"情节严重"的情形包括：为三个以上对象提供帮助的；支付结算金额20万元以上的；以投放广告等方式提供资金5万元以上的；违法所得1万元以上的；二年内曾因非法利用信息网络、帮助信息网络犯罪活动、危害计算机信息系统安全受过行政处罚，又帮助信息网络犯罪活动的；被帮助对象实施的犯罪造成严重后果的；其他情节严重的情形。犯罪主体是一般主体，单位也可构成本罪的主体。犯罪主观方面是故意。

案例1：一男子出售9张银行卡，帮助结算金额达2600余万元，非法获利7000元，构成帮助信息网络犯罪活动罪。2020年11月至2021年7月，被告人孙某某明知余某等人从事网络犯罪活动，仍将其名下的9张银行卡及配套的手机银行密码、交易密码，提供给余某等人使用，为其转移犯罪资金提供帮助，涉案的9张银行卡单向转移资金，共计人民币26863831.1元。2022年5月23日，被告人孙某某主动到明溪县公安局投案自首，同日，明溪县公安局扣押被告人孙某某人民币10000元。明溪法院经审理认为，被告人孙某某明知他人利用信息网络实施犯罪，仍提供银行卡帮助支付结算，累计结算金额26863831.1元，情节严重，其行为已构成帮助信息网络犯罪活动罪。因被告人自首，且自愿认罪认罚，可对其从宽处理。根据被告人的犯罪事实、性质、情节、危害程度、悔罪表现等，被告人孙某某被判处有期徒刑十个月，并处罚金人民币 10000 元。[①]

案例 2：2020 年 7 月至 10 月，夏某无意间看见一条 "USDT 跑分，最新项目，日赚 2%，本金无忧，稳赚不赔，绝对靠谱" 的消息。为换取高额佣金，夏某在明知 "黄羊"（另案处理）准备使用其银行卡进行网络赌博赌资结算的情况下，仍通过购买 USDT 虚拟货币、取现方式为网络赌博团伙提供转账支付结算帮助。在此期间，其使用个人实名办理的银行卡 4 张，他人银行卡 5 张，流水共计人民币 1571.6 万元，违法所得共计人民币 3.1 万元。法院审理后认为，被告人夏某明知他人利用信息网络实施犯罪，伙同他人共同为犯罪活动提供银行卡及支付结算帮助，其行为已构成帮助信息网络犯罪活动罪，依照我国《刑法》的规定，应处三年以下有期徒刑或者拘役，并处或者单处罚金。被告人夏某归案后如实供述自己的罪行、自愿认罪认罚、退赔人民币 3.1 万元给被害人并取得谅解，法院量刑时酌情从轻处罚。法院以帮助信息网络犯罪活动罪判处夏某有期徒刑十个月，缓刑一年，并处罚金 5000 元。所谓的 "跑分" 是一种 "洗钱" 手法，即利用自己的银行卡、POS 机、微信或支付宝收款二维码以及虚拟货币等账户为别人代收款，再转到指定账户，从中赚取佣金的不法行为。而 USDT（泰达币）是由某外国公司发行的区块链虚拟货币。其以 1：1 的比例锚定美元，币值比较稳定，因交易便捷、匿名性等特点，成为虚拟货币跑分平台的首选。本案中，被告人夏某就是因为贪图小便宜，用自己的银行卡为某款网络赌博 App 跑分提供资金结算服务换取佣金，最终构成帮助信息网络犯罪活动罪。[②]

[①] 参见《提供银行卡为他人转移犯罪资金 男子获刑十个月并处罚金》，中国法院网，https：//www.chinacourt.org/article/detail/2023/08/id/7453489.shtml。

[②] 参见《用银行卡为网络赌博 "跑分" 乌鲁木齐一被告人帮助信息网络犯罪获刑》，中国法院网，https：//www.chinacourt.org/article/detail/2023/08/id/7449574.shtml。